Appel publié dans la presse le 13 mai 1986

Têtes de Turcs en France

En Allemagne fédérale, le livre du journaliste Günter Wallraff, *Tête de Turc* (en français aux Éditions La Découverte), a reçu un accueil exceptionnel : plus de deux millions d'exemplaires vendus en cinq mois, un débat public sans précédent. En France également, toute la presse écrite et audiovisuelle a salué ce livre, et 60 000 exemplaires ont été vendus dans les trois premières semaines.

Mais tous les lecteurs français se posent les mêmes questions : y a-t-il chez nous des situations aussi dramatiques que celles décrites dans *Tête de Turc ?* Y a-t-il en France des marchands d'esclaves, des négriers des temps modernes qui exploitent la main-d'œuvre immigrée ? Le racisme ordinaire est-il aussi violent ? Et à toutes ces questions, la majorité de ceux qui vivent en France est incapable de répondre.

C'est pourquoi nous avons pris l'initiative, avec le soutien des associations soussignées, de lancer une grande enquête sur *les conditions de travail et de vie des immigrés en France.* Nous appelons donc tous ceux et toutes celles, immigrés ou français, qui vivent des situations de travail ou de vie analogues à celles décrites dans Tête de Turc, ou qui en ont connaissance, à nous adresser leur témoignage :

- soit en nous écrivant à l'adresse suivante :

"Têtes de Turcs en France"
c/o Editions La Découverte
1, place Paul Painlevé, 75005 Paris

- soit en prenant contact avec la permanence téléphonique suivante :

"Têtes de Turcs en France"
(1) 45.31.43.38

pour convenir d'un rendez-vous.

Ces témoignages seront publiés dans des organes de presse ou sous forme d'un livre, après accord des intéressés. L'anonymat sera bien sûr respecté pour tous ceux et celles qui en feront la demande.

De même, nous appelons toutes les personnes intéressées en province à relayer localement cette initiative, en recueillant des témoignages, en les faisant publier dans la presse locale et en les retransmettant à l'adresse ci-dessus.

Günter Wallraff, Gilles Perrault, François Gèze,
Éditions La Découverte.

Avec le soutien de :

• Accueil et promotion • Association Villermé • CAIF (Conseil des associations d'immigrés en France) • Cedetim • CIEMI (Centre d'information et d'études sur les migrations) • La CIMADE • FASTI (Fédération des associations de solidarité avec les travailleurs immigrés) • Fédération nationale Léo Lagrange • GISTI (Groupe d'information et de soutien des travailleurs immigrés) • Ligue des droits de l'homme • MRAP (Mouvement contre le racisme et pour l'amitié entre les peuples) • Service national de la pastorale des migrants • Solidarité Français-migrants • SOS Racisme • Université alternative anti-raciste pour l'égalité.

cahiers libres

DU MÊME AUTEUR

Le Journaliste indésirable, Maspero, 1978.
Rapports (en collaboration avec Heinrich Böll), Maspero, 1980.

Günter Wallraff

Tête de Turc

Préface de Gilles Perrault

Traduit de l'allemand
par Alain Brossat et Klaus Schuffels

ÉDITIONS LA DÉCOUVERTE
1, place Paul-Painlevé
Paris Ve
1987

Une part importante des revenus provenant de la vente de ce livre est mise à la disposition du Fonds de solidarité avec les étrangers qui vient d'être créé. Ces fonds serviront à financer des services gratuits de conseil et d'assistance juridiques, des campagnes d'information et un projet d'habitat communautaire où se retrouveront des Allemands et des étrangers.

Nous n'avons pu exploiter dans ce livre — tant s'en faut — toutes les expériences que nous avons faites ni tous les documents que nous avons rassemblés. Certains de nos amis et de nos collaborateurs continuent à travailler, chacun dans son domaine, sur les questions que nous abordons dans ce livre. Les lecteurs désireux de nous faire part de leurs expériences ou de nous transmettre des informations sont invités à nous écrire à l'adresse suivante :

Hilfsfond « Ausländersolidarität »
Postfach 30 14 43
5000 Köln (Cologne) 30
Versements à l'ordre de la Bank für Gemeinwirtschaft (Köln), compte n° 1149 92 92 00.

Ou encore :
Günter Wallraff
c/o Verlag Kiepenheuer & Witsch
Rondorfer Strasse 5
5000 Köln 51

Dans la perspective d'éventuels procès, nous tenons en réserve de nombreux éléments inédits qui nous permettront de compléter ultérieurement ce livre et d'en assurer de nouvelles éditions, éventuellement augmentées.

A Cologne, le 7 octobre 1985

Maquette de couverture : Jean-Pierre Reissner. Prise de vue : Gérard Berton.

Titre de l'édition originale : Ganz unten.

Photos : PAN-Foto, Günter Zint, archives privées de Günter Wallraff.
ISBN 2-7071-1606-8

Pour

Cemal Kemal Altun
Semra Ertah
Selcuk Sevinc
et tous les autres

Que soient ici remerciés tous mes amis et collaborateurs qui m'ont aidé à préparer ce livre :

Levent (Ali) Sinirlioglu qui m'a prêté son nom, Taner Alday, Mathias Altenburg, Frank Berger, Anna Bödeker, Levent Direkoglu, Emine Erdem, Hüseyin Erdem, Sükrü Eren, Paul Esser, Jörg Gfrörer, Uwe Herzog, Bekir Karadeniz, Röza Krug, Gesine Lassen, Klaus Liebe-Harkort, Claudia Marquardt, Hans-Peter Martin, Werner Merz, Heinrich Pachl, Franz Pelster, Frank Reglin, Ilse Rilke, Harry Rosina, Ayetel Sayin, Klaus Schmidt, Hinrich Schulze, Günter Zint.

Je remercie aussi tout particulièrement le Pr Armin Klümper de Fribourg dont les soins m'ont « soutenu » tant au plan physique que moral, me permettant d'effectuer les travaux les plus pénibles en dépit de quelques déplacements de vertèbres.

Préface

Le Günter Wallraff français n'existe pas. Il aurait l'éclat médiatique d'un Coluche, l'odeur de soufre d'un Cohn-Bendit, l'audience juvénile du Sartre d'après 68, le cortège de haines d'un Zola. Hasardeuses comparaisons pour tenter de définir un Wallraff qui n'est au bout du compte que Wallraff : l'un des cinq Allemands les plus célèbres depuis vingt ans pour le peuple des deux Allemagnes.

Mais il avait cette fois raté son coup. La déception fut rude pour la foule des journalistes assistant à la conférence de presse donnée à l'automne 85 pour la sortie de ce livre en Allemagne. Ils étaient prêts à apprécier en connaisseurs la nouvelle performance de l'acrobate de la profession car, hostiles ou sympathisants, ils aiment Wallraff de les étonner toujours. Son premier reportage racontait trois années de travail en usine. Puis, entamant une longue série de rôles à transformations, il fut tour à tour et pour les besoins de la cause indicateur des Renseignements généraux de RFA ; fabricant de bombes au napalm tourmenté par l'usage qu'en faisaient les Américains au Viêt-nam et soucieux, en bon chrétien, d'obtenir le bombarditur *de la hiérarchie catholique (il l'obtint haut la main) ; alcoolique dans un asile de fous ; conseiller ministériel chargé de vérifier si les grands trusts allemands avaient bien mis en place les milices armées clandestines capables de maintenir l'ordre en cas d'« événements exceptionnels » (elles étaient presque partout opérationnelles) ; financier d'extrême droite désireux de fournir au général Spinola les moyens d'un putsch contre la jeune démocratie portugaise ; détenu politique à Athènes sous la dictature des colonels ; garçon de courses dans une grande compagnie d'assurances allemande, journaliste clandestin au* Bild, le fleuron du groupe Springer stigmatisé dans L'honneur perdu de Katharina Blum *par Heinrich Böll, qui fut l'oncle par alliance de Wallraff.*

Chaque fois, scandale, campagne de presse, remue-ménage politique, procès en diffamation : le cirque Wallraff.

Cette fois, le bide semblait inévitable. A la fin de la conférence de presse, un journaliste exprima le sentiment général en demandant à Wallraff : « Vous n'auriez vraiment pas pu trouver un sujet plus passionnant ? » Une enquête sur les conditions de vie des immigrés turcs en Allemagne de l'Ouest ne risquait guère d'enflammer l'opinion. Le Bild, *dont Wallraff est la bête noire, pouvait dormir sur ses deux oreilles.*

La vente démarra dans les faubourgs ouvriers de la Ruhr. Aujourd'hui (mars 1986), quatre mois après la publication, les ventes en librairie atteignent deux millions d'exemplaires — record mondial de l'édition dans un pareil laps de temps. Une page dithyrambique dans la Literatournaïa Gazeta *et un grand article élogieux dans* Newsweek. *Vingt-deux traductions achevées ou en cours. Deux pièces de théâtre déjà tirées de l'ouvrage, ainsi qu'un spectacle satirique. Des centaines de meetings, conférences et débats. Un remuement d'opinion tel que l'Allemagne n'en avait pas connu depuis 1945, à l'exception peut-être de la polémique nationale ouverte par l'adoption de mesures extraordinaires contre le terrorisme. Un flot d'enquêtes ministérielles et judiciaires pour vérifier les assertions de l'ouvrage ; des opérations de police à travers le pays ; un arsenal de projets de lois ; et l'inévitable sillage de procès en diffamation.*

Wallraff plus Wallraff que jamais.

Une remarque subsidiaire digne d'intérêt pour la profession : cet homme qui se définit comme journaliste, et que ses confrères du monde entier revendiquent comme tel, n'a jamais collaboré à un journal. Quelques-unes de ses enquêtes ont été publiées dans la presse, surtout dans des organes syndicaux ; la plupart sont parues sous forme de livres.

Philippe Labro, sorte de figure emblématique du grand reporter, décrit dans son beau roman Des bateaux dans la nuit *l'enterrement de Pierre*

Lázareff auquel assiste son héros, bien pris dans son Aquascutum officer's coat (c'est un imperméable), et évoque d'une plume lyrique la « Brigade des Impers Blancs, fils et filles, frères et sœurs de Hemingway, Camus, Kessel, Vailland » qui ont fait dudit Aquascutum l'uniforme de leur profession. Nous sommes d'évidence assez loin de Günter Wallraff avec ces journalistes de grand vent, les « rois mendiants » chantés par Lartéguy, à qui l'auteur fait réciter, un peu plus loin, l'exotique litanie des aéroports du monde entier, étapes de leur sempiternelle noria, d'où un taxi si précieux pour nourrir le papier les mène au Hilton ou au Holiday Inn local, toujours le même, et au spectacle d'une insurrection ou révolution, toujours la même.

L'information est désormais horizontale, répercutant l'écume des événements aux quatre coins du « village planétaire » annoncé par Mac Luhan. L'exode rural fut un rude traumatisme, qui a fini d'urbaniser les vieilles sociétés paysannes européennes. Sans doute l'histoire des mentalités le tiendra-t-elle cependant pour moins bouleversant que le pilonnage quotidien d'informations et d'images venues d'ailleurs auquel est soumis le citoyen ordinaire. Son univers affectif et mental était jadis limité à son village, à son canton, à son quartier, à sa ville. Il s'y retrouvait. Voici que la vieille aspiration humaniste devient malédiction : rien de ce qui est humain ne nous restera étranger. Toute la violence du monde est au rendez-vous de vingt heures. Malraux disait que la photo symbolique de la première moitié du vingtième siècle serait celle d'un camion charge d'hommes hérissés de fusils, fonçant dans une rue vide : Petrograd 1917, Berlin 1920, Shangai 1927, Barcelone 1936, Paris 1944. Mais ses romans-reportages expliquaient pour qui roulaient ces hommes, et vers quoi. L'image symbolique de la deuxième moitié du siècle devrait être celle d'un garçon de quinze ans tirant à la kalashnikov dans une rue déserte, mimant les poses apprises au cinéma parce qu'il se sait enregistré par l'œil de la télévision, tandis qu'au cinquième étage de l'immeuble une bonne grand-mère prend par inadvertance un obus dans la tête. Mais nous ne saurons pas, faute de temps, pourquoi le gamin accepte de risquer sa vie, pourquoi la grand-mère perd la sienne : trois séquences de trois minutes attendent leur tour pour illustrer une autre guérilla, quelque attentat ou exécution capitale. Nous n'aurons jamais vu tant d'hommes mourir sous nos yeux en en sachant si peu sur leurs raisons de vivre. Ainsi le monde, réduit aux gesticulations, devient-il selon la vieille tarte à la crème shakespearienne un théâtre de bruit et de fureur soigneusement dénué de sens, une terrifiante accumulation d'horreurs gratuites, un chaos d'histoires occultant l'Histoire. La Révolution française, couverte de la sorte, n'aurait assurément point trouvé sa vocation universelle. L'ère des Reed, Malraux et autres Londres — les grands révélateurs — étant close, voici, sauf exceptions, le temps des journalistes en Aquascutum officer's coat réduits, au prix de risques considérables (tant de morts ! tant de kidnappés !), à filmer, photographier ou écrire la B.D. toujours recommencée de la folie des hommes. Exercice si machinal que le plus doué d'entre eux, Lucien Bodard, décida de ne plus sortir du bar de son hôtel, sans que la qualité de ses articles s'en ressentît vraiment, puis finit par entrer en littérature. Il en avait marre de glisser comme un pet sur la toile cirée du monde.

Günter Wallraff pratique le journalisme vertical.

L'aventure, écrit Jacques Perret, n'est pas difficile à rencontrer ; il suffit de faire le petit pas de côté qui met hors de la ligne. Le scoop est sous nos pieds, démontre Wallraff, et il suffit de se baisser pour le ramasser. Vieille histoire : la bourgeoisie française fit un foudroyant succès de librairie au Germinal *de Zola parce qu'il lui révélait le monde ignoré des mineurs. On pourrait croire que le développement de l'information a réduit à rien les* terrae incognitae *de nos sociétés : c'est l'inverse. L'œil hypnotisé par l'énigmatique et violent lointain, nous ne regardons même plus le paysage humain environnant. J'habite un village cotenti-*

nais de trois cents âmes. Il fut remué jusqu'au tréfonds par l'affaire Patrick Henry, assassin d'enfant, qui se déroulait à des centaines de kilomètres. Dans le même temps, à quelques hectomètres du clocher, un jeune garçon mourut au terme de lentes et savantes tortures infligées par le couple auquel il avait été confié avec son frère aîné, ce dernier assistant aux supplices et y prêtant la main. Le drame, qui eût naguère bouleversé les cœurs, animé les veillées et peut-être conduit à d'utiles réflexions, passa presque inaperçu : la télévision n'en parlait point tandis qu'elle commentait jour après jour l'affaire Patrick Henry. Un an après le double épilogue judiciaire, aucun de mes concitoyens n'était capable de dire la peine infligée au couple tortionnaire alors que chacun se rappelait, pour s'en indigner ou s'en accommoder, que Patrick Henry avait sauvé sa tête.

Wallraff explore notre quotidien ordinaire.

Sa méthode est irréductible à toute norme journalistique. Son ami et traducteur Klaus Schuffels a raison de parler d'un « spectacle didactique » en cinq actes dont il est à la fois l'auteur, le metteur en scène, l'acteur et le commentateur.

Le premier acte consiste dans l'accumulation d'une documentation sans faille sur le territoire social envisagé mais aussi — c'est moins banal — dans l'élaboration minutieuse d'une « couverture ». Telle une taupe de service secret, Wallraff se forge une fausse identité, un curriculum vitae *satisfaisant pour ses futurs interlocuteurs, une apparence physique adéquate (lunettes ou lentilles de contact modifiant la couleur des prunelles, transformation de la denture et de la coiffure, barbe ou moustache).*

C'est là que le bât en blessera plus d'un, et notamment les magistrats de la cour d'appel de Cologne qui lui ont interdit d'user à l'avenir de pareils subterfuges — épée de Damoclès désormais suspendue sur sa tête. Selon Wallraff, son masque est indispensable pour percer à jour les masques et les ruses d'une société habile à dissimuler. Il fait fi de la déontologie journalistique dans un monde qui n'en respecte aucune. Lors de son enquête sur les milices armées du grand patronat allemand, il faisait alterner les démarches effectuées en qualité de journaliste et celles du « conseiller ministériel Kröver ». Au journaliste, on répondait dans un grand éclat de rire démocratique qu'il n'était pas question de créer des milices non prévues par la Constitution. Le conseiller ministériel entendait un autre langage. « Pour transformer le chasseur en gibier, écrit Brecht, il faut être rusé. »

Lorsque l'acteur sort de scène, après plusieurs mois ou quelques années, c'est au tour de l'écrivain d'entamer le troisième acte. Wallraff rédige son texte.

Le quatrième acte, toujours selon son ami Klaus Schuffels, est d'une grande vivacité. La publication déchaîne immanquablement la tempête. Une contre-offensive s'organise. Wallraff est noyé sous un flot de mises au point, de démentis, d'assignations en diffamation. On l'accuse d'être communiste, drogué, lié d'obscure manière aux terroristes du groupe Baader-Meinhof. Cet homme seul paraît perdu. Sans doute ne s'est-il pas embarqué sans biscuits. Instruit par l'expérience, Wallraff n'écrit pas une phrase de dialogue dont il ne possède l'enregistrement magnétique. Pour cette enquête dont le lecteur va découvrir à quels abîmes d'épuisement elle l'a conduit, il s'est même imposé de filmer les séquences essentielles. Trimballant dans une vieille sacoche dégueulasse une caméra garnie de films hypersensibles, il a tourné quatre-vingts cassettes vidéo dont le montage va sortir ce mois-ci dans deux cents salles de cinéma ouest-allemandes.

La jurisprudence étant ce qu'elle est, ces précautions ne suffiraient sans doute pas à préserver Wallraff. Mais, chaque fois, le salut lui vient de ceux d'« en bas » à qui il a donné la parole. Des témoignages surgissent, qui confortent son récit. Les exploités et humiliés, ahuris de s'entendre parler à travers lui, osent prendre à leur tour la parole et élargissent son réquisitoire. Syndicats ouvriers, associations de jeunes et comités de soutien entrent dans la bataille. En face, des groupes puissants, économiques et politiques, font l'union sacrée contre cette nouvelle offensive. Ainsi l'expérience toujours ponctuelle et souvent limitée de Wallraff, agissant comme un aimant, fait-elle apparaître les véritables lignes de force que la société s'emploie d'ordinaire à occulter. Elle opère comme un révélateur, au sens photographique du terme, du négatif social.

Le cinquième acte consiste toujours en une réédition amputée et augmentée du texte initial. Elle est amputée des quelques phrases condamnées par les tribunaux. Mais maints témoignages inédits l'enrichissent, qui enfoncent le clou, ainsi qu'un compte rendu de l'auteur rapportant les signifiantes péripéties déclenchées par la première édition.

Puis Robin des Bois retourne dans sa forêt de Sherwood au volant de sa vieille auto cabossée. Pendant deux ou trois ans, parfois plus, nul n'entendra parler de lui, nul ne verra cette star incontestée dans un endroit à la mode ni ne l'entendra mettre son grain de sel dans la controverse du jour. Wallraff, voix des sans-voix, est quelque part en train d'apprendre à parler avec les mots des autres.

Ici, il est Ali, ouvrier turc.

L'entreprise est sans commune mesure avec les actions antérieures de Wallraff. Elle n'est pas sans précédent. En 1959, le romancier américain John Howard Griffin subit à sa demande un traitement médical qui lui noircit la peau et, tête rasée, aussi noir que n'importe quel Noir authentique, déambula pendant six semaines à travers le Sud des Etats-Unis. Son livre, Black like Me, *bouleversa des millions de lecteurs. Il fallait être un Blanc dans la peau d'un Noir pour donner à comprendre aux Blancs ce qu'était l'humiliation d'un Noir dans le « Deep South » américain.*

Il fallait que Wallraff se fît turc (lentilles de contact très sombres, perruque noire, charabia) pour qu'il découvre, et le public allemand après lui, ce que peut être le racisme quotidien dans une démocratie européenne.

On s'abstiendra de déposer au pied de ce monument documentaire un commentaire redondant. Mais comment ne pas saluer l'exceptionnel courage impliqué? Les autres enquêtes de Wallraff relevaient souvent de la mystification. Elles exigeaient astuce et pugnacité. Il n'y risquait guère que d'être démasqué ou de faire chou-blanc. Cette fois, il y va de sa peau. Pendant deux ans et demi, il a vécu comme un Turc, travaillé comme un Turc. Le lecteur saura bientôt ce que cela veut dire. Il a vu autour de lui ses compagnons de galère, vieillards de quarante ans, usés par les horaires démentiels, ravagés par la maladie. Sa remarquable résistance physique (marathonien, Wallraff aurait, selon des informations non vérifiées, détenu le dixième temps de RFA) lui a permis d'éviter le pire. Mais aujourd'hui encore, plusieurs mois après sa sortie du bagne, il crache une boue noire et son organisme n'a pas fini d'éliminer les saloperies testées sur lui par des laboratoires pharmaceutiques frankensteiniens. Le journalisme à haut risque ne se pratique pas seulement dans les banlieues de Beyrouth ou de San Salvador.

Il nous étonnait. Cette fois, il nous bouleverse. Son aventure, qu'il repoussa pendant six ans tant elle lui faisait peur, a une dimension christique. Magnétophone en poche, caméra dans la sacoche, perruque en tête et lentilles sur l'œil, il a trimé parmi le peuple crucifié pour lui obtenir à la fin sa rédemption. On trouvera peut-être ce vocabulaire religieux étrange dans l'occurrence. Il ne l'est pas. Même si sa famille politique est à l'extrême gauche, Wallraff, comme tant d'Allemands, reste imprégné de culture biblique. Sans illusions sur ce que l'homme est capable de faire à l'homme, il ne parvient pas à entendre sans en être scandalisé un évêque crier à un soi-disant fabricant de bombes au napalm de ne pas se mettre martel en tête pour ces petits communistes jaunes, ou une floppée de curés refuser le baptême à un ouvrier turc qui déparerait la paroisse…

Saint Wallraff?

Les faits échappent à l'hagiographie. Grâce à son livre, les négriers de la sous-traitance sont poursuivis, arrêtés, condamnés ; des équipes volantes de contrôleurs officiels sillonnent les usines pour sanctionner les abus, les horaires tueurs d'hommes sont abolis ; des textes de lois en préparation devraient éliminer définitivement l'esclavage usinier. Tel Albert Londres obtenant l'abolition du bagne par la seule description de la condition faite aux bagnards, Günter Wallraff aura imposé la réhabilitation des Turcs immigrés en racontant, après l'avoir si longtemps partagé, leur enfer quotidien. Il est presque superflu de rappeler qu'il verse les deux tiers de ses droits d'auteur à un « Fonds de solidarité avec les étrangers » créé par lui : on savait déjà que ce journaliste est aussi un militant.

Sa gratification est ailleurs, prodigieuse. Il a, au sens étymologique du terme, inventé un peuple — cette communauté turque de plus d'un million d'âmes vivant, si l'on peut dire, au sein d'une nation qui ne la voyait pas. Il n'est pas au pouvoir d'un journaliste d'abolir l'injustice ni d'éradiquer le racisme. Aucun livre, si fort soit-il, ne fera tout soudain enviable la condition d'ouvrier immigré. Disons qu'après Wallraff, l'Allemagne compte un million de sous-hommes en moins. C'est beaucoup.

Heinrich Böll, conscient des risques encourus par le grand dérangeur, croyait avoir trouvé la solution : « Créer cinq, six, créer une douzaine de Wallraff. » Vœu pieux. Il n'y a, il n'y aura qu'un Wallraff.

Nous aurions pourtant l'emploi d'apprentis Wallraff dans cette France qui ne cesse de s'opacifier aux yeux des Français, nation de plus en plus éclatée en peuplades hermétiques dont chacune s'angoisse de l'image fantasmatique qu'elle se forme des autres — immigrés, délinquants, jeunes, chômeurs…

Pour avoir souvent dirigé avec Claude Furet, du Centre de perfectionnement des journalistes, des stages d'initiation à l'enquête et à l'investigation, je puis assurer que les vocations sérieuses ne manquent pas. C'est merveille de voir des professionnels, dont beaucoup sont confinés dans leur journal à des besognes paperassières, mordre à l'enquête avec enthousiasme et révéler en quinze jours curiosité d'autrui, pugnacité, invention, et l'indispensable petite dose de vice. Mais quoi ! rentrés au bercail, pur-sang mis au labour, ils iront recueillir pour la sixième fois de l'année le message politique tombé des lèvres du conseiller général... Ce ne sont pas les journalistes qui font défaut mais les journaux qui font problème. Quel rédacteur en chef envisagerait aujourd'hui une enquête de six mois ou d'un an — ce qui est bref? Quel éditeur accepterait d'investir sur un jeune journaliste les deux ou trois années nécessaires à des recherches approfondies et à une écriture attentive?

Des saltimbanques magnifiques ont réinventé chez nous la charité. Ils méritent assurément reconnaissance. Mais la connaissance dont nous faisons profession aurait-elle perdu ses vertus révolutionnaires? Valait-il mieux organiser un colis de Noël pour les bagnards ou rayer le bagne de la carte? Chanter pour les Turcs ou obtenir une révision drastique de leur statut?

Nos Turcs attendent.

Gilles Perrault

La métamorphose

Ce rôle, je l'ai repoussé. Pendant dix ans. Sans doute parce que je me doutais de ce qui m'attendait. J'avais peur, tout simplement.

Des amis m'en avaient parlé, j'avais lu pas mal de choses — bref, j'avais déjà pu me faire ma petite idée sur la vie des étrangers en République fédérale. Je savais que près de la moitié des jeunes immigrés souffre de troubles psychiques. Visiblement, ils n'arrivent pas à *digérer* toutes ces contraintes, toutes ces pressions qui s'abattent sur eux. Ils n'ont pratiquement aucune chance de trouver du travail. Il leur est pour ainsi dire impossible de rentrer dans leur pays d'origine. Ils sont sans patrie, déracinés.

Bien sûr, la dégradation du droit d'asile, la haine des étrangers, leur enfermement progressif dans des ghettos, je connaissais tout ça. Mais je ne l'avais jamais vécu.

En mars 1983, je fis passer dans différents journaux l'annonce suivante :

« ETRANGER, robuste, accepte tout trav. même très dur,
même insalubre, même pour salaire min.
Faire prop. ss ref.
358 458. »

Je n'ai pas eu de mal à basculer dans la marge, à rejoindre une minorité rejetée, à me retrouver *tout en bas*. Je me suis fait confectionner par un spécialiste des lentilles souples, très sombres, que je puisse porter jour et nuit. « Maintenant, vous avez un regard tranchant, comme celui d'un Méridional », s'étonna l'opticien. En principe, ses clients lui demandent plutôt de leur faire les yeux bleus.

Ayant tendance à perdre mes cheveux, je me suis pourvu d'un postiche noir... et m'en suis trouvé rajeuni de pas mal d'années, pouvant prétendre avoir entre vingt-six et trente ans. Cela m'a permis de faire des boulots qui me seraient demeurés inaccessibles si j'avais avoué mon âge réel (quarante-trois ans). Voilà donc que j'entrais dans le rôle d'un personnage plus jeune, moins usé et en meilleure condition que je ne suis réellement. Mais par là même, je devenais un *outsider*, le *dernier des derniers*.

Pendant tout le temps que dura ma métamorphose, je parlai un sabir germanique aussi maladroit et mal dégrossi que possible ; quiconque s'est vraiment donné la peine d'écouter (ne serait-ce qu'une fois !) un Turc ou un Grec vivant ici aurait dû remarquer que quelque chose clochait. Je me contentais de laisser tomber les terminaisons, de construire des phrases à l'envers, et bien souvent de parler tout bêtement un patois de Cologne un peu écorché. Pourtant, aussi stupéfiant que cela paraisse, personne n'a jamais eu le moindre soupçon. Les quelques petits détails dont j'ai parlé suffisaient. A la simple vue de mon déguisement, on me faisait comprendre, et sans prendre de gants, pour quoi l'on me prenait. Simulant la sottise, je devenais plus fûté — je jetais un nouveau regard, plus ample, plus riche, sur l'étroitesse d'esprit et la froideur de glace d'une société si fière de sa sagesse, de sa souveraineté, de sa perfection et de son équité. Bref, j'étais le fou auquel on dit la vérité sans fard.

Je sais bien que je n'étais pas *vraiment* un Turc. Simplement, on doit se travestir pour démasquer la société, on doit tromper son monde et se déguiser pour découvrir la vérité.

Je ne sais toujours pas *comment* un immigré digère les humiliations quotidiennes, l'hostilité, la haine auxquelles il doit faire face. Mais, maintenant, je sais *de quoi est fait* ce qu'il doit supporter, je sais jusqu'où peut aller le mépris des hommes dans ce pays. Ce qui est là, parmi nous, au beau milieu du pays — de notre démocratie —, c'est un pan d'*apartheid.* Ce que j'ai vécu là a dépassé toutes mes attentes. En pire. En pleine Allemagne fédérale, je me suis retrouvé dans des situations qui me rappelaient tout à fait ce que j'avais lu dans des bouquins sur l'histoire du XIXe siècle.

J'ai fait des boulots infects, crevants, qui m'ont complètement lessivé ; mais le pire, c'est le mépris et les humiliations auxquels j'ai dû faire face. Ce travail m'a esquinté, mais d'un autre côté, il m'a édifié — au plan psychique. Ce fut une expérience toute différente de celle de *Bild*[1] : ici, sur les chantiers, dans les usines, j'ai appris la solidarité, je me suis fait des amis (à l'époque, pour des raisons de sécurité, je n'ai pas pu leur révéler ma véritable identité).

Maintenant que ce livre va sortir des presses, j'ai mis un certain nombre d'entre eux dans la confidence. Il ne s'en est pas trouvé un seul pour me faire reproche d'avoir eu recours à ce camouflage. Bien au contraire. Toutes les provocations auxquelles je me suis livré en adoptant ce rôle ont été pour eux comme une bouffée d'air libératrice... Pourtant il a fallu que je modifie le nom de la plupart de mes collègues — pour ne pas les mettre en danger.

Günter Wallraff,
Cologne, le 7 octobre 1985.

1. En 1977, Günter Wallraff a réussi à se faire embaucher sous une fausse identité dans une rédaction régionale du quotidien à grand tirage *Bild Zeitung*, journal à sensation appartenant au magnat de la presse Axel Springer. Il a relaté son expérience dans un livre, *Le Journaliste indésirable*, Maspero, 1978 (N.d.T).

La répétition générale

Que donnerait mon déguisement, confronté à des regards avertis ? Mon allure générale était-elle, disons, vraisemblable ? J'avais besoin de m'en assurer. J'allai donc prendre quelques verres dans des bistrots où j'ai mes habitudes. Personne ne me reconnut.

Mais il me fallait encore, avant de me mettre au boulot, une ultime épreuve. Il fallait que je me rassure définitivement. J'avais encore peur d'être démasqué au moment crucial.

Et voilà que le 6 mars 1983 tombe le verdict des urnes : la droite revient au pouvoir. Le gratin de la CDU[1] — et de ceux qui encaissent les bénéfices de sa victoire — se retrouve à Bonn, à la Maison Konrad-Adenauer. Il faut fêter ça ! C'est l'occasion rêvée d'effectuer ma répétition générale... Pour commencer, bien sûr, éviter d'éveiller les soupçons à l'entrée : je me munis donc d'un spot, et, me joignant à une équipe de télévision, parviens à entrer dans les lieux sans encombres. La salle est bondée, exposée jusque dans le moindre recoin à la puissante lumière des projecteurs. Me voilà donc au beau milieu de la salle, vêtu de mon unique costume sombre (acquis il y a bien quinze ans de cela !), à braquer ma méchante petite loupiote tantôt sur l'une, tantôt sur l'autre des célébrités présentes. Quelques fonctionnaires s'étonnent de mon manège. Ils me demandent quelle est ma nationalité, craignant sans doute

1. CDU : Christlich-Demokratische Union (Union chrétienne-démocrate), parti conservateur actuellement au pouvoir en République fédérale d'Allemagne (N.d.T).

d'avoir affaire à l'un de ces Iraniens qui avaient annoncé un attentat ce soir-là. Une dame vêtue d'une élégante robe du soir me jette un regard en coin plein de morgue et demande : « Mais qu'est-ce qu'il vient faire ici, celui-là ? » Et son cavalier, genre fonctionnaire entre deux âges, de répondre : « Ah, mais c'est que le monde entier s'est donné rendez-vous ici ! Ils sont même venus du Caucase pour fêter ça ! »

Moi, je fraternise avec les grosses légumes. Je me présente à Kurt Biedenkopf[2] comme un émissaire de Türkes, l'une des figures de proue des groupes fascistes turcs. Nous évoquons avec animation la victoire électorale de la coalition de droite. Norbert Blüm, le ministre du Travail, est pour l'entente entre les peuples ; il accroche spontanément son bras sous le mien et entonne à tue-tête, avec tous les autres : « Ah, quel jour, quel jour magnifique que le jour d'aujourd'hui ! »

Mais voici que Kohl prononce le discours de la victoire. Je parviens à m'approcher tout près de l'estrade. Le nouveau chancelier se décerne et décerne à ses partisans force brevets d'autosatisfaction, puis manifeste l'intention de descendre de la tribune. Je suis à deux doigts de lui proposer mes épaules et de lui faire faire un tour d'honneur dans la salle... Mais non, trop grand serait le risque que je succombe sous le fardeau considérable du vainqueur. Je renonce.

Les innombrables employés des services de sécurité qui ont pour raison d'être de démasquer les imposteurs n'ont pas percé à jour mon déguisement. Le test est positif et j'envisage déjà les difficultés à venir avec moins d'appréhension. Me voilà plus sûr de moi, plus maître de moi : je n'ai plus peur d'être identifié au fil des multiples rencontres que je vais être amené à faire.

2. Kurt Biedenkopf, membre dirigeant de la CDU (N.d.T).

Premiers pas

J'ai effectivement reçu quelques offres d'« emplois », en réponse à ma petite annonce : presque rien que des boulots dégueulasses et des salaires horaires oscillant entre 5 et 9 marks[1]. Et toujours des emplois temporaires, bien sûr. Je me suis essayé à quelques-uns d'entre eux, m'essayant, du même coup, à mon rôle.

C'est ainsi que je me suis retrouvé à rénover des écuries dans une banlieue résidentielle de Cologne. Un boulot qui, pour sept marks de l'heure, m'élevait moins l'esprit que... les bras. En d'autres termes, il fallait que je me balade comme un funambule sur des échafaudages pour peindre des plafonds. Mes collègues étaient des Polonais, tous en situation irrégulière. Je ne sais pas si c'étaient les obstacles linguistiques qui étaient insurmontables ou si, tout simplement, ils ne voulaient pas me parler. En tout cas, on m'ignorait, j'étais tenu à l'écart. La patronne elle aussi (elle tenait, en sus, un magasin d'antiquités) évitait tout contact avec moi[2], Ali. Tout au plus me lançait-elle, brièvement, quelques ordres : « Fais ci, fais ça, allez, hop, fissa ! » Il va sans dire que je prenais mes repas seul, séparé

1. 1 mark = 3,06 F (février 1986). En République fédérale d'Allemagne, les salaires sont en moyenne plus élevés d'un tiers qu'en France. On peut considérer que le salaire horaire minimal est de 12 marks (N.d.T.).

2. Dans le texte original, Wallraff écrit le plus souvent je (Ali), soulignant ainsi la juxtaposition de ses deux « personnalités » au cours de cette enquête. Pour des raisons de lisibilité, nous avons pris le parti de traduire soit « je », soit « Ali » (N.d.T.).

des autres. Il y avait une chèvre qui se baladait dans l'écurie; j'avais avec elle des contacts plus étroits qu'avec mes collègues : elle venait me bouffer mes tartines dans mon sac en plastique.

Un beau jour, le système d'alarme de l'établissement tomba en panne. Evidemment, ce fut la faute du Turc. Au terme d'une longue enquête, on finit par faire venir la police. Elle aussi me soupçonna. Au début, on m'ignorait; voilà maintenant qu'on me manifestait une franche hostilité. Au bout de quelques semaines, je rendis mon tablier.

Mon étape suivante fut une ferme de Basse-Saxe, à proximité de la centrale nucléaire de Grohnde. La fermière et sa fille, réfugiées des territoires de l'Est, étaient seules pour s'occuper de la ferme. Elles avaient besoin d'un ouvrier. Elles avaient déjà eu un valet turc, et savaient comment s'y prendre avec cette engeance : « On s'en fiche bien de ce que tu as pu fabriquer avant. Même si tu as tué quelqu'un, c'est pas notre problème ! Tout ce qu'on veut, c'est que tu fasses le boulot. En échange de quoi, tu seras nourri et blanchi. Et même, tu auras de l'argent de poche ! »

L'argent de poche, je n'en ai pas vu la couleur. En revanche, il m'a fallu défricher des orties, curer des canaux d'irrigation pleins de vase au rythme de dix heures par jour. Question logement, j'ai même eu l'embarras du choix : la brave dame me proposa soit une vieille bagnole rouillée abandonnée devant la ferme, soit une étable puante, délabrée — à partager avec un chat. Finalement, j'optai pour la catégorie inférieure : un bâtiment en chantier abandonné dont le sol était encore couvert de gravats et dont la porte ne fermait même pas. Dans la ferme, il y avait plusieurs pièces chauffées, propres et inoccupées...

Il ne fallait pas que les voisins s'avisent de mon existence :

les dames avaient peur que l'on ne se mette à jaser sur la « ferme au Turc ». Je n'avais pas le droit de mettre les pieds au village. Pas question que j'aille montrer le bout de mon nez chez le commerçant ou au bistrot du coin ! Bref, on me traitait comme du bétail de rapport. Mais cela n'empêchait pas la fermière d'être convaincue d'agir selon les principes mêmes de la charité chrétienne. La preuve : consciente d'avoir affaire à un représentant de la « minorité musulmane », elle alla jusqu'à me promettre quelques poussins ! A moi de les élever, bien sûr, puisque, comme chacun sait, je ne pouvais pas manger de viande de porc... C'en fut trop de miséricorde — et je ne tardai pas à prendre la fuite.

C'est ainsi que j'ai tenté de survivre pendant près d'un an, en pratiquant les boulots les plus divers. A vrai dire, si je n'avais vraiment été qu'« Ali », j'aurais eu bien du mal à m'en tirer. Et pourtant, j'étais prêt à accepter n'importe quoi — au sens strict du terme. J'ai bossé pour le compte d'un traiteur en gros de Wuppertal, également propriétaire d'une chaîne de cinémas. Je lui ai changé les fauteuils de ses salles et ai donné un coup de main pour la rénovation de ses buvettes ; j'ai chargé à la pelle de la farine de poisson dans une poissonnerie industrielle ; à Straubing[3], en Bavière, j'ai tenté ma chance à l'orgue de barbarie. J'ai tourné la manivelle pendant des heures, en pure perte.

Rien de tout cela ne m'a surpris. Qui s'étonne encore de la haine à laquelle doivent faire face les immigrés ? En fait, c'était plutôt quand on ne me traitait pas comme un chien que j'étais surpris ! Les plus gentils étaient les enfants ; ils restaient plantés devant ce drôle de bonhomme, avec son orgue de bar-

3. Straubing : ville de Bavière, située près de Ratisbonne (N.d.T.).

barie et sa pancarte : « Turc sans travail, 11 ans en Allemagne, veut rester ici. Merci ! », jusqu'à ce que leurs parents viennent les tirer par le bras. Mais n'oublions pas non plus ce petit couple de saltimbanques qui s'étaient installés juste en face de moi, sur la place du marché de Straubing avec leur orgue de barbarie, eux aussi. Ils m'invitèrent — moi, Ali, qui leur faisais de la concurrence — dans leur roulotte. Ce fut une très belle soirée.

Bien souvent, malheureusement, les choses prenaient un tour moins sympathique. Comme ce fameux jour de Carnaval, à Regensburg, par exemple. Pourquoi les bistrotiers allemands devraient-ils se donner le mal d'accrocher à leur porte une pancarte portant mention : « Etrangers indésirables » ? Lorsque j'entrais dans un café, on se contentait de m'ignorer. Je n'arrivais pas à commander, tout simplement. O surprise, donc, lorsque, poussant la porte d'un bistrot de Regensburg rempli de bons chrétiens habillés en bouffons[4], je m'entends adresser un bruyant « Salut ! »... « Allez, tu nous paies la tournée ! », fait un client. Et moi de répondre : « Mais non. Vous payer ! Chômage, moi. Travaillé pour vous, payé cotisations-retraite pour vous, moi ! » Mais voilà que celui qui m'avait apostrophé vire au rouge, gonfle son jabot comme un coq (Strauss le fait souvent, lui aussi) et se rue sur moi comme un taureau en furie. Soucieux de l'intégrité de son mobilier, le tenancier intervient — me sauvant la mise du même coup. Bref, quelques clients empoignent l'imprévisible Bavarois et l'entraînent hors du café. Mais voici qu'entre en scène un type qui se révélera être un ponte de la municipalité ; pendant tout l'esclandre, il est

4. Le bouffon — ou le « fou » - est une figure centrale du Carnaval en Allemagne. Les bons chrétiens habillés en bouffons sont ici les Bavarois connus pour la ferveur de leurs convictions catholiques (N.d.T.).

demeuré paisiblement assis à sa table, comme plongé dans ses réflexions. A peine les choses se sont-elles calmées qu'il tire un couteau de sa poche et l'enfonce dans le comptoir. Puis il explose : « Veux-tu bien foutre le camp, espèce de Turc de merde ! »

Il est vrai que je n'ai que rarement eu affaire à des enragés de cette eau-là. Mais bien pire en un sens était le mépris glacial qui, chaque jour, me heurtait de plein fouet. Ça fait mal, quand on est assis dans un bus bondé et que la place libre, à côté de vous, reste libre.

Voilà donc que cette fameuse intégration des étrangers que tous appellent de leurs vœux ne parvient même pas à se réaliser dans les transports publics ! Essayons au moins de voir, me dis-je, si les choses se présentent mieux dans les cafés. Avec un ami turc, je confectionne une petite banderole portant en allemand et en turc l'inscription : « A la vôtre ! » (*Prost ! Serefe !*) et nous allons trouver un certain nombre de patrons de bistrot, leur demandant s'il serait possible d'avoir dans leur établissement une « table d'habitués » (*Türk Masasi*, en turc). Nous viendrions toujours à la même heure et — nous le leur certifions — ne nous ferions pas prier pour renouveler les consommations... Las, aucun d'entre eux — et nous en avons interrogé quelques dizaines — n'avait de table libre.

Ce genre d'expérience, cela fait quinze ans que mon camarade de travail Ortgan Oztürk (vingt-sept ans) le fait. Il avait douze ans quand il est arrivé en République fédérale. Il parle l'allemand presque sans accent. Il présente bien et il est même allé jusqu'à se teindre les cheveux pour tenter d'effacer ses origines. Mais depuis le temps qu'il est là, il n'est encore jamais parvenu à se lier avec une seule jeune Allemande. Dès qu'il prononce son nom, la cause est entendue.

En principe, les immigrés ne se font pas insulter, chez nous. Du moins pas en face. En revanche, dès qu'ils ont le dos tourné, on ne se gêne pas pour raconter qu'ils puent l'ail à plein nez. Le plus drôle, c'est que par les temps qui courent, nos bons gourmets allemands consomment beaucoup plus d'ail que la plupart des Turcs qui ne s'autorisent guère qu'une petite gousse de cette plante bienfaisante pendant les week-ends. Voilà jusqu'où ils se renient pour être acceptés ! Mais il en faudrait plus pour faire tomber les barrières.

Et pourtant il peut arriver à des immigrés d'être traités avec prévenance dans les cafés, en Allemagne... Quand ce sont des immigrés qui les servent. J'en ai fait l'expérience un jour, à Cologne, à la salle municipale de Gürzenich, pendant les festivités du Carnaval. Première surprise, on me laisse entrer, tout Turc que je suis. Puis les garçons yougoslaves me servent avec une prévenance toute particulière, et déjà, je me sens presque bien. Mais voici que commencent les traditionnelles chansons à boire, où la foule se balance en cadence, bras dessus, bras dessous. Et me voici planté au milieu de la masse en délire, comme un rocher émergeant d'une mer déchaînée. Personne pour me prendre par le bras et m'entraîner dans le tourbillon.

Mais il arrive cependant que la haine de l'immigré se montre au grand jour. Chaque fois ou presque qu'a lieu un match international de football, notamment. Cela faisait des semaines que l'on parlait de cette rencontre RFA-Turquie qui devait avoir lieu au stade olympique de Berlin, en plein été 1983. On redoutait le pire. C'est d'un ton littéralement suppliant que le maire de Berlin-Ouest, Richard von Weizsäcker[5], avait

5. Actuellement président de la République fédérale d'Allemagne (N.d.T.).

adressé ce message télévisé à la population : « Nous souhaitons que ce match RFA-Turquie vienne administrer la preuve de la bonne entente régnant entre Turcs et Allemands dans notre ville. Nous voulons qu'il vienne symboliser la coexistence pacifique des deux communautés. »

Pour s'en assurer, on mobilisa des effectifs sans précédent de gendarmes et de CRS.

Je (Ali encore, pour l'instant) souhaite donc voir ce match et me procure un billet pour le « virage allemand », ces gradins où se concentrent les supporters de l'équipe de la République fédérale d'Allemagne. Mon intention première est d'y aller « en tant que Turc », j'ai même apporté une chéchia ornée du croissant turc et un petit fanion. Mais j'ai vite fait de remballer l'un et l'autre. Parce que voilà, je me suis retrouvé au milieu d'un bloc compact de jeunes néo-nazis allemands. Néo-nazis ? En fait, il n'est pas exclu que chacun d'entre eux, pris isolément, soit un brave type — ils ont, pour la plupart, des visages ouverts, sympathiques. Mais dans cette masse, ils ne sont que des masques déformés par la haine et l'hystérie. Ce jour-là, pour la première et la dernière fois, je me suis renié comme Turc ; les jambes flageolantes, j'ai même troqué mon sabir rocailleux contre un allemand des plus standards pour communiquer avec ces fanatiques de l'équipe allemande. Ce qui ne les a d'ailleurs pas empêchés de continuer à me considérer comme un étranger, à me jeter des mégots dans les cheveux, à me verser de la bière sur la tête. C'est bien la première fois de ma vie que je me suis senti soulagé en voyant les flics faire mouvement vers moi ! Si j'avais pu imaginer que j'aurais un jour le sentiment que la police peut *vraiment* être une force de l'ordre ! J'entendais fuser de tous côtés les *Sieg heil* ! et autres « A mort, les rouges ! », puis s'élever les chœurs des braillards :

« Dehors, les Turcs ! », « L'Allemagne aux Allemands ! » La chance voulut qu'il n'y ait pas davantage de sang versé qu'à l'occasion de matches internationaux « normaux ». Difficile d'imaginer ce qui se serait passé si l'équipe d'Allemagne avait été battue... Le moins qu'on puisse dire, c'est que je ne suis pas un fanatique du football. Mais ce jour-là, j'ai encouragé l'équipe allemande à perdre haleine : j'avais peur.

Notre matière première : l'esprit

Ali s'en va à Passau assister au grand spectacle que donne, en ce mercredi des Cendres [1], Franz-Josef Strauss, chef de la CSU [2]. On attend 7000 personnes... Je me demande si un Tzigane assistant à un meeting nazi en la Bürgerbräukeller [3] de Munich n'aurait pas éprouvé des sensations voisines de celles que je connus alors. Disons plutôt que j'ai eu comme l'avant-goût de ce qu'il aurait ressenti. Bref, à Passau, Ali était le lépreux dont tout le monde s'écartait.

9 heures du matin à Passau, donc. Pas besoin de chercher pour trouver la Nibelungenhalle. Toutes les rues sont envahies par des supporters de Strauss (dont, à l'évidence, nombre de non-Bavarois) qui convergent vers la grande salle. Ce n'est qu'à 11 heures que Strauss doit donner le coup d'envoi du « Mercredi des Cendres politique » ; mais deux heures auparavant, les bancs installés le long des immenses tables sont déjà pratiquement tous occupés. Et déjà l'atmosphère de cette salle imposante est saturée de fumée. Et déjà aussi, tous ceux qui sont de la fête ont vidé leurs deux ou trois chopes de bière. Ils s'arrachent le poisson, les fromages. Premier jour du carême...

---

1. La tradition veut que le président de la CSU prononce un discours-programme chaque année lors du mercredi des Cendres devant les membres et sympathisants bavarois et non-bavarois de son parti (N.d.T.).

2. CSU : Christlich-Soziale Union (Union chrétienne-sociale), branche bavaroise de la CDU dirigée par Franz-Josef Strauss (N.d.T.).

3. La plus grande brasserie de Munich où Hitler tint de nombreux meetings (N.d.T.).

Je mets le cap sur l'une des rares places demeurées libres Mais avant que je parvienne à me tasser au bout du banc, mon voisin se déploie dans toute sa largeur — avant de me faire le meilleur accueil : « Cré Dieu, où c' qu'on est, ici ? Peuv' pas nous fout' la paix cheu nous, ces él'veurs de chèvres ? Pouvez pas rester dans vot' trou ??? »

De toutes parts, on me regarde avec des yeux ronds. Le citoyen aux convictions tranchées qui est assis à ma gauche dégorge sa bière — tant il en est déjà plein... Je fais une tentative pour mettre tout ce beau monde de bonne humeur « Grand ami de votre Strauss, moi ! Un homme fort, hein ! » Tempête de rires. « Ça alors, l'avez entendu ? V'là qu'y racont' qu'il est un ami d' Strauss ! L'est bien bon', celle-là ! » Mais voici qu'arrive mon salut en la personne d'une serveuse tout en rondeurs. Son costume régional généreusement décolleté et surtout le précieux liquide qu'elle convoie sont tout de même plus intéressants que moi.

Toute cette agitation a fini par me donner soif, à moi aussi A vrai dire, je ne cracherais pas sur un petit demi. Mais c'est en vain que je réclame, les serveuses ne me voient pas. Me voilà donc réduit à tenter d'aller m'approvisionner moi-même à la buvette. Mais c'est à nouveau sans succès que je passe commande. Et à mon troisième essai, le garçon qui débite les chopes me lance d'un ton exaspéré : « Dégage, et plus vite que ça, hein ! »

Mais voici que Strauss fait son entrée dans la salle. Un tumulte assourdissant salue l'événement, soutenu par le mugissement des cuivres du régiment de marche bavarois. Le service d'ordre lui fraie un chemin vers la tribune parmi la foule de ses supporters déchaînés. Sa femme Marianne est là, qui l'attend sur le podium. Ce sont les non-Bavarois qui sont les plus acharnés à agiter leurs banderoles et à beugler (« La délégation de Peine[4], à Passau pour la septième fois ! »).

Les premières phrases du dirigeant de la CSU se perdent dans le vacarme. Son discours durera trois heures. Pas facile d'en suivre le fil au milieu de cette foule ruisselante de sueur. Le plus simple, pour en reconstituer la logique, est encore d'avoir franchi le cap des deux ou trois chopes : « Nous sommes un parti de gens intelligents, nos corps électoraux (*sic*) sont intelligents, et c'est pourquoi nous sommes majoritaires dans ce pays ! Si nos électeurs n'étaient pas aussi intelligents, nous ne serions pas majoritaires ! » Trépignements, tempête d'applaudissements. La salle est chauffée à blanc.

Aux toilettes, la cote d'alerte est atteinte, on pisse à guichets fermés. Des rigoles d'urine se forment dans les couloirs et, dans la salle même, plus d'un se soulage à travers la jambe du pantalon.

Seulement, devant, sur le podium, c'est l'Esprit qui fait recette : « Il nous faut faire de cette matière première qu'est notre esprit, de cet esprit que Dieu nous a donné, un bien meilleur usage ! Et ce en dépit du blablabla dont nous assomment tous ces *apparatchiks*[5] qui se chargent de tout niveler par en bas ! »

Pour le moment, ce sont surtout les morts au champ de la bière que l'on charge sur les civières… Secouristes et bénévoles de la Croix-Rouge ne savent plus où donner de la tête. Partout, sur les tables, des brochures d'information : « Nous et notre parti », un recueil de citations de membres de la CSU vus par eux-mêmes. Par exemple, un épicier du genre rondouil-

4. Ville de Basse-Saxe (N.d.T.).
5. Sous-entendu : syndicalistes et sociaux-démocrates (N.d.T.).

lard : « Moi, vous savez, ça ne m'a jamais donné de complexes d'être à droite. La CSU, c'est un parti qui me va comme un gant. C'est le parti qu'il me faut, c'est tout, et Strauss, c'est le type qu'il me faut. C'est son allure, déjà, que j'aime. On se ressemble. Ah, s'il y a bien un truc qui me fait perdre mon sang-froid, à part le football peut-être, c'est les impôts ! »

Ou alors peut-être un Turc tenaillé par la soif en cette Nibelungenhalle tendue de bleu et de blanc. C'est quasiment en fraude que je parviens à me procurer une bière. Je profite de ce que le garçon a le dos tourné pour m'emparer d'une chope et pose à la sauvette une pièce de cinq marks sur le comptoir. Pendant ce temps, Strauss, lui, fait trembler les murs : « Il serait bientôt temps qu'on se remette à penser au citoyen *normal*, à l'homme et à la femme de la rue, aux gens *normaux*, et pas seulement à ces quelques marginaux... » Et lorsque, un peu plus tard, il évoque « tout ce magma de masses humaines anonymes », cette « identité nationale » qu'il faudrait voir à « préserver », lorsqu'il se fait l'avocat claironnant de « la liberté et de la dignité de tous en Allemagne » — je sais bien que ce n'est pas à moi qu'il s'adresse...

Je me mets en quête d'un endroit où m'asseoir, trouve deux places libres. La cohue est telle, dans les allées, qu'on a du mal à y garder son équilibre. Mais à côté de moi, la place reste libre. Quelques remarques au passage : « Ça pue l'ail, dans le coin ! » — « T'es turc, toi ? »

Le Bavarois heureux (*dixit* Strauss, parlant de lui-même) est enfin venu à bout de son discours de carême. Cela fait maintenant cinq-six heures que ses admirateurs tiennent le coup. Un cordon de sécurité protège l'orateur de ses fans lorsqu'il quitte la tribune. Pas moyen d'avoir un autographe ! Enfin pas sur-le-champ. Il faut en faire la demande par écrit, sur un bout de papier et des corbeilles circulent dans la salle à cet effet. Je finis pourtant par réussir à me frayer un chemin vers le dirigeant bavarois. Comment ? Le plus simplement du monde !

Je me présente comme un émissaire, mandaté en ces lieux par le dirigeant fasciste turc Türkes, le chef des « Loups gris ». Ce Türkes, bouillant admirateur de Hitler, est une vieille connaissance de Strauss : ils se sont rencontrés secrètement à Munich, il y a quelques années. Si l'on en croit Türkes, le président de la CSU lui avait alors donné l'assurance qu'« une propagande appropriée allait créer en République fédérale d'Allemagne un climat politique favorable au MHP[6] et aux Loups gris ». Rappelons pour mémoire le fier cri de guerre de Türkes : « Mort à tous ces salauds de juifs, à tous ces fils de pute de communistes et à tous ces chiens de Grecs ! »

En ma qualité de mandataire de ce personnage, j'accède immédiatement à Strauss. Il m'accueille à bras ouverts et me tape sur l'épaule, comme en use un puissant parrain avec un parent de province sans fortune. Il calligraphie une dédicace personnelle sur la page de garde du volume édité en son honneur : *Franz-Josef Strauss — un grand livre d'images* : « Pour Ali, avec mon salut cordial — F.J. Strauss ».

Les photographes présents ne laissent évidemment pas échapper l'occasion de réaliser l'instantané qui s'impose.

A en croire l'avant-propos de cet ouvrage de luxe, Strauss serait « venu à la politique pour répondre à l'appel instinctif du devoir » — un devoir dicté par la Providence, sans doute ? Quel privilège en tout cas, pour moi, d'approcher de si près l'un des hommes politiques les plus assoiffés de pouvoir de l'après-guerre, adversaire déclaré de la démocratie — un

6. Organisation fasciste turque (N.d.A.).

homme qui, au demeurant, m'a plus d'une fois traîné devant les tribunaux... J'avais déjà eu l'occasion de le rencontrer, il y a dix ans de ça. L'Académie catholique de Munich avait organisé un débat sur le thème : « Journaliste ou agitateur ? » J'étais assis entre lui et Wischnewski, un dirigeant du SPD[7]. Strauss était dans l'un de ses bons jours, il voulait briller devant le public plutôt libéral de l'Académie et même, à l'évidence, tenter de s'attirer mes bonnes grâces : « Voilà enfin l'occasion de vous poser une question qui m'intrigue depuis longtemps : êtes-vous parent avec le père Josef Wallraff, le jésuite ? » Ç'aurait été un peu trop facile qu'avec des familiarités de ce genre il parvienne à dissimuler aux auditeurs sa franche hostilité à l'égard de gens comme moi. « Oui, lui répondis-je donc, je suis son fils naturel. Mais je vous en prie, ne le répétez pas ! » Le reste de la discussion montra un Strauss égal à lui-même.

7. SPD : Sozialdemokratische Partei Deutschlands, parti social-démocrate allemand (N.d.T.).

« Le plaisir de manger », ou la dernière des tambouilles

> « Beaucoup de ceux qui nous critiquent sont de vrais spécialistes de la politique de l'autruche. Ils ne cherchent pas à savoir ce qu'il en est vraiment, et ils n'iront surtout pas se donner la peine d'aller regarder dans les coulisses de MacDonald. Celui qui ne se donne pas la peine de regarder ne peut qu'aborder la vérité en aveugle. »
>
> Publicité de MacDonald publiée sur une page entière dans *Die Zeit* du 10 mai 1985.

MacDonald a engagé depuis quelque temps une offensive de grand style contre ses détracteurs dans les milieux syndicaux et les associations de consommateurs. « Ces attaques ne nous empêcheront pas de continuer à nous développer et de proposer du même coup à ceux qui sont encore au chômage de nombreux emplois stables et de multiples perspectives de promotion. »

Une providence, donc, pour les immigrés et les réfugiés politiques ? Eh bien allons voir !, me dis-je. Il y a déjà 207 MacDonald en République fédérale. A court terme, il devrait y en avoir le double. Je tente ma chance à Hambourg, dans l'un des plus grands MacDonald d'Allemagne, celui du Gänsemarkt. Candidature acceptée. Me voilà donc condamné au plaisir, puisque MacDonald c'est, comme l'indique le prospectus qu'on me remet à l'embauche, « le plaisir de manger ». En sus, « MacDonald est un restaurant familial où l'on mange bien et pas cher. Un lieu éclatant de propreté où l'on se sent bien, où l'on s'amuse — c'est cela ''l'événement Mac Donald''... Nous sommes très heureux de vous avoir parmi nous et vous souhaitons dans notre équipe autant de plaisir que de succès ! »

Mieux vaut, pour partager les joies de cette équipe, affirmer que j'ai vingt-six ans. Sûr que si j'avais avoué mon âge réel (43 ans), on m'aurait encore moins fait de cadeaux...

Tout comme le hamburger, je me retrouve pourvu d'une sorte d'emballage MacDonald : chapeau de papier, chemisette, pantalon. Sur chacun d'entre eux, l'inévitable label : « MacDonald ». Tout juste si l'on ne commence pas par nous faire passer sur le gril. Mon pantalon n'a pas de poches. Que d'aventure je reçoive un pourboire, ma main glissera vainement le long de la couture du pantalon et la menue monnaie finira par échouer là où l'entreprise l'attend : dans la caisse. Pas moyen non plus, avec ce chef-d'œuvre de prêt-à-porter, d'avoir un mouchoir. Si tu as le nez qui coule, ce sera tant pis pour les hamburgers — à moins que ta morve n'aille directement chanter sur le gril.

Le manager du restaurant se déclare d'emblée satisfait de mon travail et salue le brio avec lequel je retourne les hamburgers sur le gril. « Mais c'est que vous faites ça bien ! Vous allez drôlement vite ! Au début, la plupart de nos gars font des bourdes énormes ». Et moi de répondre : « C'est peut-être parce que je fais du sport... » « Ah bon. Lequel ? » « Du ping-pong ! »

Le hamburger est une espèce de rondelle brunâtre et suante. Il a obligatoirement au moins 98 millimètres de diamètre et pèse entre 125 et 145 grammes. Quand on le jette sur le gril, il saute comme un jeton de plastique. Congelé, il claque comme une pièce de monnaie rebondissant sur du verre.

Une fois cuit — ou plutôt grillé —, on lui accorde une « espérance de vie » de dix minutes ; mais la plupart du temps, il est déjà parti bien avant. Pas question de le laisser dégeler, il se mettrait à puer. Voilà pourquoi on le fait passer sans transition du congélateur au gril, avant de l'agrémenter de tous les assortiments et condiments qui en font la réputation, de le coincer entre deux tranches de pain de mie spongieuses, puis de l'enfermer dans son sarcophage de polystyrène.

« Il y a tant de grâce dans la silhouette délicatement élancée d'un petit pain de hamburger ! Mais il faut un état d'esprit tout à fait particulier pour s'en rendre compte », affirme, sans rigoler, Ray Kroc, le fondateur de la firme.

Le big mac

« L'amour, c'est comme un big mac : les deux corps, qu'agite un mouvement harmonieux se font chair. L'exquis petit pain enlace le corps en une étreinte pleine de tendresse. Les baisers sont comme une pointe humide de sauce tartare. Les cœurs aimants se consument comme les oignons. L'espérance, jeune encore, verdit comme la salade. Et le fromage, le cornichon, donnent le goût d'en avoir plus. »

Extrait de *Quarterao*, le journal-maison de MacDonald à Rio de Janeiro (avril 1983).

L'espace où nous travaillons, derrière le comptoir, est étroit, le sol y est graisseux et glissant, la plaque du gril constamment chauffée à blanc, à 180 °C. Aucune espèce de consigne de sécurité. En principe, nous devrions porter des gants. Mais il n'y en a pas, cela ralentirait le rythme. Alors bien sûr, un grand nombre d'employés ou d'ex-employés de MacDonald ayant longtemps travaillé au gril ont des brûlures ou des traces de brûlures. Peu de temps avant que j'arrive, il avait fallu conduire un de mes collègues à l'hôpital : dans la fièvre de l'action, il avait directement posé la main sur le gril. Dès ma première nuit de travail, je récolte des cloques : les projections d'huile bouillante.

Naïvement, je me figure que mon service s'achève vraiment, comme convenu, à deux heures et demie du matin. Je m'apprête à partir, mais me rends rapidement compte que cela commence à jaser dans le dos du « nouveau » — le mien. Et voilà que le manager se met à m'engueuler, et me demande ce qui me prend de partir avant d'avoir terminé mon service. « Mais je fais exactement comme on m'a dit ! », rétorqué-je. « C'est à *moi* qu'il faut que vous veniez demander si vous pouvez partir ! », me lance-t-il sévèrement, avant d'ajouter d'un ton lourd de menace : « Vous avez vraiment nettoyé dehors ? » Vu qu'on m'y avait envoyé en chemisette — en plein mois de décembre — quelques minutes auparavant, je lui réponds que le trottoir est parfaitement propre. Mais une employée particulièrement attentive s'avise que quelques papiers traînent encore...

Et voilà qu'il est déjà près de trois heures ! Le manager note que je semble manquer de conviction, que je ne m'engage pas vraiment. Cela le chagrine que la joie n'illumine pas mon visage. « Et puis, ajoute-t-il, n'allez pas croire que l'on ne vous surveille pas. Tiens, par exemple, aujourd'hui, vous êtes resté planté cinq minutes au même endroit sans rien faire ! » « Comment ça, répliqué-je, pas possible, toujours je cours, à droite, à gauche, c'est comme sport, pour moi, le travail ! »

J'apprends qu'en vertu d'une circulaire confidentielle de la direction, les heures de nuit et les heures supplémentaires ne sont décomptées qu'en heures complètes. En d'autres termes, tout travail supplémentaire de moins d'une demi-heure passe aux pertes et profits et toute heure entamée au-delà de la demi-heure est comptée comme telle. Mais dans la pratique, on décompte plutôt qu'on arrondit. De la même façon, on ne pointe pas lorsqu'on arrive au restaurant, mais quand on commence à bosser, une fois changé. Idem quand on s'en va : on pointe d'abord, on se rhabille ensuite. C'est ainsi qu'on se fait doublement carotter sur son temps...

C'est la veille des fêtes de Noël. L'affluence est énorme, aux heures de pointe, on bat tous les records. Pour 7,55 marks de l'heure, brut, je fais un boulot qui vaut bien n'importe quel travail à la chaîne. En plus, on me retire un mark par heure de travail pour la nourriture. Quand j'arrive au bout de mes huit heures de travail, le manager me fait savoir, magnanime, que je peux consulter la carte MacDonald et me servir. Je déclenche une tempête de rires en demandant des couverts. Des couverts chez MacDonald ! On se marre à n'en plus finir.

Je travaille exposé à tous les regards. Tout comme je vois la clientèle, elle me voit. Impossible, donc, de m'esquiver pour un instant, histoire, par exemple, d'aller boire un coup pour faire pièce à la chaleur torride qui règne en ces lieux. Nous avons tout le temps la pépie : à cause de tous ces effluves de cuisson, de condiments et surtout de toute cette moutarde dont on use et abuse chez MacDonald.

Une tranche de cornichon pour un hamburger, deux pour un big mac, une tranche de fromage, et puis hop, un coup de pistolet à sauce, un coup de sauce à poisson, un coup de sauce à chicken, un coup de sauce à big mac...

Nous sommes sans arrêt sous pression, ça sonne de tous les côtés, un beignet aux pommes à mettre en route, ou bien un fishburger. Et hop, les doigts pleins de poisson, voilà qu'on passe déjà au hamburger suivant...

Je profite des pauses pour faire des tests. Je prends du poulet pané (les fameux « nuggets » !), mais ça pourrait aussi bien être du poisson ! Cette espèce d'arrière-goût... Je mange un beignet aux pommes — même impression : fichtre, il n'y aurait pas aussi du poisson là-dedans ?

Ce n'est qu'au bout d'un certain temps que je découvre le pot aux roses. Nos gigantesques friteuses contiennent une graisse sans cesse en ébullition. Chaque soir, on filtre la graisse, puis on l'utilise à nouveau. Graisse des beignets de pommes, graisse pour le poisson, pour le poulet, tout passe par le même filtre. Et le même papier filtre pour dix friteuses...

C'est aux heures de pointe, quand des queues commencent à se former devant le comptoir, que la fièvre atteint son paroxysme. Les serveurs nous houspillent, nous n'allons pas assez vite. L'idée me vient qu'on pourrait peut-être sortir les hamburgers un peu plus tôt. Je me fais aussitôt remettre en place par le manager : « Personne ne vous demande d'avoir des idées ; ici, il y a des machines pour ça ! Vous prenez les hamburgers quand la machine fait *pip*, pas avant, un point c'est tout. » Je me le tiens pour dit. Mais cinq minutes n'ont pas passé que revoilà le manager.

« Bon sang, pourquoi ça ne va pas plus vite ?

— On vient de dire que la machine pense, et moi, j'attends !

— Mais nom d'un chien, les clients, ils n'ont que ça à faire, d'attendre ?

— Qui décide, ici, vous ou *pip* de machine ? Comment peux savoir ? Vous dites, moi je fais...

— Vous devez attendre que la machine fasse *pip*, compris ?

— Compris, compris ! »

Le mot clé, chez MacDonald, c'est : service rapide « L'objectif idéal », c'est que « personne n'attende jamais ». A cette fin, toutes sortes de trucs sont recommandés aux managers. « Une minute d'attente au comptoir, c'est trop long. Ton objectif, c'est trente secondes. Accélérer le service dans ton restaurant, c'est possible, c'est une question d'état d'esprit. Concentre-toi sur cet objectif pendant les trente jours à venir : rapidité du service. Efface le mot lentement de ton vocabulaire. Deux pour cent de ton chiffre d'affaires dépendent de la rapidité de tes réflexes. Et vive la rapidité ! » Telle est la devise qu'on tente de leur inculquer.

Fast food, cela veut dire que tout est minuté — même si certains de mes collègues qui ne comprennent pas trop bien l'anglais vont s'imaginer que *fast food* signifie non pas « restauration rapide » mais « quasi-restauration [1] ».

Notre établissement est réputé pour ses chiffres d'affaires records. J'ai d'ailleurs eu l'honneur d'assister en personne à une scène émouvante : la remise à notre manager par le directeur régional de MacDonald d'une coupe en hommage à ses mérites. On y avait fait graver l'inscription suivante : « Pour vos remarquables performances en matière de profit. »

Ce sont tout particulièrement les enfants qui sont dans le collimateur de MacDonald. Dans une circulaire interne, la section marketing de la direction centrale (sise à Munich) ne craint pas d'affirmer : « Le fast food n'est pas seulement un marché jeune. En Allemagne, c'est avant tout un marché de la jeunesse... Et dire qu'il y a des gens qui racontent que les jeunes n'ont pas d'argent ! »

Tout est conçu dans cette optique. Poignées de portes, tables,

1. *Fast* : presque en allemand (N.d.T.).

chaises — presque tout est à hauteur d'enfant... Directive spéciale adressée aux concessionnaires des établissements MacDonald : « N'oubliez pas que les enfants démultiplient votre chiffre d'affaires ! » En vertu de quoi les concessionnaires reçoivent des programmes ne laissant rien au hasard, destinés à appâter les enfants et, avec eux, les familles tout entières. Le plus prisé d'entre eux : « L'anniversaire des enfants au MacDonald. » Un plaisir programmé de a à z :

« Les sept étapes d'une *party* d'anniversaire :

1re étape : préparatifs :	environ 15 minutes
2e étape : accueil :	environ 10 minutes
3e étape : prise des commandes :	environ 5 minutes
4e étape : retrait des commandes :	environ 10 minutes
5e étape : plaisir de manger :	environ 15 minutes
6e étape : jeux, « storetour » :	environ 10 minutes
7e étape : départ...	

« Inscrire ci-dessous les tableaux prospectifs[2]. »

Après la friteuse, le gril et le comptoir, me voilà initié, dès le troisième jour, à l'art et la manière du « service en salle » débarrasser les reliefs de nourriture et ramasser les emballages, nettoyer les tables, les essuyer... Pour l'ensemble de ces opérations, je dispose de deux chiffons : l'un sert à nettoyer les tables, l'autre les cendriers. Mais dans la hâte qui est de règle, on finit rapidement par les confondre. Qui s'en soucie ? Et c'est souvent avec le même chiffon qu'on nettoie les chiottes. Une façon comme une autre de boucler le circuit alimentaire. Horreur et dégoûtation.

2 MacDonald, document interne (N.d.T.).

Mais lorsque je réclame un troisième chiffon, on me répond d'un ton rogue que ceux que j'ai suffisent bien. Un jour, le manager envoie un collègue directement du « gril royal » à un WC bouché. Le racloir à gril à la main, le gars s'empresse donc consciencieusement de s'acquitter de sa mission... et se fait passer (quand même, quand même !) un savon monumental par le sous-manager. La propreté des lieux, devant l'établissement, est l'objet d'une attention maniaque. Cinquante mètres à droite, cinquante mètres à gauche de l'entrée : un véritable travail de Sisyphe contre les dizaines et les dizaines d'emballages abandonnés sur le trottoir. Mon balai à la main, je ne cesse de faire la navette du chaud au froid, en petite chemisette.

Sujet de plaisanterie favori dans la salle de repos : les cafards. Pas moyen de s'en débarrasser, à l'évidence. Au début, il n'y en avait qu'à la cave. Maintenant, on en trouve aussi à la cuisine ; tout récemment, il y en a un qui est venu atterrir directement sur le gril. Une autre fois, c'est un client qui en a découvert un spécimen de belle apparence dans son big mac.

Certains jeunes consommateurs (des petits zonards vaguement éméchés) ont inventé un nouveau jeu : ils me lancent sous les pieds leurs restes de frites. Un plaisir de nettoyer à la serpillière ces débris de pommes de terre bien graisseux et soigneusement piétinés...

Il y en a une qui, dans cette boîte, a la vie particulièrement difficile : c'est une de mes collègues turques. Quand on n'est pas en train de la draguer, on se paye sa tête — c'est une immigrée, non ? —, par exemple on s'amuse à lui balancer des cendriers pleins à ras bord devant les pieds. Cela m'arrive à moi aussi : un jour, un cendrier s'écrase juste devant moi. Je me mets à ramasser les débris, et hop, en voilà un autre qui vole en éclats dans mon dos, puis un autre, et encore un autre...

Allez savoir qui s'amuse à ce petit jeu. On se marre dans la salle. Faut bien rigoler, non ?

Bon appétit !

Ce n'est pas pour rien que tout a le même goût... Ecoutons ce que dit l'Union des consommateurs de Hambourg des produits MacDonald : « Leur goût provient des nombreux arômes artificiels qu'on y ajoute. Pour garder les boissons le plus longtemps possible, on y ajoute toutes sortes de conservateurs. » Un milkshake contient 22 % de sucre, soit l'équivalent de 16 morceaux, ou encore 40 à 45 grammes de sucre. On « speede » l'ensemble pour le rendre buvable. Selon Edmund Brandt, spécialiste de l'industrie de la viande aux Etats-Unis, pour les hamburgers, on ne peut pas utiliser des viandes maigres comme le collier et l'épaule — ils partiraient en morceaux. Il faut donc soumettre la viande à un traitement spécial, à base de « sel et de protéines liquides ». « Si la viande est trop fraîche, dit Brandt, elle est trop aqueuse pour servir à la production des hamburgers. » Si elle est trop vieille, elle perd sa couleur. « On prend donc des cubes de glace qu'on jette dans les hachoirs pour que la viande reprenne une couleur rougeâtre. » Même si elle a l'air parfaitement maigre, la viande de hamburger contient encore, une fois apprêtée, 25 % de graisse. Ce n'est évidemment pas dans la publicité coûteuse de MacDonald que l'on trouvera un mot sur ces « trucs » du *fast food.* Le pseudo-repas industriel de MacDonald se distingue surtout par l'extrême astuce de son emballage. C'est une sorte de *Bild-Zeitung*[1] à manger. Mais de la même façon que les lecteurs de *Bild* n'ont pas besoin qu'on leur fasse un dessin pour comprendre qu'on les mène en bateau, un certain nombre de clients de MacDonald comprennent de quoi il retourne dès leur première tentative.

Voilà l'inscription que je trouve un jour sur une serviette, en nettoyant : « MacDonald, le dégueulis libre et gratuit ! » Puis une autre encore : « Tiens, c'est la première fois que ce qui m'entre par la bouche est plus dégueulasse que ce qui me sort par le… »

Le *fast food* est une nourriture déficiente qui peut avoir des conséquences graves pour la santé : des nutritionnistes américains ont diagnostiqué chez les enfants qui abusent de la restauration rapide des signes d'agressivité accrue, des insomnies, des cauchemars. La cause en est que l'aimable *fast food* détruit les réserves de thiamine et entraîne des carences en vitamines B1 qui endommagent le système nerveux.

1. Voir note 1, chap. « La métamorphose » (N.d.T.).

Même pendant les pauses, je demeure la propriété de l'entreprise. Pas question de sortir pour aller prendre un café ou une bière. On raconte qu'il y aurait eu de fâcheux précédents : un gars aurait profité de la pause pour aller faire un tour au bordel…

Une jeune collègue me dit qu'il lui est très souvent impossible de prendre la moindre pause pendant ses huit heures de service — « Allez, au boulot, au boulot ! », tel est le refrain. *Idem* si vous vous avisez de demander à aller chez le médecin. Le manager : « Ici, c'est moi qui décide quand on va chez le médecin ! »

Un jour, je demande si je peux prendre ma pause. Même musique : « Ici, c'est moi qui décide quand vous faites la pause ! »

Il n'y a pas de délégué du personnel, bien sûr.

Voilà un extrait d'une circulaire pondue il y a six ans par

le chef du personnel de MacDonald pour toute la République fédérale d'Allemagne : « S'il s'avère, au cours d'un entretien avec un candidat, qu'il est organisé, posez-lui encore quelques questions et restez-en là. Promettez-lui une réponse pour dans quelques jours. Et, bien entendu, ne l'embauchez en aucun cas. »

Ray Kroc, l'inventeur de MacDonald, sait parfaitement ce qu'il veut : « Ce que je veux, c'est de l'argent, exactement comme l'on entend que la lumière s'allume lorsqu'on appuie sur l'interrupteur. » Abrams, lui, le général américain, considère MacDonald comme l'école-modèle de la nation : « C'est très sain, pour un jeune, de travailler chez MacDonald. MacDonald fera de lui un homme efficace. Si le hamburger n'est pas bien fait, le type est viré ! Le système MacDonald est une machine qui fonctionne sans heurt ni bruit et notre armée ferait bien de s'en inspirer. »

Le chantier

Düsseldorf, six heures du matin, quartier de Pempelfort. Ils sont déjà six à poireauter devant la porte de la GBI, une boîte de sous-traitance installée dans la Franklinstrasse. En quête de boulot, comme moi, ils ont appelé un numéro indiqué dans une petite annonce. On leur a donc donné rendez-vous ici, à six heures du matin.

Un employé ouvre. Le bureau est tout de suite là, au rez-de-chaussée : deux tables mises bout à bout, un téléphone. Ni dossiers, ni rayonnages, les tables elles-mêmes donnent l'impression qu'on vient d'y faire le vide. Sur un panneau mural, une inscription : « Notre entreprise déclare ses employés conformément à la réglementation en vigueur ! » Et pourtant, personne ne me demande ma carte de travail, ni d'ailleurs mon nom.

Avant de nous acheminer par petites fournées sur nos lieux de travail, on nous fait attendre dans un appartement attenant — deux pièces faisant office de lieu de rassemblement. Papiers peints décollés, vitres graisseuses, pas de toilettes : l'état des lieux reflète assez bien notre nouveau « statut ». Un certain « Siggi » fait son entrée dans la pièce : cheveux bouclés, chevalière, gourmette et chaîne en or, il a le physique de l'emploi. Il lui faut quatre manœuvres pour « un très beau bâtiment qu'on est en train de construire à Cologne ». Je lève la main, et me voilà embarqué dans l'équipe.

Nous montons en voiture, et en route pour le chantier. C'est le moment choisi pour nous dire ce que nous allons gagner et comment nous allons travailler. « Le contremaître veut que vous fassiez dix heures par jour, nous explique Siggi, et on montera jusqu'à 9 marks de l'heure, ce qui fait 90 marks de la journée. »

Une demi-heure plus tard, nous débarquons sur le chantier, sur le Hohenstaufenring, à Cologne. « Elégants lotissements et ravissantes maisonnettes en cours de construction, avec vue sur un parc paisible », signale un panneau publicitaire planté au bord de la route. Un chef d'équipe qui travaille sur ce chantier pour le compte de la GBI depuis déjà pas mal de temps nous envoie aux vestiaires. A peine sommes-nous changés que « Siggi » réapparaît : « Il me faut quand même vos noms pour le contremaître », lance-t-il. Je dis : « Ali. » Et ça lui suffit.

Notre équipe est sous les ordres d'un contremaître de l'entreprise Walter Thosti Boswau (WTB) — sixième entreprise du bâtiment de la République fédérale, je l'apprendrai par la suite. *Idem* les jours suivants : toutes les consignes et les directives pour le boulot passeront exclusivement par ce contremaître. Même chose pour les outils : tout, du balai à la flandre métallique, nous est fourni par la WTB. La GBI, elle, ne fait que livrer des ouvriers « tels quels » ; elle n'a d'ailleurs pas l'ombre d'un chantier et c'est tout juste si elle possède un outil.

Personne ne nous a demandé notre carte de travail. Autrement dit, la GBI nous fait bosser au noir, tous, sans exception. Nous ne sommes même pas couverts par la Sécurité sociale. Je demande à un collègue : « Qu'est-ce qui se passe, si nous avons un accident ? » « Eh bien, répond-il, ils diront que tu étais sur le chantier depuis trois jours, ils te déclareront à la Sécu après coup... Sur quelques centaines de types qui travaillent ici, il y en a au grand maximum la moitié qui est déclarée. »

Pendant les pauses, nous nous entassons dans une baraque d'à peine douze mètres carrés. Réflexion d'un charpentier recruté par le bureau de Cologne de la GBI : « Ça fait trente ans que je suis dans le bâtiment, mais c'est bien la première fois que je vois qu'on doive prévenir le contremaître avant d'aller chier ! » D'autres racontent qu'avec les transports, cela leur fait des journées de quinze heures. « Ça empêche pas que tu sois payé que pour tes dix heures, pour le transport, tu peux toujours courir, pas un rond ! »

Notre contremaître de la WTB a un de mes collègues turcs dans le nez, un type d'une cinquantaine d'années. Le malheureux a beau abattre au moins deux fois plus de boulot que les ouvriers allemands — ce n'est pour le chef qu'un « bouffeur de chich-kebab ». « Si tu presses pas le mouvement, je te fais embarquer avec les gravats quand on viendra les ramasser ! »

Le vendredi, quand nous avons fini notre semaine, nous devons en général attendre plusieurs heures avant qu'on nous verse notre salaire — le temps que le fric arrive de l'extérieur. Certains (des travailleurs temporaires comme moi) ont leur petite idée sur l'« itinéraire » de nos salaires : « Pour commencer, Klose va à Langenfeld — raconte dans la baraque un habitué du boulot, un Allemand qui, lui aussi, travaille au noir —, c'est là-bas qu'ils ont leur compte et qu'ils vont chercher notre pèze. » Pourquoi cet argent ne peut-il pas être retiré dans une banque de Cologne ou de Düsseldorf ? Le collègue a aussi sa petite idée là-dessus : « Le compte de Langenfeld est au nom d'un homme de paille qui encaisse les chèques à l'ordre de la WTB et d'une série d'autres boîtes du bâtiment. C'est évident, des boîtes comme ça, elles ne peuvent plus ouvrir de compte à Düsseldorf, les types des impôts rappliqueraient tout de suite et le bloqueraient. »

Ce jour-là, nous avons encore attendu notre paie pendant deux heures — non payées, cela va sans dire.

Mais il n'y a pas que les comptes de l'entreprise qui demeurent dans le flou — il y a aussi tout ce climat de conspiration pour cacher notre présence sur le chantier. Quand on nous paie, on nous fait évidemment signer un reçu mais nous, nous n'avons ni double, ni bulletin de salaire. Même les fiches sur lesquelles le contremaître inscrit les heures de travail effectuées nous sont reprises après versement du salaire. Et ce pour une bonne et simple raison : le travail temporaire payé à l'heure est interdit dans le bâtiment. Les sous-traitants du genre de la GBI tournent la loi en établissant des contrats bidon : par exemple, ils font une facture correspondant, disons, à « 40 m² de béton » et l'adressent à l'entreprise du bâtiment pour laquelle ils sous-traitent. En fait, celle-ci leur paie 40 heures de travail temporaire (les contremaîtres ont souvent des tableaux codés où ils convertissent les heures de travail des employés temporaires en mètres carrés de béton ou en mètres cubes de terre). J'aimerais bien pouvoir prouver par la suite que sur notre chantier aussi on pratique ce type de double comptabilité : j'attends donc le moment propice pour détourner l'attention du contremaître et lui fauche ses fiches. Voilà ce qu'on peut y lire : « S.A. WTB, 30 heures de travail. » suivent la date, et sa signature.

Comme à Palcrme...

On estime que dans la seule industrie du bâtiment les boîtes de sous-traitance emploient illégalement 200000 Turcs, Pakistanais, Yougoslaves et Grecs. Cela représente, chaque année, une perte sèche d'environ 10 milliards de marks en impôts et cotisations sociales.

Très souvent, les trafiquants d'hommes bénéficient de protections politiques qui leur permettent d'échapper aux poursuites. En la matière, la législation est très souple. Et le gouvernement fédéral, lui, hésite à mettre le holà à ces magouilles. Il n'y a que dans le bâtiment que la location de personnel temporaire est interdite (depuis 1982). Les Länder[1] gouvernés par la droite se refusent à considérer le trafic illégal de main-d'œuvre comme un délit. Le trafic de personnel allemand ou étranger — provenant de la Communauté européenne, — y demeure, au plan juridique, une simple « infraction au règlement ».

Même les petits poissons de la mafia du bâtiment ne tombent que rarement entre les mailles de la police, des fonctionnaires de l'Inspection du travail ou des juges. « C'est à peine si nous contrôlons encore la situation », se plaint par exemple le Dr Franzheim, procureur général de Cologne. Dans le seul Land de Rhénanie-Westphalie il y a actuellement quatre mille enquêtes en cours. Les trafiquants de main-d'œuvre carottent en toute illégalité sur les salaires de leurs employés, s'assurant éventuellement de la docilité de certains immigrés « rétifs au travail » en faisant alterner le bâton et la menace. Les enquêtes — du moins celles qui sont engagées par le parquet de Düsseldorf — s'étendent jusqu'à des cas de chantage avec tentative d'extorsion de fonds, voire d'assassinat.

Mais il n'y a pas que les entreprises privées du bâtiment pour faire indirectement appel aux officines de location de main-d'œuvre. Même lorsqu'il s'agit de commandes publiques, les « sous-traitants » sont dans la course.

Par exemple, on a assisté en 1984 à de nombreuses rafles sur le chantier du parlement régional de Düsseldorf. Divers trafiquants d'hommes y avaient fourni de la main-d'œuvre.

De même, à l'occasion d'un contrôle, cinquante travailleurs clandestins ont été interpellés sur le chantier de l'agence pour l'emploi de Munich. Et la police elle-même ne sait pas encore que des « ouvriers de location » ont participé aux travaux d'agrandissement de la caserne de la Bundeswehr, à Hilden, ainsi qu'à la construction du nouveau ministère des PTT à Bonn-Bad Godesberg.

Le ministre des PTT Christian Schwarz-Schilling[2] a négligé, lors de l'établissement des commandes, de prescrire les contrôles qui s'imposaient; du coup, une officine au moins de location (illégale) de main-d'œuvre en a profité pour se remplir les poches. Si les autorités avaient manifesté la plus élémentaire des curiosités, elles auraient facilement pu découvrir le pot aux roses. Il ne leur aurait pas échappé que les trafiquants de main-d'œuvre de la SARL DIMA (de Düsseldorf) avaient fourni du personnel à la WTB — elle-même sixième entreprise du bâtiment en République fédérale — qui a pris une part prépondérante dans la construction du ministère des PTT. La DIMA est elle-même issue de la GBI pour laquelle j'ai travaillé — en toute illégalité — à Cologne.

1. La République fédérale d'Allemagne est composée de *Länder* qui ont leurs propres gouvernements et leurs parlements régionaux (N.d.T.).
2. Membre de la CDU (N.d.T.).

Dès le premier jour de travail, on fait comprendre à Ali en quelle estime on le tient. Plusieurs des WC réservés aux ouvriers sont bouchés depuis plus d'une semaine. On a de la pisse pratiquement jusqu'aux chevilles : « Va chercher un seau, un balai-brosse, une serpillière et nettoie-nous tout ça ! Et fissa, hein ! » Je passe au magasin où l'on me remet le matériel — contre reçu. « T'as qu'à signer de trois croix », me dit l'homme à tout faire, un Allemand qui, enfermé dans sa soute à outils, se la coule plutôt douce.

Ces toilettes mobiles sont une véritable infection. Le conduit d'évacuation de l'urine est, lui aussi, complètement bouché. J'ai nettement le sentiment que ce travail est une brimade. L'inondation se reproduira tant que ce ne seront pas des spécialistes qui s'attaqueront à la cause des dégâts — l'obstruction des tuyaux. Ce ne sont évidemment pas les plombiers qui manquent sur ce chantier, mais leur temps est trop précieux. Leur boulot, c'est d'installer les sanitaires de luxe des futurs heureux propriétaires.

Chefs de chantier et contremaîtres ont, eux, leurs toilettes mobiles à part. Elles ferment à clé, les ouvriers n'y ont pas accès et des femmes de ménage les nettoient tous les jours. Je vais trouver le chef de chantier et je lui dis que ce qu'on m'a demandé de faire n'a pas de sens, qu'on devrait plutôt commencer par faire intervenir les plombiers. « Qui te demande de poser des questions, ici ; fais ce qu'on te dit, et c'est tout. Te fatigue pas les méninges, laisse ça aux ânes, ils ont une plus grosse tête que toi ! », réplique-t-il sans ménagement. Alors bon, comme des milliers d'autres immigrés, je m'écrase et fais ce qu'on me dit, considérant qu'il faut s'estimer bien heureux d'avoir du travail... Une idée qui, ici comme bien d'autres fois par la suite, m'aide un peu à convertir le dégoût, l'humiliation, la honte en une sainte colère et un sentiment de solidarité avec ceux qui partagent mon sort.

Les Allemands qui passent aux toilettes pendant que j'écope la pisse, nettoie et éponge y vont de leur petite remarque. Un jeune type — aimable : « Tiens, on a enfin une femme de ménage ! » Deux types d'environ quarante-cinq ans dialoguent d'un WC à l'autre : « Tu sais ce qui est plus dégueulasse que la pisse et la merde ? », demande l'un. « Le boulot », répond l'autre. « Mais non, un Turc ! », s'esclaffe le premier, toujours enfermé dans son chiotte.

Tous ne sont pas comme ça. Arrive un autre Allemand qui, tout en pissant, demande à Ali quelle est sa nationalité. « Turc », dis-je, sur quoi il m'exprime aussitôt sa sympathie : « Ça, c'est typique. Vous, on vous prend pour enlever notre merde. Dans le bâtiment, il y a pas un Allemand qui accepterait de faire un boulot comme ça ! »

De temps en temps, Hugo Leine, le contremaître, vient surveiller un peu ce que je fais. Une chance qu'il se balade avec son talkie-walkie, on l'entend crachoter, couiner et nasiller à des lieues à la ronde, ça me laisse le temps de presser le mouvement. « Presto, prestissimo, amigo ! », me lance-t-il, histoire de me donner un peu de cœur à la tâche. Comme je lui fais aimablement remarquer que je ne suis pas « italiano » mais turc, il prend encore moins de gants : « Alors ça fait longtemps que tu devrais avoir fini, t'es un spécialiste, non? Vous, les Turcs, vous avez des chiottes toujours bouchées, non ? »

Un jour, Hugo Leine a viré sur-le-champ des immigrés qui, pendant les heures de travail, étaient allés donner un coup de téléphone très important de la cabine qui se trouve juste devant le chantier.

Les jours suivants, nous hissons au sixième étage (et par une chaleur de 30 °C !) des plaques de béton-gaz. C'est que nous, nous coûtons moins cher que la grue... D'ailleurs, on l'a déjà emportée sur un autre chantier ! Leine, lui, veille à ce que nous ne prenions pas de pauses supplémentaires.

La semaine d'après, Ali est affecté au service du béton. Mon boulot, c'est de transbahuter à travers le chantier le béton préparé qui sert à couler les fondations. On se sert pour ça de «japonaises» — des brouettes semi-circulaires, énormes. Ces engins vous arrachent les bras et il faut s'arc-bouter de toutes ses forces à la brouette pour qu'elle ne verse pas de l'avant. Ça amuse beaucoup le chef d'équipe, Heinz (un homme de la GBI, lui aussi) de remplir très généreusement la brouette d'Ali : c'est tellement drôle de le voir s'agiter comme un beau diable pour tenter de la maintenir en équilibre et l'empêcher de verser! De fait, je sens la brouette peser de plus en plus lourd. Je me dis que c'est à cause de la chaleur, que je suis crevé. Sur le chemin, la brouette heurte une planche, elle tressaute, m'échappe, et vlan, le béton se répand par terre. Des gars arrivent en courant pour m'aider à recharger le béton dans la «japonaise» avant qu'il n'ait durci. Le contremaître rapplique et commence à m'engueuler : «Espèce d'abruti! Si vous n'êtes pas foutu de compter jusqu'à trois, au moins, vous pourriez apprendre à regarder devant vous! Encore un coup comme ça, et je te renvoie faire des châteaux de sable en Anatolie, moi!»

Au tour suivant, le chef d'équipe me jette une espèce de sourire sardonique et remplit ma brouette à ras bord. Je proteste, mais qu'est-ce que ça change? La «japonaise» est tellement pleine qu'elle se met à déborder lorsque je démarre. Bordel de merde! J'ai beau m'arc-bouter, je n'arrive pas à l'équilibrer. Dès le premier virage, elle me fait quasiment tomber à la renverse et tout le chargment se répand à nouveau parmi les débris du chantier. Des ouvriers allemands saluent l'événement d'un grand bravo. Ils ne lèvent pas le petit doigt tandis que je suis là à m'échiner, avec ma pelle, à ramasser toute cette bouillasse. Je m'active tant que je peux, surveillant les environs du coin de l'œil — Hugo Leine n'est-il pas dans les parages ? Un coup de chance, le contremaître a disparu dans le bâtiment en construction. Un collègue allemand me signale que le pneu de ma « japonaise » est crevé. Un clou est fiché dedans. C'est pour ça aussi que ma brouette s'est renversée... Je vois le chef d'équipe qui se marre dans son coin. Lorsque je repasse près de lui, il lance d'un ton réjoui : « Vous allez peut-être finir par comprendre que vous n'avez rien à faire ici ? » Un peu plus tard, je lui tombe dessus aux toilettes alors qu'il est en train de griffonner avec un feutre sur un mur : « Mort aux Tu... » Comme j'essaie de lui demander quelques comptes, il me crache aux pieds et s'esquive sans même terminer son œuvre.

Quelques jours plus tard. Avec ma pelle et mon balai, je nettoie les gravats au cinquième étage. Je me déplace... et manque de tomber dans un puits conçu pour les installations électriques dissimulé par une couche de polystyrène. Coup de chance, je n'ai qu'une jambe qui passe dans le trou et m'en tire donc avec une légère entorse et une cheville éraflée. Le puits fait huit mètres de profondeur — j'aurais aisément pu me rompre le cou. Survient Heinz, le chef d'équipe. « Eh bien, t'as eu un sacré coup de pot, me lance-t-il. Imagine un peu que tu sois dégringolé là-dedans, ça aurait libéré un emploi, hein ! »

Une autre fois, un gars (un Allemand) se fait voler son portefeuille dans son armoire, avec cent marks dedans. C'est moi, bien sûr, qu'on soupçonne tout de suite : « Dis donc, t'as disparu un quart d'heure pendant le boulot, où tu étais passé ? » Et un Allemand d'ajouter : « Faut lui faire ouvrir son portefeuille ! » Mais un autre Allemand, Alfons (on le surnomme Alfi) vient à mon secours : « Et même s'il avait cent marks, qu'est-ce que ça changerait ? N'importe lequel d'entre nous peut l'avoir volé, ce fric, ou même quelqu'un de l'extérieur. Pourquoi ça devrait être Ali ? »

C'est le même Alfi qui me pousse à mieux apprendre l'allemand (tout en me tapant sur l'épaule, histoire de m'encourager) : « Allez, tu parles allemand bien mieux que tu crois ! Fais un peu d'efforts ! Tu n'as qu'à remettre les phrases dans le bon sens, et ton allemand ne sera pas si mauvais que ça ! Dis pas « *le* brouette ! Dis *la* brouette, et c'est tout ! C'est pourtant pas compliqué ! »

Alfi a été au chômage pendant plusieurs années, puis l'agence pour l'emploi de Düsseldorf l'a mis en contact avec l'entreprise « Bastuba ». Celle-ci l'employait à curer des canaux et à nettoyer leurs abords, pour le compte du Land de Rhénanie-Westphalie. Toute la journée, il pataugeait dans l'eau froide. Au bout de quelque temps, il s'est aperçu que « Bastuba » ne l'avait pas déclaré, qu'il travaillait donc en toute illégalité — tout comme ses collègues, d'ailleurs, des Yougoslaves. Alors il a voulu demander des comptes à son chef et celui-ci, pour toute réponse, l'a mis à la porte. Finalement, un ami lui a passé l'adresse de la GBI.

J'aimerais bien savoir ce que signifie l'abréviation GBI, et je pose un jour la question au dénommé Klose, responsable de la boîte pour Cologne. « GBI ? C'est G. pour *Giraffe* (girafe), B. pour *Bär* (ours) et I. pour *Igel* (hérisson)... » En fait d'animaux, à vrai dire, c'est plutôt nous qui sommes les dindons de la farce ! Tout ce qui tourne autour de cette boîte est tellement louche, elle change si souvent de nom que cette explication peut bien en valoir une autre.

Nous avons un nouveau collègue, Fritz, blond, tout juste vingt ans. Il a demandé à faire son service dans la police militaire. Pour lui, ce boulot (au noir) dans le bâtiment n'est qu'une solution provisoire avant d'être engagé. Il introduit sur le chantier un jeu d'argent que nous pratiquons pendant les pauses, dans les caves du bâtiment. Il s'agit de jeter une pièce au pied d'un mur, sans qu'elle le touche. Celui dont la pièce atterrit le plus près du mur empoche celle des autres. J'ai de la veine, je gagne partie sur partie. Fritz se fâche : « Vous, les Turcs, vous en avez toujours après notre fric. Vous voyez seulement votre intérêt et vous nous roulez dès que nous avons le dos tourné ! »

Ou encore, un autre jour : « Nous, les Allemands, on est intelligents. Vous, vous faites que vous reproduire comme des lapins pour vivre sur notre dos. »

Puis, prenant les autres à témoin : « Des fois, ça se sent qu'il débarque de sa forêt vierge, lui ! »

Une charpente est en feu, à la suite d'une imprudence des couvreurs. Des voitures de pompiers de toutes sortes rappliquent, la police aussi. On envoie Ali et quelques-uns de ses collègues sur le toit encore fumant pour déblayer un peu. Les semelles de mes tennis commencent à se consumer, j'entends craquer au-dessous de moi des poutres rongées par le feu.

Nous avons près de nous un groupe de pompiers et de policiers, ils nous regardent jeter en bas des tas de trucs à moitié consumés. Nous sommes là à nous démener sous leurs yeux, sans vêtements de protection. Tous autant que nous sommes en situation irrégulière. S'ils ne le savent pas, ils peuvent au moins s'en douter. Mais ils ne disent rien. Ça fait leur affaire, après tout : nous faisons ce boulot dégueulasse et dangereux à leur place.

Heinrich, un collègue allemand (vingt ans, marié, quelques loyers de retard) se balade depuis quelques jours déjà avec le visage enflé. Il a une fièvre de cheval due à des abcès dentaires. Pendant tout ce temps-là, le chef essaie de le dissuader d'aller chez le dentiste. Naïvement, il demande une feuille de maladie[1] à Klose. Il ne s'est pas rendu compte qu'on ne l'avait pas déclaré, qu'il est en situation complètement illégale. Quand il l'apprend, il pique un coup de sang : « Mais c'est interdit, lance-t-il au chef, je vais vous dénoncer, moi ! » « Allez, dégage, je ne veux plus te voir ici ! », lui répond Klose. « Ceux qui s'amusent à raconter qu'on travaille au noir sur ce chantier, on leur colle un procès en diffamation ! On racontera que c'est toi qui as traîné pour nous remettre tes papiers, que tu t'es mis toi-même en situation illégale ! » Impressionné, Heinrich n'ose pas aller porter plainte. Le lendemain, c'est en ambulance qu'on doit le conduire à la clinique. Septicémie ! Ses jours sont en danger !

Un vendredi — notre semaine est finie, nous sommes en train de nous déshabiller — arrive Hugo Leine, le contremaître de la WTB : « Bon, le plus gros est fait, nous n'avons plus besoin de vous. »

Ainsi s'achève pour Ali, au bout de six semaines, le chapitre bâtiment. Certains des « illégaux » de l'équipe de base de la GBI sont envoyés sur un grand chantier à Bonn/Bad Godesberg. C'est la même boîte, mais, pour la circonstance, elle change de nom : elle s'appellera désormais la DIMA. Et va travailler pour le compte du ministre des PTT qui se fait construire un nouveau ministère. Ali, malheureusement, ne fait pas partie des élus.

1. En République fédérale d'Allemagne, la feuille de maladie établie par l'employeur permet de se faire soigner et d'obtenir des médicaments gratuitement (N.d.T.).

Un entrepreneur moderne

Originaire de Düsseldorf, Alfred Keitel (cinquante ans) est l'un de ces entrepreneurs qui se sont tellement enrichis, ces dernières années, qu'il est difficile de chiffrer leur fortune. Fondateur, en 1971, avec un associé, de la SARL Keitel und Frick, il s'est lancé rapidement dans la « sous-traitance », louant notamment des ouvriers à des entreprises du bâtiment. Nous l'avons vu, c'est interdit depuis 1982. Peu avant, Keitel, poursuivant son bonhomme de chemin, s'était offert une nouvelle société, la Société de construction et de montage industriel (GBI en abrégé).

Lorsque j'ai travaillé pour la GBI, au cours de l'été 1984, cela faisait longtemps que les contrôleurs du fisc avaient Keitel dans le collimateur. Ce qui n'empêchait pas son business illégal de marcher encore comme sur des roulettes. Les enquêtes menées par le fisc ont révélé que Keitel avait détourné plus de onze millions de marks d'impôts sur le chiffre d'affaires et les salaires — sans oublier les millions et les millions de marks de cotisations sociales qu'il avait « omis » de régler. Keitel s'est donc retrouvé en détention préventive. Fin 1984, il a été condamné à quatre ans et six mois de prison. Il s'en tirait à bon compte. C'est qu'il avait fourni un certificat médical attestant qu'il était victime d'une « passion pathologique du jeu ». Attention : pas le grand jeu qu'il menait (si l'on en croit les renseignements amassés par les agents du fisc) au détriment des cinq cents personnes qui trimaient pour son compte —, non, ce dont il s'agit ici, c'est bien de sa passion pour la roulette et le baccara...

Et aujourd'hui, c'est en toute franchise que Keitel continue à assumer ce qu'il a fait : « Ah oui, pas de doute, dans ce domaine, je connais tout. Toutes les entreprises du bâtiment. bien sûr, et toutes les ficelles... Mais quand on fait son beurre avec elles, on ne va pas se mettre à les mouiller, hein... ? »

Ce qui ne l'empêche pas de le faire, dans la suite du propos : « Les grands chantiers, les grands projets, ça ne peut pas marcher sans sous-traitants. Ces trucs-là, c'est les "ARGEN"[1] qui s'en occupent, et ils travaillent tous avec des sous-traitants, tous. Aujourd'hui, on ne construit plus rien à grande échelle sans les sous-traitants. »

Puis Keitel aborde son cas personnel : « Moi, si je n'avais pas été trahi, mes affaires marcheraient encore à pleins gaz ! En fait, personne ne peut savoir comment ça se goupille, toutes ces affaires, ni le fisc, ni la Sécurité sociale — il n'y a que ceux qui sont directement dans le coup qui le savent. C'est ça l'avantage quand il y a des procès : personne ne peut établir comment les différentes entreprises s'imbriquent les unes dans les autres. Vu que les contrats avec les grosses boîtes, on les fait sur mesure. Je me mets d'accord avec elles — salaires horaires et pas forfaitaires —, mais en pratique, on signe un contrat tout différent, vu que les salaires horaires sont interdits dans le bâtiment. Qui va contrôler ça ? Moi, au tribunal, je me contenterai de dire : "Allez-y, prouvez le contraire de ce que je dis !"

« Impossible de démonter le truc de l'extérieur. Moi, d'ailleurs, ils n'auraient jamais rien pu me faire si mon associé — il est mouillé là-dedans jusqu'au cou — ne s'était pas affolé. Ça faisait longtemps que le fisc et la police essayaient de m'avoir. Ils n'y étaient jamais arrivés. »

Keitel est aussi peu avare de détails concernant ses marges de profit : « Les ouvriers, ils palpent pas mal, comptant — enfin, pas mal, pas toujours, mais comptant —, c'est ça l'essentiel.

« Les entreprises du bâtiment paient entre 22 et 23 marks l'heure de travail. La marge du sous-traitant dépend de ce qu'il verse à ses ouvriers. De la proportion qu'il en déclare — tous ou seulement quelques-uns.

« Le salaire brut d'un ouvrier qualifié tourne aujourd'hui autour de 16 marks. Les immigrés, eux, ils se font toujours plumer, ils travaillent pour rien — c'est pas comme les Allemands. Les Allemands, eux, ils connaissent leurs droits, en gros, disons.

« Mais les immigrés… dix marks, huit marks… n'importe. »

On peut faire l'estimation suivante pour donner une petite idée des profits que réalise un Keitel : sur une heure de travail, il empoche entre 14 et 25 marks. En règle générale, dans le bâtiment, on travaille dix heures par jour. Cela fait donc entre 140 et 250 marks par personne et par jour. Si l'on compte cinq cents personnes, cela représente entre 70000 et 125000 marks *par jour*. Revenus dont il faut déduire un minimum de frais de transports et de comptabilité. Ainsi que les charges fiscales et sociales. Sauf, bien sûr, quand on en fait l'économie.

1. ARGEN : cercles d'études et de réalisations pour les grands travaux (N.d.T.).

La conversion, ou « *têtes à couper sans bénédiction* »

> « J'étais un étranger et vous m'avez accueilli, nu et vous m'avez vêtu... En vérité je vous le dis, dans la mesure où vous l'avez fait à l'un de ces plus petits de mes frères, c'est à moi que vous l'avez fait. »
>
> *Evangile selon saint Matthieu*, 25.

Ali cherche son bonheur auprès de l'Eglise catholique. Ne lui a-t-on pas dit que Jésus, lui aussi, a été chassé de sa terre natale, qu'il a partagé l'existence des réprouvés, des étrangers et s'est trouvé en butte, de ce fait même, à toutes sortes d'attaques et de persécutions ? Cependant, ce n'est pas en *solliciteur* (on le comprendrait pourtant) qu'Ali vient à l'Église. Il ne demande ni asile, ni aide matérielle. Il n'a pas la moindre intention d'accabler le fonctionnaire[1] de Dieu de requêtes intempestives et moins encore de l'induire en tentation... Non, tout ce qu'il demande, c'est qu'on le baptise !

a) Pourquoi ? Il veut être membre de l'Eglise, non par opportunisme, mais parce qu'il s'est depuis longtemps familiarisé avec la vie et l'enseignement du Christ et les a trouvés convaincants.

b) Il souhaiterait être baptisé vite, vu que son amie, allemande et catholique, ne pourra l'épouser que lorsqu'il appartiendra à la communauté des fidèles — ce sont ses parents qui l'exigent.

1. En République fédérale d'Allemagne, l'État et l'Église n'étant pas séparés, les prêtres ont pratiquement un statut de fonctionnaires (N.d.T.).

c) Enfin, il espère en devenant catholique pouvoir échapper à la menace d'une expulsion imminente.

(Nous avons tenu à conserver l'anonymat des prêtres et dignitaires catholiques auxquels nous avons rendu visite. Mais les conversations avec les fonctionnaires de l'Eglise que nous rapportons sont authentiques.)

Ali, donc, est habillé en ouvrier, assez misérablement vêtu. Une bouteille thermos dépasse de l'échancrure de sa musette.

Première démarche : un presbytère dans un quartier chic ; autour, un jardin de la taille d'un parc.

Un prélat d'une soixantaine d'années entrouvre légèrement la lourde porte de chêne ornée de fioritures en fer forgé et jette à Ali un regard plus que réservé. « Je n'ai rien à te donner, lui lance-t-il, va au bureau d'aide sociale ! »

Ça, je ne m'y attendais pas !

Le prêtre remarque ma stupeur et, sans me laisser le temps d'exposer ma requête, met les choses au point : « Il y a tellement de gens qui viennent quémander ici, alors par principe, je ne donne rien ! Ici, c'est un presbytère, pas un... »

Je l'interromps : « Mais moi, c'est pas l'argent que je veux, seulement le baptême ! »

La porte s'ouvre un peu plus et il me dévisage d'un regard mi-critique, mi-intrigué. « Ah bon, fait-il, vous savez, il y a tellement de gens qui viennent me trouver parce qu'ils sont fainéants et préfèrent vivre aux crochets des autres plutôt que travailler... Mais où est-ce que vous habitez ? Quel âge a l'enfant ? Le baptême est prévu pour quand ? »

Je lui indique donc « mon » adresse. Mais comme il s'agit d'une rue très chic où Ali, selon toute apparence, aurait du mal à payer une semaine de loyer, je précise aussitôt : « Moi, j'habite dans le cave, là. Mais c'est pas le baptême pour l'enfant, c'est pour moi. J'suis turc, avant j'étais avec Mahomet, mais maintenant, je veux faire baptiser. C'est meilleur avec Christ ! Mais je voudrais vite parce que... »

Il me regarde avec des yeux ronds, un peu comme si au lieu de lui demander de m'accorder le sacrement du baptême je l'avais prié de me circoncire... Il repousse à nouveau la porte, ne laissant subsister qu'un minuscule interstice : « Hé, minute papillon, lance-t-il, c'est pas si simple... il y a toutes sortes de conditions... » Puis, jetant un regard dédaigneux sur ma tenue dépenaillée : « C'est qu'on n'accepte pas n'importe qui dans notre paroisse... »

Je ne lâche pas prise, mettant en relief l'urgence de ma requête : je risque d'être expulsé d'un moment à l'autre. Cela ne l'impressionne pas le moins du monde : « Holà, tout doux, l'ami, tout doux ! Il faut d'abord que j'en parle au conseil de paroisse. Mais surtout, commencez par m'apporter une carte de séjour en règle ! ».

Mon objection — « Mais Christ, il avait pas asile ni toit » — lui paraît sans doute ouvertement blasphématoire car il me claque la porte au nez sans sommation.

Je me mets alors à sonner sans interruption, histoire de lui administrer la preuve de ma détermination à devenir membre à part entière de la communauté des croyants. Il ouvre brusquement la porte et se met à me sermonner : « Je vous ai dit que ce n'est pas l'Armée du Salut, ici ! Si vous n'arrêtez pas tout de suite, j'appelle la police ! »

Je fais une dernière tentative pour le rappeler à ses devoirs professionnels et à sa conscience chrétienne : je m'agenouille, les mains jointes, et implore : « Au nom de Christ ! Le baptême ! »

Pour toute réponse, la porte claque à toute volée.

Non, vraiment, je ne m'attendais pas à ça ! C'est clair, Ali est tombé à la mauvaise adresse... Mais, bon, après tout, des brebis galeuses, il y en a partout ! Et puis dans cette banlieue résidentielle, on peut comprendre : le gratin des riches veut rester entre soi, Ali serait là comme un chien dans un jeu de quilles...

Il n'abandonne pas pour autant. Il va trouver le prêtre d'à côté, à la paroisse voisine. Ici, le paysage est un peu différent, les villas ne se dissimulent pas derrière de hauts murs d'enceinte, les maisons ne sont pas entourées d'immenses jardins mais seulement de quelques petits rectangles d'herbe donnant sur la rue, accessibles à tous, souvent guère plus grands qu'une salle de séjour... C'est la classe moyenne qui vit ici et, dans un certain nombre de grands ensembles, habitent même des ouvriers.

Passablement échaudé — et rendu circonspect — par cette première expérience, Ali demande à Abdullah (un de ses copains de travail, un Turc) de l'accompagner. Pour faire office de témoin et éventuellement pour le protéger.

Il est cinq heures de l'après-midi. L'église est déserte. Les cloches sonnent l'office, mécaniquement. Pas un seul fidèle n'a trouvé le chemin du service divin. Il fait trop froid, sans doute. Il faut dire que l'église n'est pas chauffée et qu'il y fait un tel froid que l'eau bénite a gelé jusqu'au fond du bénitier.

Abdullah et moi avançons lentement d'un pas hésitant en direction de l'autel, attirant l'attention du prêtre abandonné à lui-même... Mais sans doute s'est-il déjà fait à l'idée que sa journée de travail est finie et bien finie car il tente de s'esquiver en direction de la sacristie. Mais je le devance.

« Scusez-moi, fais-je en lui barrant la route, je veux seulement demander une question : je suis turc et je veux faire baptiser, être chrétien. Ça possible ? »

Il me dévisage, éberlué : « Non, non, exclu, je peux pas, impossible ! »

Il chuchote sans nous regarder, son regard fuit par-dessus nos têtes, vers le ciel (Ciel ?), comme pour implorer son supérieur hiérarchique d'accorder sa bénédiction à une conduite aussi peu chrétienne...

« Et pourquoi non ? demandé-je.

— C'est pas possible, ça exige un enseignement de plusieurs années, murmure-t-il.

— Ah, mais je sais le livre de Christ très, très bien. Tout le temps je lis dedans...

— Non, je ne peux pas faire ça, c'est absolument exclu sans l'autorisation du cardinal.

— Mais tous les pasteurs peuvent faire baptiser, non ?

— Non, absolument pas !

— Ça pas permis ?

— Non, je vous dis ! Officiellement, être baptisé, ça veut dire être admis dans l'Eglise catholique, n'est-ce pas...

— Ah, c'est pas toi le prêtre pour de bon ? », lancé-je en guise de provocation.

A l'évidence, il n'est pas content. Ma question l'a vexé.

« Mais siii ! répond-il en se rengorgeant.

— C'est toi le chef dans l'église, là ? insisté-je.

— Oui ! fait-il énergiquement.

— Alors pouvez bien faire baptiser ! dis-je avec obstination.

— Oui, mais seulement les enfants ! concède-t-il. Pour un adulte, il faut l'autorisation de l'archevêque de Cologne et un enseignement d'au moins, au moins... — il hésite, visiblement il a compris que je ne suis pas totalement ignorant en la matière — d'au moins un an...

— Si longue temps, au moins un an ? »

L'inquiétude, voire l'angoisse qui percent dans ma question le renforcent dans sa détermination à se débarrasser de moi. Il ajoute donc d'un ton presque réjoui : « Même plus longtemps, des fois. C'est un processus très progressif, très lent... »

Je tends le doigt vers les fonts baptismaux, histoire de lui montrer que j'en connais un rayon :

« Après le baptême, faut aller dans l'eau tout en entier, ou seulement le visage ? »

C'est clair, il me prend vraiment pour le dernier des sauvages. D'un « non » laconique, il élude ma question sacrilège.

« Mais l'archivêque, peut-être y peut faire quelque chose pour moi ? »

Il ne veut surtout pas me laisser la moindre illusion :

« Ça, ça m'étonnerait, ça m'étonnerait vraiment ! »

Ali ne comprend toujours pas. Tentant de trouver une explication à ce refus, il demande :

« C'est beaucoup de gens qui veulent entrer dans l'Eglise, maintenant ? »

Cela ne semble pas être le cas... « C'est pas ça, non, mais... », balbutie le prêtre — et le « mais » demeure suspendu dans le froid glacial de l'église.

Comme il semble à court d'arguments sur le terrain de la transcendance, j'essaie de l'aborder par le côté pratique des choses. Montrant du doigt l'épaisse couche de glace figée dans les fonts baptismaux, je lui suggère : « Un tout p'tit peu d'antigel, et hop, tu peux faire signe de la croix ! »

Mais cette proposition constructive le laisse de marbre. Il nous plante là et sort de l'église. Mais j'atteins avant lui le presbytère voisin et je sonne. Comme dans une pharmacie de garde, une vieille bonne soulève un petit battant et regarde qui est là... Le prêtre arrive sur nos talons. Constatant qu'il ne parviendra pas à se débarrasser de nous si facilement — tant est grande ma détermination à recevoir le sacrement — il nous fait entrer dans son bureau.

« Ecoutez, dit-il, je vais vous donner une adresse pour que vous me fichiez la paix. Vous pourrez aller voir là-bas, mais comme je vous l'ai dit, ne vous faites aucune illusion, tout ça ne peut pas se régler en deux temps trois mouvements ! »

Il va se retrancher d'un pas pesant derrière un immense bureau et feuillette avec soin un annuaire de l'Eglise. La cinquantaine prospère, il respire la santé. Il n'a pas de ces grands airs méprisants et arrogants comme son collègue de la paroisse voisine — on le dirait plutôt bienveillant, mais confortablement installé dans l'existence. Il y a en lui quelque chose qui s'apparente à la satisfaction du fonctionnaire à vie qui attend la retraite derrière son guichet... Un guichet encore ouvert au public — même si depuis des années, il n'y a plus de timbres à vendre et que tout le monde se fiche depuis longtemps des timbres commémoratifs comme des oblitérations spéciales... et que l'écriteau qu'il a installé là par précaution (« fermeture provisoire ») suffit de toute façon à dissuader les derniers philatélistes égarés...

Seulement voilà : moi, je n'ai pas l'intention de le laisser s'en tirer à si bon compte, d'autant moins qu'il me traite comme si je lui faisais une proposition parfaitement malhonnête ! Je reviens donc obstinément à la charge :

« Si je serais un enfant, ça irait plus vite ?

— Oui, disons, si vous étiez un bébé dans les bras de sa mère, alors là, oui. Mais enfin, pas si vite que ça, tout de même ! Il faudrait commencer par s'assurer que l'enfant aura une éducation catholique !

ALI : Mais pourtant aujourd'hui, c'est beaucoup d'enfants qui font baptiser, mais les parents sont pas catholiques pour de bon…

LE PRÊTRE (*renfrogné, sévère*) : Oui, mais c'est pas comme ça chez nous. Pas chez nous…

ALI : Au boulot, y a beaucoup des collègues, ils ont baptisé, mais c'est pas des catholiques pour de bon… Et même, ils me moquent quand je parle du livre de Christ. Mais Dieu, c'est pareil pour tous, non ?

LE PRÊTRE (*soucieux de ne pas se détourner du sujet et sur un ton strictement officiel*) : Quoi qu'il en soit, pour baptiser un adulte, il faut l'autorisation de l'archevêque de Cologne, le cardinal Höffner !

ALI : Il est bien, lui ?

LE PRÊTRE : Non. Je veux dire, l'autorisation, il ne la donne pas à moins que… enfin à condition qu'un enseignement progressif… enfin bon, ça durerait au moins un an…

ALI (*d'un ton réjoui*) : Mais alors, lui, il ferait baptiser ?

LE PRÊTRE (*catégorique*) : Non !

ALI : Mais on me disait que toutes les prêtres peuvent faire baptiser…

LE PRÊTRE (*tout en feuilletant vainement son livre à la recherche de l'adresse*) : Oui, c'est vrai, en principe, mais…

ALI : J'ai une autre problème encore : je veux marier une fille, mais les parents, y veulent pas — pas un musulman… Et si je vais la marier, je peux rester ici, sinon, obligé de partir, renvoyé dans la Turquie… »

Mon copain Abdullah vient à la rescousse et expose le problème sans détour : « Il se retrouvera en prison, si on le renvoie en Turquie ! »

Monsieur le curé fait comme s'il n'avait pas entendu ce propos déplacé et continue, impassible, l'âme en paix, à feuilleter son annuaire. « Mais où est donc l'adresse de FELICITAS ? », fait-il enfin d'un ton légèrement impatient.

ABDULLAH : « C'est pour ça qu'il faut qu'il soit baptisé très vite !

ALI : Tout de suite, même, c'est ça qui serait bien ! ou demain, je viens après le boulot...

LE PRÊTRE : Jamais de la vie ! C'est pas possible !

ALI : Et si je donnerais un peu l'argent ?

LE PRÊTRE : Mais non, c'est pas le problème ! Le baptême, c'est gratuit. Pour tous les sacrements, c'est gratuit...

ALI : Mais si je donnerais un peu l'argent pour les enfants pas chrétiens... ça serait peut-être plus vite ?

LE PRÊTRE : Non, et non ! Il n'y a rien à faire, strictement rien !

ABDULLAH : C'est aussi parce qu'il veut pas faire son service militaire...

ALI : Je veux pas tuer les autres hommes, tirer avec le fusil. Dans la Turquie chez nous, c'est presque comme l'Allemagne avec Hitler... Un dictat...

LE PRÊTRE : Cela n'a rien à voir avec le baptême. Ce sont des raisons qui n'ont aucun rapport avec la conviction religieuse !

ALI : Et quand on fait baptiser, il y a un grande fête aussi, avec toute la paroisse, tout ça ?

LE PRÊTRE (*comme pour m'enlever mes illusions*) : N-non...

ALI : Non, je veux dire un grande fête, avec la danse et tout ?

LE PRÊTRE : Mais non, je vous dis ! On fait pas ça chez nous !

ALI : Moi, je lis la Bible tout entier, tout le livre entier...

LE PRÊTRE : Oui, c'est ce que tout le monde dit, les gens pensent qu'ils savent tout...

ALI : Non, c'est vrai ! Demande, pose les questions !

LE PRÊTRE : Des questions ? Pour quoi faire ?

ALI : Seulement pour voir...

LE PRÊTRE : Mais non, le problème n'est pas là ! Le problème, ce sont les prescriptions selon lesquelles les adultes sont admis dans l'Eglise ! Quelles questions voulez-vous bien que je vous pose !

ALI : Sur Christ...

LE PRÊTRE (*comme si j'abordais un sujet totalement incongru*) : Ah bon, sur le Christ ?

ALI : Sur la vie de Christ, des choses comme ça...

LE PRÊTRE (*comme si le Christ n'avait jamais vécu*) : Ah bon, sur sa vie ? Hum, voyons, attendez voir, oui... (*puis brusquement, à brûle-pourpoint*) : Comment a-t-il fondé l'Église ?

ALI (*presque du tac au tac*) : Christ a juste dit à Pierre : "Fais l'Eglise pour moi ! Maintenant !"

LE PRÊTRE : Hum... oui, on pourrait dire ça, oui...

ALI : Et encore une plus difficile question !

LE PRÊTRE : Mais non, ça ne sert à rien, ça vous donne de faux espoirs...

ALI : S'il vous plaît ! Une question encore !

LE PRÊTRE (*se faisant manifestement violence*) : Bon, bon... Tiens, : pourquoi est-ce qu'il y a plusieurs Eglises qui se réclament du Christ aujourd'hui ?

ALI : C'est Luther, Luther il est arrivé, il faisait une révolution, il croyait plus au pape. Alors on a beaucoup des Eglises qui veulent toutes faire vivre Christ, mais savent pas bien. Luther, voulait faire sa Église à lui, parce que l'autre elle était pas bien dirigée, elle avait perdu les pasteurs...

LE PRÊTRE (*étonné*) : Mais oui, c'est ça...

ALI : Je lis tout, moi. Pas seulement la Bible, et puis le livre qui va avec aussi, catéch... comment on dit ?

LE PRÊTRE : Le catéchisme. C'est ça. Je vous crois, vous savez, pas de problème. Mais de toute façon, ça ne nous fait pas avancer d'un pouce, vu que pour baptiser un adulte, il me faut l'autorisation de l'archevêque...

ALI : Mais si maintenant... je serais très malade, mon cœur très malade et je dirais : "s'il vous plaît, fais le baptême !"...

LE PRÊTRE : ... Oui, si vous étiez à l'article de la mort, ça serait différent. Je veux dire, en danger de mort immédiat...

ALI : Et si j'aurais les très grandes douleurs, maintenant, tout d'un coup, ça serait possible... C'est vrai, l'est pas bien, mon cœur...

LE PRÊTRE : Ah bon, votre cœur, l'est pas bien ?

ALI : Non, marche pas bien. Souvent, quand faut travailler dur, vois le noir devant les yeux. Déjà, j'étais à l'hôpital... Comment on dit : "soins des urgences"...

LE PRÊTRE (*corrigeant*) : Bloc d'urgence. Hum... Mais ça n'est pas une raison pour abréger votre formation religieuse. Une fois que vous l'aurez suivie, votre formation, on saura si vous êtes entré dans la foi chrétienne, si vous y adhérez pleinement, totalement.

ALI : Mais ça servira à rien si je serai mort avant. Je pourrai pas marier ma fiancée, y vont me chasser dans la Turquie, et peut-être je vais être mort sans faire baptiser et je vais pas aller dans le Ciel avec Christ...

LE PRÊTRE (*il soupire*) : Ce n'est pas dit. Il peut y avoir des exceptions !

ALI (*tout content*) : Un exception pour moi ? On peut faire baptiser vite ?

LE PRÊTRE (*désespéré de me voir tellement bouché à l'émeri*) : Mais non, Dieu du Ciel ! Je veux dire que même si vous mourez sans être baptisé, cela ne veut pas nécessairement dire que vous serez damné pour l'éternité... Il peut exister quelque chose comme un baptême inconscient. Dans son incommensurable bonté, le Christ a donné une chance réelle à certains païens ou adeptes d'autres religions qui vivent selon son Esprit...

ALI : Oui, oui, mais c'est pas assez sûr ça. Il est vraiment malade, mon cœur. C'est mieux si on fait le baptême tout de suite. S'il vous plaît...

LE PRÊTRE (*d'un ton presque indifférent*) : Oui — enfin, non, je vous l'ai dit, ça ne peut pas se faire comme ça.

ALI : Mais le principal, c'est être catholique si je vais mourir !

LE PRÊTRE (*au désespoir*) : Oui, on pourrait dire ça, mais de toute façon, un baptême sans certificat, ça ne vaut rien.. Non, et puis de toute façon, je sais bien que c'est du chiqué, toute votre histoire...

ALI : Mais non, c'est vrai, tu peux demander au docteur !

LE PRÊTRE : Non, non, de toute façon, je peux pas vous baptiser comme ça, ça pourrait même être passible des tribunaux !

ALI : Mais chez Mahomet, c'est bien simple, hein, celui qui veut, il est musulman tout de suite !

LE PRÊTRE (*non sans mépris*) : Ça c'est vrai, chez Mahomet, c'est beaucoup plus facile !

ALI : Peut-être il est mieux tolérant, lui... »

Le prêtre fait comme s'il n'avait pas entendu le reproche et se tait.

ALI : « Et avant, le missionnaire il est venu, avec les soldats dans le pays étranger et il a dit : "Toi, toi, toi — tous catholiques !" Même si y voudraient pas, tous catholiques ! Et aujourd'hui, pourquoi c'est tellement difficile pour se faire catholique ?

LE PRÊTRE : Oui, mais quels catholiques devenaient ces gens-là ! A l'époque, hum, on faisait les choses, comment dire, d'une façon très mécanique. Tiens, Charlemagne, par exemple, il a dit aux Saxons : "Baptisés, ou la tête coupée !" (*Il ricane*)

ALI : Comme ça — tchac, tchac !

LE PRÊTRE : Bon, mais c'était en 800 après Jésus-Christ, tout ça...

ALI : Mais les Indiens aussi, tchac-tchac ! y savaient même pas pourquoi...

LE PRÊTRE : Oui, mais vous avez vu le résultat... Le résultat, ça a été que par la suite, ils ont détesté à mort tous les chrétiens !

ALI : Et y faisaient pareil (*joignant le geste à la parole*) tchac-tchac, aux chrétiens...

LE PRÊTRE : Eh oui !

ALI : Et le pape, l'était d'accord, il a donné la bénédiction ?

LE PRÊTRE : Bénédiction ? Quelle bénédiction ? Pas besoin de ça pour trancher des têtes ! »

Son expression jusqu'alors plutôt bon enfant s'efface alors devant un ricanement d'inquisiteur retombé en enfance.

ALI : « Mais le pape il disait OK ?...

LE PRÊTRE : Je ne sais pas très bien quelle a été l'attitude des papes de l'époque, mais de toute façon, ils ne savaient pas très bien ce qu'ils faisaient là-bas, en Amérique, les missionnaires... »

Puis il change abruptement de sujet de conversation, se rappelant soudain le but de ma visite :

« Au fait, qui est-ce qui veut vous expulser d'Allemagne ?

ALI : La police des étrangers...

LE PRÊTRE (*fortement impressionné*) : Ah ah, la police des étrangers !

ALI : Oui, ils surveillent beaucoup, beaucoup, quand un Turc marie une fille allemande, ils viennent même voir dans la maison, dans le chambre à coucher si dorment ensemble !

LE PRÊTRE : C'est vrai, les Turcs, c'est pas ce qui manque ici. Nous, on en a plein, à l'école ici. Ils étaient toujours là à mes cours de catéchisme[2], mais on peut pas dire que ça les intéresse... Le catholicisme, ils avaient pas la moindre idée de ce que c'est !

ALI : Mais maintenant, après le catéchisme, y veulent aussi faire le baptême ?

LE PRÊTRE (*horrifié à une telle idée*) : Jamais de la vie, pas un seul...

ALI : Et moi ? Faut apprendre beaucoup ? Prier, chanter, tout ça ?

LE PRÊTRE : Ce qu'il faut, c'est apprendre de l'intérieur, pas par cœur, mais avec votre cœur... »

Je me mets à réciter le Notre Père, mais lorsque j'arrive à la fin « Et débarrasse-nous du mauvais (*sic*) », il m'interrompt d'un ton blessant : « Bon, mais vous, les musulmans, vous avez l'habitude, vous êtes de vrais moulins à prière. Vous débitez tout ça sans rien y comprendre... »

« Bon, mais cette fois, va falloir que je ferme la boutique, hein », fait-il en se levant — bien décidé, cette fois, à se débar-

2. En République fédérale d'Allemagne l'enseignement religieux est obligatoire à l'école.

rasser de moi. Il me colle dans la main un morceau de papier : « Voilà. Vous avez là l'adresse du Bureau de consultation pour la foi, FELICITAS, c'est à eux de voir pour la suite. »

Le responsable du Bureau de consultation pour la foi catholique FELICITAS est un prêtre plutôt âgé, mince, élancé. Il a le maintien distingué et quelque peu distant d'un aristocrate. Il me rappelle un peu le portrait du Grand Inquisiteur dû au Greco.

Cette vénérable institution destinée aux convertis désireux de se faire baptiser ne m'a pas l'air particulièrement fréquentée. Je suis seul dans la salle d'attente et en arrivant j'ai aperçu d'immenses bureaux déserts, impressionnants avec leurs vieux meubles de style... Rien qui suggère une ambiance de travail effréné.

Avec sa tenue de travail passablement défraîchie, Ali a l'impression de détonner un peu en ces lieux. Il essaie de faire comprendre au curé en chef combien sa situation est particulière et désespérée et l'adjure de prendre une décision rapide, qui coupe court aux lenteurs bureaucratiques et tienne compte de l'urgence de la chose.

ALI : « S'il vous plaît, comprenez pourquoi j'ai besoin de faire le baptême très vite !

LE PRÊTRE (*se moquant bien de la requête d'Ali et prenant la chose sur un ton légèrement moqueur*) : Vraiment ? Et qu'est-ce que vous entendez par vite ? Dans une heure, par exemple ?

ALI (*ravi, comme s'il fallait prendre la proposition au premier degré*) : Oui, tout de suite si ça possible ! Merci ! Merci beaucoup ! Sinon, pas plus tard qu'une semaine parce que sinon, je vais aller à la prison. Dans la Turquie. Quand on peut faire baptiser, alors ?

LE PRÊTRE (*passant à un ton sec, officiel*) : Peux pas le dire. C'est ma spécialité, mais je peux pas le dire d'avance.

ALI : Alors demandez-moi les questions. Moi, je lis tout ce que Christ a dit parce que c'est bien ce qu'il dit.

LE PRÊTRE (*nullement impressionné*) : Commençons par le commencement. Qui vous a envoyé ici ? »

Je lui indique donc le nom du prêtre qui, pour se débarrasser de moi, m'a dégoté l'adresse de FELICITAS. « Y'a dit qu'y peut pas faire le baptême lui-même, mais qu'ici, je peux avoir le certificat de baptiser...

LE PRÊTRE : Depuis combien de temps êtes-vous en Allemagne ?

ALI : Dix années. Je veux rester ici, moi ! Parce que suis kurde et quand je retourne dans la Turquie, je vais aller à la prison. Je faisais le travail politique contre la dictature.

LE PRÊTRE : Bon, mais si vous restez en Allemagne, personne n'ira vous mettre en prison en Turquie !

ALI : Oui, mais on m'oblige de partir, j'ai plus de travail et la carte de séjour, pour trois mois seulement... Et puis aussi, Christ, c'est meilleur que Mahomet, Mahomet interdit beaucoup de choses. Christ était avec les pauvres et les persécutés, lui !

LE PRÊTRE (*qui, apparemment, se fait une autre idée du Christ*) : Tiens donc... Et à part votre femme, vous connaissez d'autres chrétiens ?

ALI : Les collègues, à l'usine, ont fait le baptême aussi. Mais y trouvent ça drôle quand je parle de Christ. Y lisent *Bild-Zeitung* dans la pause, mais moi, je lis la Bible !

LE PRÊTRE (*faisant fi de la triste réalité*) : Avant tout, ce qu'il faut, c'est que vous ayez de bonnes relations avec les autres chrétiens, les Allemands. Ce qui compte, ici, c'est moins d'apprendre que d'agir ! La vie, pas l'étude !

ALI : Oui, vivre, agir, c'est comme ça que je veux ! Mais comment y faut faire pour être dans l'Eglise ?

LE PRÊTRE : Vivre avec l'Eglise !

ALI : Et faire quoi ?

LE PRÊTRE : Aller à l'église !

ALI (*fièrement*) : Je vais, je vais ! Toutes les dimanches ! »

Et, à l'appui de mes dires, je cite le nom de la paroisse et de l'église.

LE PRÊTRE : « Très bien, très bien...

ALI : Et je sais prier aussi, et chanter, très bien...

LE PRÊTRE : Et combien de fois allez-vous à l'église ?

ALI : Dimanche, une fois.

LE PRÊTRE : Et combien de fois en tout, disons, au cours des deux dernières années ?

ALI : Déjà quatre mois, toutes les dimanches !

LE PRÊTRE (*avec dédain*) : Quatre fois quatre... seize.

ALI : Mais déjà avant aussi. Mais faut travailler des fois dans le week-end. C'est belle, la messe ; je suis un vrai ami de Christ, moi !

LE PRÊTRE (*qui semble avoir une relation beaucoup moins amicale et plutôt distante à son ''maître''*) : C'est difficile d'avoir la foi en le Christ.

ALI (*d'un ton d'intime conviction*) : Ah non !

LE PRÊTRE (*incrédule*) : Ah non ?

ALI : Non, Christ montre avec sa vie ce que faut faire, pas seulement dans le livre, dans sa vie aussi, Christ a fait sa vie pour nous... Mais demande des questions pour voir comme je sais...

LE PRÊTRE : Non, c'est pas comme à l'école, ici, c'est dans la rencontre, la vie que nous faisons connaissance avec ceux qui veulent nous rejoindre. Le dialogue... (*et, d'un léger ton de* viseur permet d'examiner à loisir le visiteur qui se présente à l'entrée.

La première fois qu'Ali sonne, la porte ne s'ouvre pas. Il tente donc à nouveau sa chance une demi-heure plus tard, se collant à la porte dès qu'il a sonné, dans l'angle mort des rétroviseurs.

L'ouvre-porte grésille, Ali aperçoit un prêtre entre deux âges retranché au premier étage. Impassible et parfaitement indifférent, il écoute Ali exposer sa requête. Il ne lui propose pas d'entrer dans son bureau.

« C'est une lubie complète !, décrète-t-il d'un ton rogue. Qui vous a fourré ça dans la tête ?

— Christ m'a appelé, dis-je, empruntant au registre de la littérature édifiante pour enfants, et je veux suivre Christ.

— Tu parles ! Tout ce que vous voulez faire, c'est trouver une combine pour obtenir un permis de séjour ! Allons, reconnaissez-le, c'est pour des motifs politiques que vous essayez de vous faire admettre dans l'Eglise ! Tout ce que vous recherchez, c'est votre profit personnel !

— Christ a aussi aidé les persécutés pour la politique », répliqué-je.

Il se met à me faire la leçon.

« Si vous vous rebellez contre les lois de l'État, vous serez persécuté partout ! C'est pareil chez nous, en Allemagne !

— Mais dans la Turquie, c'est pas la démocratie, c'est la dictature, risqué-je.

— Encore des slogans, tout ça, me signifie-t-il, chaque peuple a le gouvernement qu'il mérite. Il y a des peuples qui ne sont pas encore mûrs pour la démocratie parlementaire... »

Puis il se souvient :

reproche) : Si vous étiez venu il y a dix ans, tout serait OK maintenant...

ALI : Mais pourquoi pas demander les questions pour voir comme je sais ?

LE PRÊTRE : Mais il ne suffit pas d'apprendre, vous savez bien que de toute façon cela n'avance à rien de mettre de l'engrais sur une plante pour la faire pousser plus vite... Chaque chose en son temps.

ALI : Mais avant, quand les chrétiens arrivent dans un nouveau pays, y z'ont tout de suite fait baptiser les gens, même quand eux voulaient pas...

LE PRÊTRE : Oui, mais enfin l'Eglise avait alors une autre force, une autre inspiration. Aujourd'hui, ce qui compte, c'est le contact, le contact avec d'autres chrétiens !

ALI : Nous, on a pas beaucoup les contacts avec les Allemands parce qu'y veulent pas vivre avec les Turcs !

LE PRÊTRE : Je n'y peux rien, ce sont les prescriptions de l'évêque. Nous devons tous nous soumettre à la même discipline. »

Ali est aux abois. Il fait une ultime tentative pour tenter de convaincre le prêtre de passer outre à ces usages bureaucratiques :

« Mais quand même, je peux pas avoir maintenant le certificat ? Sinon, la police des étrangers me met dans le centre de refoulement et m'envoie dans la Turquie, à la prison, avec le torture peut-être...

LE PRÊTRE : C'est possible, mais ce n'est pas parce que vous êtes dans une situation politique désespérée que je dois vous faire cadeau du certificat de baptême ! Ça serait complètement irresponsable ! Aucun évêque n'ira prendre une responsabilité pareille !

ALI : Et si j'irais demander à l'évêque ?

LE PRÊTRE : Vous n'arriverez pas à joindre l'évêque.

ALI : Mais y vit ici, non ?

LE PRÊTRE : N'empêche, vous, vous n'arriverez pas à le joindre…

ALI : Et si je vais téléphoner et je dis que je veux parler à lui ?

LE PRÊTRE (*méprisant*) : Il ne va certainement pas aller recevoir quelqu'un comme vous. Vous ne vous imaginez quand même pas qu'il est là à traîner chez lui, les mains dans les poches, à attendre que quelqu'un ait la bonne idée de lui passer un coup de fil, non ? L'évêque, il a la charge de plus d'un million de catholiques, dans cet évêché. Son carnet de rendez-vous est bourré comme celui d'un ministre-président de Land. L'évêque et le ministre-président, c'est à peu près le même niveau…

ALI : Mais y peut aussi faire baptiser, si y veut ?

LE PRÊTRE (*piqué au vif*) : L'évêque peut baptiser qui il veut, quand il veut !

ALI : Et si je parle avec lui quand y fait la promenade ?

LE PRÊTRE : Non, non, ce n'est pas possible non plus. Ne vous figurez pas que vous pouvez l'agrafer comme ça, pendant sa promenade… La police est toujours là pour le protéger.

ALI : Mais demandez seulement une question, pour voir si je comprends bien Christ !

LE PRÊTRE (*après avoir soupiré et longuement réfléchi*) : Jésus est-il Dieu ?

ALI : Christ a été un homme et un Dieu, et avec lui y avait le Saint Esprit… Un seul dans trois personnes…

LE PRÊTRE (*sidéré*) : Oui, c'est la bonne réponse, en tant que telle, la réponse est correcte…

ALI (*poussant l'avantage*) : Et Christ dit qu'il aime toutes les hommes, même si y sont pas dans l'Eglise, qu'y faut même aimer les ennemis — mais vous c'est pas comme ça avec les Turcs… Christ, lui, était ami des persécutés. Le Kurde, chez nous, c'est comme le chrétien avant, on le met à la prison parce qu'y veut garder sa culture à lui. Et Christ, il est pour lui aussi !

LE PRÊTRE (*absolument furieux, se lève, raide, solennel*) : Très bien, très bien, mais il va falloir en rester là. Si vous voulez bien retourner dans l'autre pièce, ma secrétaire vous reconduira… »

Et voilà : à la différence du rustre sur lequel je suis tombé lors de ma première tentative, le grand prêtre, lui, me jette dehors avec une distinction tout aristocratique. Ici aussi donc, Ali est indésirable. Il a beau constituer une exception absolue (allez trouver en Allemagne un autre Turc désireux d'épouser la foi chrétienne ! — et est-ce vraiment surprenant quand on voit l'hostilité plus ou moins ouverte que leur manifestent les serviteurs du Christ et les humiliations qu'ils leur font subir ?), on ne veut absolument pas de sa compagnie dans la communauté hiérarchisée de ces chrétiens repus, prospères et infatués d'eux-mêmes… Comme s'il ne suffisait pas d'avoir à les supporter dans *nos* écoles, *nos* banlieues, *nos* gares, ces Turcs ! Non, qu'au moins *nos* églises — même si elles demeurent désespérément vides — échappent à cette invasion, qu'elles restent propres, quoi…

Ali fait encore une tentative auprès d'un autre prêtre. Les étages de son presbytère sont bardés de rétroviseurs de camions. Pour chaque fenêtre (il y en a une bonne douzaine), un rétro-

« Et puis, qu'est-ce que vous voulez, vous avez bien un parlement élu, en Turquie !

— Contrôlé par l'armée, dis-je, les partis démocratiques, tous interdits, persécutés !

— Il doit bien y avoir des raisons à ça, reprend-il sans trop cacher sa couleur politique, c'était la seule façon de mettre fin à la terreur et à la rébellion...

— Mais c'est le police et l'armée qui font la terreur, rétorqué-je, y torturent les prisonniers politiques !

— Allons, reconnaissez que vous êtes un communiste et que vous voulez vous infiltrer chez nous pour vous camoufler ! Nous, nous pratiquons l'assistance spirituelle dans les prisons, nous aidons tous les pécheurs jusqu'au pire d'entre eux — pour peu qu'il se repente. Mais il n'y a pas de place chez nous pour des éléments sans conscience... Vous feriez mieux de retourner d'où vous venez ! »

Je le regarde, désemparé.

« Bon, si par hasard je m'étais trompé sur votre compte, finit-il par concéder, vous pouvez toujours repasser après Pâques, nous verrons si je peux vous accorder un rendez-vous. Je prendrai alors le temps d'y regarder d'un peu plus près, je tâcherai de sonder vos sentiments réels vis-à-vis du Christ... »

Ali en prend bonne note. Mais cela lui suffit, il ne voit pas vraiment l'intérêt d'un second entretien. L'idée que ce prêtre se fait du Christ lui apparaît assez clairement.

« Bien le bonjour à Monsieur Christ, si tu le vois ! » lance-t-il en s'éloignant... Puis, se rendant à l'évidence, il ajoute — plus pour lui-même qu'à l'adresse de son interlocuteur : « Mais non, Christ est mort depuis longtemps, ici ! » Et, plantant là le prêtre estomaqué, il descend l'escalier en sifflotant son air préféré : « Loué sois-tu Seigneur... »

Mais Ali n'abandonne pas encore. Il doit bien se trouver quand même *un* prêtre pour prendre au sérieux sa charge et son apostolat chrétiens, pour refuser les préjugés confortables et ne pas partager la xénophobie à peine voilée de ses collègues... un prêtre qui, lui, accepte enfin de le baptiser sans tergiversations ni formalités bureaucratiques.

Pourtant, les deux prêtres qu'il va voir ne prennent pas davantage en considération l'urgence de son cas et l'ampleur de sa détresse. Un tout jeune chapelain l'envoie carrément promener : « Nous n'avons pas besoin de gens qui veulent devenir catholiques pour faire plaisir à d'autres ou parce que ça les arrange. Nous ne sommes pas une compagnie d'assurance, mettez-vous bien ça dans la tête ! »

Ali s'en va trouver un autre prêtre qui réside dans un presbytère aux allures princières et officie comme pasteur des âmes de la « haute ». Le saint homme lui fait dire le *Notre Père*, le *Je vous salue Marie*, puis lui demande de lui chanter un cantique. Ali opte pour un motet de Christof von Schmidt : « Puis il s'en fut à la mort le cœur plein d'amour... » — et, au bout du compte, se fait éconduire.

Mais avant de me raccompagner, l'excellent homme me jette dans l'embarras en me demandant comment se dit « enfant de chœur » en turc. « Gurul-Gurul » improvisé-je. « Gurul-Gurul », répète-t-il, fortement impressionné.

Puis il me demande encore : « Où est-ce que vous habitez donc ? »

Ali indique une adresse, ajoutant :

« Dans le cave, chez famille Sonne (soleil). Mais faut dire

à personne, parce que c'est interdit, louer le cave — tout humide, pas fenêtre, rien !

LE PRÊTRE : Est-ce qu'au moins vous êtes déclaré à la police ?

ALI (*hésitant*) : N-non, famille Sonne veut pas. Ici, personne veut louer un bon logement pour le Turc...

LE PRÊTRE (*d'un ton sévère*) : Alors je ne peux en aucun cas vous permettre de suivre le catéchisme. Commencez par vous procurer une déclaration de domicile en règle. Ensuite, vous aurez une préparation au baptême qui durera au moins un an. Vous verrez, cet enseignement vous fera beaucoup de bien. C'est comme ça qu'on se familiarise vraiment avec la foi chrétienne et que l'on se convainc d'y appartenir vraiment, tout entier ! »

J'objecte : « Mais peut-être je vais être déjà à la prison dans la Turquie ! » — mais cela le laisse de marbre : « Ce sont là des motifs politiques extérieurs qui n'ont pas à influer sur nos décisions ! »

Ali est sur le point de renoncer. La formule biblique : « Il est plus facile à un chameau de passer par un trou d'aiguille qu'à un riche de parvenir au Ciel » lui revient en mémoire. Il se dit qu'elle s'applique parfaitement aux prêtres catholiques...

Jusqu'à présent, Ali s'était laissé guider par le hasard dans le choix de ses paroisses, prospectant dans les environs plus ou moins immédiats de son domicile ou dans différents coins qu'il connaît de longue date. Cette fois-ci, il s'en va à la campagne, à une centaine de kilomètres de chez lui. Il s'arrête dans le village le plus misérable, avec une église à son image. Il met le cap sur le presbytère. Un homme plutôt jeune lui ouvre.

ALI : « Je peux parler à curé ?

— Oui, c'est moi», fait l'homme. Il est en civil, vêtu d'une chemise à col ouvert. C'est la première fois qu'Ali rencontre un ecclésiastique sans soutane ou costume de clergyman. Le jeune homme le fait entrer dans son bureau.

Ali commence à exposer son problème. Avant même qu'il ait fini, le prêtre l'interrompt :

«Oui, je comprends parfaitement. Vous voulez que je vous baptise, n'est-ce pas ?

ALI : Oui.

LE PRÊTRE : Mais oui, bien sûr, c'est possible. Dans quelques jours. Comme ça vous serez catholique, et je vous établirai un certificat de baptême, c'est tout ! »

Lui, au moins, il ne coupe pas les cheveux en quatre, il ne se demande pas si son évêque va le «couvrir», ne pose pas de questions bigotes, inquisitoriales, hypocrito-chrétiennes... non, il saisit qu'il s'agit d'un problème sérieux, en comprend l'enjeu pour Ali et agit — spontanément — en chrétien.

«Il faudrait peut-être que nous ayons une petite discussion tous les deux, puis vous deviendrez membre de notre paroisse et, avec le temps, nous ferons plus ample connaissance. Et puis si vous continuez à avoir des problèmes avec la police des étrangers, comptez sur moi, je m'en occuperai. Tout va bien finir par s'arranger, conclut-il d'un ton encourageant, vous allez voir, tout ça va s'arranger... »

Je le remercie. Je remarque alors que ce jeune prêtre qui, lui, n'a rien d'un fonctionnaire, parle avec un léger accent d'Europe orientale. Et j'apprendrai par la suite qu'il a émigré de Pologne il y a seulement quatre ans. C'est donc peut-être sa propre biographie qui lui a permis de s'identifier ainsi à un étranger en butte aux persécutions, ou du moins de comprendre ce que l'on peut ressentir quand on se retrouve dans une telle situation... La répression, il a pu se faire une idée de ce que c'est dans son pays natal et l'Eglise qu'il y a connue n'est pas, elle, totalement noyée dans sa graisse et ses privilèges !

Mais il se peut aussi que cette aptitude à se mettre dans la peau des autres, il l'ait acquise chez nous, dans notre Allemagne « libre » en y voyant et sentant l'accueil peu amène que l'on réserve aux étrangers.

Quoi qu'il en soit, je préfère lui conserver son anonymat. Qui sait si, en révélant le nom d'un homme au comportement si humain, si chrétien, je ne risquerais pas d'attirer sur lui les foudres de ses cheffaillons — trop heureux de sanctionner une « faute professionnelle » aussi grave...

Post-scriptum. — Mais voilà que j'apprends que le sacrement du baptême peut bel et bien, dans certaines circonstances, être administré avec beaucoup de libéralisme et sans le moindre détour bureaucratique. Lorsque, par exemple, un non-catholique, un « athée », présente sa candidature à la direction d'un lycée placé sous tutelle de l'Eglise et que l'unanimité s'est faite dans la bonne société autour de son nom... Il suffit alors de quelques jours pour l'accueillir dans le giron de l'Eglise — pour le plus grand profit de sa carrière.

Ou encore lorsqu'il s'avère que la personne à laquelle on envisage de confier la direction d'un hôpital catholique n'est pas baptisée... Pas besoin alors de catéchisme ni d'examen approfondi de ses connaissances bibliques, en trois jours un baptême-éclair est arrangé — moyennant une petite obole versée dans les caisses de l'Eglise !

On me reprochera bien sûr d'avoir épargné les ecclésiastiques protestants. Sans doute ce parti pris trouve-t-il son origine dans ma propre biographie et notamment dans le souvenir on ne peut plus pénible du baptême catholique forcé que j'ai dû subir à l'âge de cinq ans.

Voici dans quelles circonstances : un jour, mon père — atteint de septicémie — s'est retrouvé dans un hôpital catholique. Les médecins le considéraient comme condamné et l'avaient relégué depuis trois semaines dans une pièce exiguë justement dénommée le « mouroir ». Les bonnes sœurs qui s'occupaient de lui ne cessaient de lui reprocher de n'être qu'un catholique « sur le papier » et de lui répéter qu'il avait commis un péché inexpiable en se mariant avec une non-catholique et en faisant baptiser son fils unique (moi) selon le rite protestant. Sentant qu'il n'en avait plus pour longtemps, il se laissa convaincre d'« effacer » tout ça. On mit donc en scène dans une pièce exiguë une parodie de cérémonie de mariage (catholique, cette fois !) et l'on me rebaptisa — catholique, cette fois.

Aujourd'hui encore, je sens au plus profond de moi le caractère mensonger et contraint de cette cérémonie. On m'avait affublé d'une robe de baptême, on m'avait collé un cierge dans la main et un trappiste avait décrété que je m'appelais désormais Johann — protestations de ma part, « mais non, je m'appelle Günter ! ». Cependant il en aurait fallu davantage pour troubler l'édifiante cérémonie...

Remarquons de surcroît que selon les principes mêmes de la foi catholique, cette cérémonie était dépourvue de sens : quand on est baptisé, c'est pour la vie.

Le plus étonnant, c'est que mon père recouvra la santé quelques semaines après cette comédie. Les bonnes sœurs se mirent à crier au miracle, se souvenant de son « repentir actif ». Ce qu'elles ne dirent pas, c'est que le patron de l'hôpital avait fait des pieds et des mains pour obtenir de la pénicilline auprès des autorités d'occupation américaines. Mon père fut l'un des premiers, à Cologne, à bénéficier de ce médicament qui lui sauva la vie.

Moi, en tout cas, c'est comme ça que je devins catholique.

En deçà d'Eden

Ils ont l'air tellement gais, tellement paisibles avec leurs petits badges ovales en bois, leurs habits rouges et leur insouciance enfantine ! Ali décide d'aller faire encore un petit tour, du côté des apôtres de Bhagwan[3], cette fois.

Un mouvement nouveau qui se définit comme une religion universelle, qui se propose d'expérimenter de nouvelles formes de vie et de travail en commun, qui ne réduit pas — à la différence de la plupart des autres religions — la sexualité aux fins de procréation et n'en fait pas un tabou, une religion fondamentalement ludique, facile, sans contraintes qui propose des alternatives au couple, à la solitude à deux... Voilà des gens qu'Ali, l'étranger, imagine dépourvus de préjugés ! Son copain Abdullah l'accompagne.

Contrairement à Ali, Abdullah ne se faisait aucune illusion sur le christianisme administré par l'Eglise officielle. Mais là,

3. La secte Bhagwan a connu en République fédérale d'Allemagne un succès foudroyant à partir du début des années soixante-dix — surtout parmi les couches moyennes et les intellectuels. Ses membres s'appellent eux-mêmes « sanyasins ». « Bhaggie » est un terme péjoratif employé par les « outsiders » pour désigner les membres de la secte (N.d.T.).

il a beaucoup moins de préventions et veut lui aussi demander son admission chez les Bhagwans.

Leur quartier général se trouve dans la Lütticherstrasse, à Cologne. Un quartier convenable, près du centre ville. Les différents immeubles où sont installés les locaux administratifs des Bhagwans appartiennent à la société « Constructions Rajneesh, Koch et compagnie ». Le mobilier de la salle d'accueil est clair, élégant, de bon goût. Rien à voir avec le kitsch poussiéreux qu'on rencontre très souvent chez les sectes.

Deux « sanyasins » sont occupés à téléphoner, chacun à son appareil, lorsque nous nous présentons. Ils nous ignorent complètement, tant ils sont absorbés par leur conversation téléphonique. A l'évidence, ce n'est ni d'évangélisation ni de foi qu'ils parlent. Le premier agite des chiffres, se justifiant inlassablement de n'avoir pas réalisé le chiffre d'affaires prévu. Quant au second, il semble dispenser à son interlocuteur un cours accéléré de placement de capitaux. Il est question dans son propos de « donations antidatées », de « contourner de manière parfaitement légale l'impôt sur l'héritage », et puis encore d'un tuyau tout récent en provenance des Etats-Unis : « Vendre le dollar, sans faute, pendant les six prochains mois et foncer sur l'or ! »

Nos deux « sanyasins » se comportent comme de jeunes managers — mieux, comme de jeunes boursicotiers du genre cool, décontractés — mais néanmoins de vraies bêtes d'affaires. Ils nous font attendre dix bonnes minutes au terme desquelles le premier, qui a enfin fini d'aligner ses chiffres, fait semblant de découvrir notre présence.

« C'est pour quoi ?, lance-t-il, sans s'embarrasser de formules.

— Je veux devenir membre », dis-je.

Il me dévisage d'un air méprisant :

« Devenir membre ? Mais c'est pas si simple que ça… » Puis,

légèrement sur ses gardes : « Vous voulez un logement et du travail, c'est ça ?

— Si ça serait possible, oui, dis-je, mais c'est pas seulement l'argent. C'est plus être tellement seul, surtout. Vivre avec les autres, c'est ça qu'y faut.

LE TYPE : Mais ça prend beaucoup de temps. Pour vous, je crois que ça peut vraiment durer un bon moment.

ALI : Combien ? »

Il ne veut pas s'avancer : « C'est très variable. Il n'y a pas de règle fixe. Cela dépend de la connaissance de Bhagwan que l'on a et de l'intensité du désir de faire partie du groupe...

ALI : On veut fort, très fort...

LE TYPE (*méfiant*) : Et pourquoi tu es tellement pressé ?

ALI : Je veux tout recommencer de zéro. Ou alors, je vais être renvoyé dans la Turquie et aller à la prison... »

Je lui raconte mon histoire de persécution politique.

Tout jeune et large d'esprit qu'il soit, guidé (croit-il) par l'inspiration, il réagit en parfait curé :

« Donc, si je comprends bien, ce que tu voudrais, c'est trouver un truc qui te soit utile question boulot et qui te permette de t'en tirer sur le plan politique. C'est bien ça ?

ALI : Non. Je veux seulement rester ici et avoir une place pour moi.

LE TYPE : Donc c'est ça, tu veux venir chez nous pour pouvoir rester ici...

ALI : Aussi, oui.

LE TYPE : Ça n'est pas une raison valable. Si c'est comme ça, on ne te prendra en aucun cas.

ALI : Non, mais aussi pour vivre avec les autres, vivre dans la commune et pas gagner l'argent chacun dans son coin. Et aussi les femmes, pas pour un seul, pour tout le monde !

LE TYPE : Franchement, il vaudrait mieux que tu restes où tu es. Trop de choses nous séparent... »

Et voilà, j'ai mis les pieds dans le plat ! Au début, le mouvement s'est lancé dans une vie communautaire à tout crin et cela a été l'appât qui a attiré les frustrés des couches supérieures et moyennes des quatre coins du monde. Mais depuis, le Grand Maître (handicapé par la goutte, il est vrai, et sans doute mû par la peur du SIDA) s'est mis à prêcher davantage de retenue et une vie de couple plus conventionnelle. Le sexe en groupe a cédé la place à une forme de plaisir congelé, parfaitement aseptisé : la consommation somptuaire, le luxe pour le luxe. Tiens, les Rolls Royce, par exemple. Objectif ultime du Maître : une Rolls différente pour chaque jour de l'année. Prix de l'unité : 300000 marks. Pas pour ses adeptes, non, pour lui tout seul puisque telle est la pente de sa folie des grandeurs...

On comprend donc la réaction de mon petit « bhaggie » à l'impudence et la présomption de ma question. Bien sûr, vivre en commune avec d'ex-gourous d'extrême gauche du genre de Bahro[4], ça c'est envisageable. Mais un pauvre diable de Turc surgi d'on ne sait où, éreinté par le boulot, non, vraiment... Et voilà comment refait surface tout l'arsenal des préjugés de l'ex-race des seigneurs !

---

4. Rudolf Bahro, ex-citoyen est-allemand, cadre du parti dirigeant, le SED (Sozialistische Einheitspartei - Parti socialiste unifié), auteur d'un livre fort critique sur le « socialisme réel » intitulé *L'Alternative* (Stock, 1979) dont la publication en République démocratique allemande lui valut une condamnation à plusieurs années de prison, puis son expulsion en République fédérale d'Allemagne. Militant actif du parti Vert, Bahro s'est converti à la doctrine Bhagwan (N.d.T.).

Nous tentons une nouvelle démarche au centre Bhagwan de la Venloerstrasse, à côté de la Friesenplatz — toujours à Cologne. A l'accueil, deux femmes et un jeune type.

Les deux femmes se mettent à ricaner et à chuchoter en voyant entrer les deux postulants turcs. Et lorsque nous arrivons au comptoir, elles se plongent dans leurs dossiers.

Nous décidons donc d'en profiter pour inspecter un peu les lieux. Nous découvrons, dans une très grande salle, une trentaine de disciples de Bhagwan, les uns assis, les autres debout, qui regardent fascinés un écran de télé. Mais non, il ne s'agit ni d'un match de foot, ni d'une exhibition de Boris Becker — seulement d'une cassette vidéo montrant le Grand Maître de l'Oregon dans ses œuvres. Il est entouré d'une foule de disciples enthousiastes qui lui font une ovation. Confortablement installé dans sa Rolls qui avance au pas, il salue ses fans d'un très léger mouvement de la main — une expression de fatuité bovine figée sur son visage.

Le tout est accompagné par les flonflons répétitifs et monotones d'une musique orientale et les « sanyasins » de Cologne se déhanchent, toujours relax et décontractés, au même rythme que les disciples du Maître là-bas en Oregon. Certains battent la mesure en frappant dans leurs mains. Personne ne dit mot.

Paroles de Bhagwan

« L'égoïsme est naturel. Ce n'est pas une question de bien ou de mal. *C'est le plus fort qui survit* et c'est le plus fort qui doit avoir le pouvoir. Et celui qui a le pouvoir a raison. Vous, les Allemands, vous devriez comprendre ça [...] J'aime cet homme [Hitler]. C'était un fou. Mais moi, je suis encore plus fou que lui. Il n'écoutait pas ses généraux, il écoutait ses astrologues.

Et pourtant, pendant cinq ans, il est allé de victoire en victoire. C'était un être aussi moral que Mahatma Gandhi. La nature profonde de Hitler est celle d'un hindou, plus encore que celle de Gandhi. C'était un saint [...] Moi, je suis absolument inattaquable. Moi j'attaque tout le monde mais personne ne peut s'attaquer à moi. C'est la vérité toute simple. »

Extrait de *Der Spiegel* n° 32, 1985

Je m'en voudrais de troubler leur recueillement, nous retournons donc au comptoir à l'entrée. On nous laisse à nouveau mariner un bon moment — faisant comme si on ne nous avait pas vus, mais tout en nous surveillant du coin de l'œil... Finalement, le type — il est âgé d'une trentaine d'années — lève la tête vers nous. Il faut dire que cela fait déjà un certain temps qu'Abdullah tambourine nerveusement sur le comptoir...

J'expose mon problème. La réplique — toujours le style cool, antiautoritaire — ne se fait pas attendre :

« Non, non, ça marche pas comme ça, c'est pas un club, ici, tu peux pas adhérer comme ça... Faudrait que tu commences par te mettre à la méditation. Ça prend du temps et chaque séance de "dynamique" coûte 5 marks[5]. Après, quand t'en as fait assez longtemps, t'as un entretien avec la coordinatrice du centre qui voit si elle peut te donner un "nom de Sanya".

ALI : C'est quoi, ça ?

LE TYPE (*brusque, énigmatique*) : Ce que nous faisons ici.

5. 5 marks de l'heure, évidemment (N.d.A.).

La secte Bhagwan est dirigée par Sri Rajneesh[1], un Indien vivant aux Etats-Unis. Celui-ci a longtemps refusé de s'exprimer en public, mais il vient de rompre le silence en accordant une interview à la chaîne de télévision ABC (juin 1985). Il s'y présente comme « le gourou des riches », affirme que le premier objectif de son mouvement est de « s'enrichir ». Quand on demande à Bhagwan pourquoi il n'emploie pas son immense fortune à lutter contre la misère et préfère l'investir dans l'acquisition de Rolls Royce, il répond tout bonnement : « Toutes les autres religions s'occupent des pauvres, moi je préfère les riches — et ça c'est mon affaire. »

Rien qu'en Allemagne, il a une bonne douzaine de discothèques, une chaîne de restaurants végétariens, des débits de sandwiches et de boissons et plusieurs entreprises du bâtiment...

1. Sri Rajneesh, un temps emprisonné aux États-Unis pour fraude fiscale, y a été finalement déclaré *persona non grata* avant d'en être expulsé (N.d.T.).

ALI : Moi, comme Turc, je suis beaucoup seul et je voudrais vivre dans la commune, avec les Allemands, et tous les autres...

LE TYPE (*bien décidé à me décourager*) : Mais ce n'est pas toi qui peux juger de ce qu'il te faut ! Ici, ce sont les autres qui décident pour toi. Mais avant, il faut que tu commences par bien sentir tout le reste...

ALI : Mais je sens bien, moi...

LE TYPE : Mais tu n'as aucun critère qui te permette de juger si tu sens bien ou non !

ALI : Votre chef, le Bhag, l'est étranger, lui aussi, non ?

LE TYPE (*piqué au vif*) : Bhagwan, notre Maître, vient d'Inde.

ALI : Alors il y a beaucoup chez vous qui viennent de l'Inde ?

LE TYPE (*après réflexion*) : Non, en fait, non. Surtout des Allemands, des Américains[6].

ALI : Où il vit, Bhag ?

LE TYPE : Maintenant, il vit en Amérique. On peut aller le voir en Amérique. »

(En effet. Régulièrement, on entasse ses disciples dans des charters et, moyennant la modique somme de 3000 marks par personne pour un voyage de dix jours, ils s'en vont là-bas trimer dans les champs — mais chez Bhagwan, on appelle ça « méditation »...)

ALI : « Chez vous, je sais, les Allemands, ils vivent dans la commune. Pourquoi vous voulez pas prendre un Turc ?

LE TYPE : Mais le problème n'est pas de vivre en commune ou pas. Le problème, c'est que nous avons un maître spirituel qui est Bhagwan. C'est ça qui compte, le reste, ça n'a pas d'importance. Il y en a qui vivent seuls, ont un boulot à l'extérieur et font une fois par an le voyage en Oregon. Mais pour vivre en commune, il faut commencer par bien s'entendre avec les autres et avoir vraiment fait ses preuves auparavant.

ALI : On a pas le travail, nous, et pas l'endroit pour vivre. C'est bien, vivre avec les autres. Et nous on a pas besoin beaucoup d'argent...

---

6. Bhagwan n'a pas de disciples indiens. Dans sa propre sphère culturelle, on le considère comme un charlatan. C'est pourquoi il considère l'Inde comme un « pays physiquement et spirituellement mort » (N.d.A.).

LE TYPE : D'accord, d'accord, mais c'est pas comme ça que ça se passe chez nous. Le problème, c'est pas que tu n'aies pas de logement ou pas d'argent — c'est l'envie ou non d'être avec Bhagwan. C'est tout à fait différent. Tu comprends, ça se place sur un tout autre plan que ce dont tu parles. Si tu veux, j'aurais presque envie de dire qu'on n'est pas vraiment faits l'un pour l'autre... »

L'enterrement, ou comment se débarrasser de son propre cadavre

A l'exception d'un seul, les employés de Dieu ont repoussé Ali, l'ont envoyé promener ; les monomanes de la secte Bhagwan lui ont fait la leçon et se sont moqués de lui... Mais tout de même, Ali aimerait bien qu'on l'accepte, qu'on lui fasse une petite place quelque part... Accueilli par les vivants comme un être aussi *étrange* qu'*étranger*, partout contraint à un *silence de mort*, Ali s'en va donc cette fois chercher son bonheur directement parmi les morts. Comme on le comprend... Mais il lui reste encore à apprendre le vieil adage : « Il faut savoir y mettre le prix... »

Ali, donc, se prépare au voyage dans le royaume des morts. Il met son costume sombre du dimanche et, pour bien montrer qu'il n'en a plus pour longtemps, loue une chaise roulante. C'est donc ainsi, poussé par un ami, qu'il fait son entrée chez l'un des marchands de pompes funèbres les plus en vue de la ville.

Ali arrive impromptu, sans rendez-vous. Son ami le pousse dans le magasin et la propriétaire de l'établissement l'accueille poliment. C'est une femme de près de quarante ans, aux gestes énergiques et décidés. Au premier abord, elle n'a pas du tout l'air antipathique. Ali expose son problème : il était ouvrier dans une usine d'amiante (l'entreprise Jurid) et a attrapé un cancer du poumon. C'est incurable, il n'en a plus que pour deux mois — le médecin le lui a dit. Donc il est venu pour négocier en personne ses funérailles et le transfert de sa dépouille en Turquie

La discussion qui suit (légèrement abrégée mais reproduite telle quelle) est un morceau d'anthologie du culte de la mort inhumain, glacial et macabre qui prévaut de nos jours. On verra comment un être encore vivant est traité d'avance comme un objet sans vie, un « ex-homme » dont on se *débarrasse* comme d'une quelconque immondice. La bonne dame des pompes funèbres ne se donne pas la peine de s'enquérir de mon état — après tout, je n'ai absolument pas l'air d'un moribond. Il ne lui viendrait pas à l'idée de me demander s'il y a peut-être quand même un espoir que les médecins me sauvent. Non, aucune forme de commisération, elle entre directement dans le vif du sujet :

LA FEMME : Si l'on vous achemine en avion, le prix dépendra de votre poids aussi. On met le cercueil dans un caisson de transport et on pèse le tout. Le prix dépend du poids et de la destination...

ALI : C'est très loin dans la Turquie, les montagnes Kaşgar, près du frontière russe...

LA FEMME : En fait, la question à trancher serait de savoir si le transport se fera en voiture ou en avion. Parce qu'il faut non seulement vous emmener à l'aéroport de départ, mais aussi aller vous récupérer à l'aéroport d'arrivée — sinon, vous resteriez en plan... Donc, tant qu'à devoir faire le voyage en voiture, autant vous conduire directement sur le lieu d'inhumation. Quel est votre régime de Sécurité sociale ?

ALI : Normal, régime normal.

LA FEMME : Comme actif ou comme pensionné ?

ALI : Je suis malade déjà plus d'un année...

LA FEMME : Donc vous étiez actif encore récemment, et puis après, malade, c'est ça ?

ALI : Oui, dans l'usine d'amiante, y avait pas le masque...

LA FEMME (*m'interrompant d'un ton impatient*) : Ça, c'est pas notre problème. Notre problème, c'est de savoir si vous voulez être transporté en voiture ou en avion. Si c'est en avion, alors c'est une question de poids.

ALI : Oh, je suis pas lourd. Et le docteur, il a dit comme ça, dans deux mois, tu pèses comme un enfant ! Toujours plus maigre et plus maigre...

LA FEMME : Bon, d'accord, mais votre taille, elle, elle va pas changer, non ? Pour un enfant, c'est beaucoup moins, hein, parce qu'il a un plus petit cercueil... On le met dans un container pour que les passagers et les gens de l'aéroport ne sachent pas que c'est un cadavre qu'on transporte.

ALI : Et si on me met pas dans le cercueil, qu'on me met comme ça dans le feu ?

LA FEMME : Vous incinérer ? Oui, alors là on vous incinérerait ici et l'on peut envoyer l'urne par voie postale.

ALI : Ça fait moins d'argent, non ?

LA FEMME : Bien sûr, c'est beaucoup moins cher, ça fait tout le transport en moins. Si nous vous incinérons ici, ça fera, tout compris, dans les deux mille cinq cents marks, plus l'envoi par la poste — les frais d'expédition, quoi.

ALI : Et si mon frère emporte ça dans un sac plastique[1] ?

1. En fait, cette question est loin d'être aussi saugrenue qu'il y paraît. Elle m'a été inspirée par un événement réel survenu, il est vrai, dans un tout autre milieu. Récemment, en effet, un industriel de Düsseldorf, qui possède des filiales à l'étranger, multimillionnaire et catholique fervent, a fait passer la douane en douce à son frère qui venait de mourir subitement à l'étranger — je veux dire à ses cendres, enfermées dans une urne à deux sous, elle-même glissée dans un sac en plastique de boutique d'aéroport (N.d.A.).

LA FEMME : Non, non, en aucun cas, on ne peut pas lui passer les cendres comme ça... Pour commencer, faut faire la demande au lieu d'inhumation définitif, je veux dire, en pratique, faut qu'on reçoive ici, au crématorium, un papier disant que l'urne sera bien prise en charge là-bas. Et c'est seulement quand le papier est là qu'on peut envoyer les cendres...

ALI : Mais on peut pas comme ça, sous la table, avec un petit pourboire ?

LA FEMME : Non, non, exclu ! On ne peut pas remettre *ça*, comme ça, à un particulier ! »

La brave dame connaît son métier, elle prend *l'affaire* en main, personnellement. Elle empoigne le fauteuil roulant et me pousse vers les cercueils. Comme je lui demande : « Qu'est-ce qui est plus beau, la boîte à cendres ou le grand cercueil ? », elle s'adapte avec une étonnante rapidité à ma maladresse linguistique et attire mon attention sur les « cercueils de transfert » les plus coûteux.

« Ah, vous voulez dire une urne ou un cercueil ? Ecoutez, si vous me demandez mon avis, un cercueil, faut reconnaître, ça donne d'autres satisfactions — c'est autre chose, quand même ! Tiens, approchez-le voir ! », fait-elle à mon ami allemand, et elle se penche vers moi pour prendre mes mesures. On entend grincer la lourde porte coulissante de l'entrepôt où sont stockés les cercueils ; dans une pièce voisine crisse la scie du menuisier. « Le mieux, ajoute-t-elle, ce serait encore que vous jetiez vous-même un coup d'œil sur ce que nous avons et voir ce qui vous plaît — chacun ses goûts, n'est-ce pas ? »

A son ton, c'est un peu comme si elle disait : « Allez-y, vous pouvez les essayer, couchez-vous dedans, on verra dans lequel vous vous sentez le mieux... »

Elle cogne doucement contre un cercueil en chêne tout simple. « Ça, c'est le modèle standard. Mais si vous souhaitez quelque chose de plus solide, de plus robuste… Qu'est-ce que vous diriez de celui-là ? » Il y a quelque chose de moelleux, d'insinuant dans sa voix, comme si elle était en train de me vendre le lit conjugal où je dormirai jusqu'à la fin de mes jours…

« Le véritable chêne allemand, celui-là, massif, plein bois. C'est le plus lourd que nous ayons en ce moment. Tout en chêne massif, insiste-t-elle lourdement. Et entièrement garni de soie…

— Peux voir dedans ? demandé-je. Elle a l'air un peu gênée, comme si je demandais, chez le marchand de meubles, justement, à essayer le futur lit conjugal…

— Hé, Willi, viens me donner un coup de main ! », crie-t-elle à son associé — son mari ? — qui est dans la pièce voisine. Willi accourt. Tout en jouant l'important, il paraît un peu embarrassé. « C'est à propos de son transfert en Turquie, fait la femme, il n'en a plus que pour deux mois et voudrait jeter un coup d'œil dans le cercueil… » Voilà, les présentations sont faites. Unissant leurs forces, ils hissent le lourd couvercle du cercueil.

Rien que du bois brut ! « Mais y a pas la belle étoffe ! », m'exclamé-je, revendicatif. « Mais toi t'avais dit que c'est tout doux là-dedans ! »

Willi et la dame se regardent comme deux escrocs pris la main dans le sac.

« Mais nous ne manquerions pas de faire le nécessaire, ça, vous pouvez nous faire confiance !, se reprend Willi d'un ton important, absolument garanti !

— Et ça coûte quoi ?

— 4795 marks », annonce Willi après avoir consulté un catalogue.

Je caresse le bois et cogne du poing contre la paroi de chêne qui résonne.

« Et ça tient beaucoup d'ans ?, demandé-je.

— Oui, c'est un ouvrage de menuiserie de première qualité, il faut au moins cinq-six ans avant que ça se désintègre », me rassure-t-il.

Pourtant, rien de ce qu'il a vu jusqu'à présent ne séduit vraiment Ali. Il faut le comprendre : vivant, il n'a jamais eu le choix. Maintenant qu'il va mourir, il voudrait au moins pouvoir choisir quelque chose qui lui plaise vraiment...

« Z'avez pas une cercueil qu'a pas l'air si triste, pas comme une cercueil, justement... Avec des couleurs, un peu drôle, quoi ! Tu comprends, toujours je vivais dans le logement tout sombre, tout humide — alors quand même maintenant, j'aimerais une belle cercueil... »

L'homme et la femme échangent de brefs regards mais ravalent rapidement leur consternation, en bons commerçants qu'ils sont.

« Hum, des couleurs, à proprement parler, c'est un peu difficile, fait Willi, c'est pas très habituel — mais qu'est-ce que vous diriez de celui-ci ? »

La femme me pousse vers des cercueils genre nouveau riche, en acajou verni, brillants comme des miroirs. Une collection d'horreurs sans nom, le kitsch à l'état pur !

« L'est en plastique, celui-là ? demande Ali.

— Garanti véritable acajou !, réplique Willi avec fougue, l'un de nos modèles les plus originaux et les plus précieux !

— Y a pas avec sculptures ?, demande Ali.

— Hum... Ah, des motifs, vous voulez dire ? Eh bien, qu'est-ce que vous diriez de notre modèle français ? Il est en solde. On le fait à 3600 marks seulement. Avant, il coûtait plus de 4000 marks.

ALI : Et ça c'est produit à la France?

WILLI : C'est ça, c'est un article français...

ALI : Et toi, c'est quoi que tu trouves le plus beau?

WILLI : Eh bien... c'est une question de goût. Celui-ci, c'est un genre tout à fait particulier.

ALI : Les gens qui z'ont l'argent, les Allemands bien, y prennent quoi?

WILLI : En fait, les cercueils allemands, surtout, le chêne, ce genre de chose...

ALI : Et celui-là, le français, c'est qui le prend?

WILLI : C'est souvent pour les transferts qu'on le prend, à l'étranger. Des Français, des Italiens, surtout...

ALI : Et y tient longtemps?

WILLI : C'est-à-dire... pour la Turquie, faudrait ajouter un caisson en zinc, une sorte d'emballage en zinc...

ALI : Ah, en tôle, quoi...

WILLI : Oui, enfin, c'est-à-dire qu'on soude le tout — avec vous dedans, donc — sinon on ne nous laisserait pas passer la frontière. On ferme, on soude — et c'est seulement après qu'on met le couvercle en bois.

ALI : Ça coûte quoi?

WILLI : Disons, avec le caisson en zinc, le travail de soudage, ça ferait dans les 6000 marks.

ALI : Tu peux pas baisser un peu?

WILLI : Pour le prix, oui, on pourrait peut-être s'arranger si vous commandez ferme et si vous payez d'avance. Nous pourrions par exemple vous consentir une réduction de 5 % — mais seulement si vous payez d'avance. Ça ne ferait donc que 5700 marks.

ALI (*brusquement effrayé*) : Mais si par hasard je vais pas mourir, tu vas rendre l'argent?

WILLI : Ah ça non, on ne peut pas prévoir de remboursement, vous comprenez, il s'agit là d'un discount tout à fait exceptionnel, seulement pour vous faire plaisir. Mais si j'ai bien compris... on vous a dit que c'est sûr que vous... plus que deux mois... (*Il a du mal à prononcer le mot "mort" en ma présence.*) Par ailleurs, il faudrait que nous sachions où nous devons acheminer le cercueil en Turquie — il ne faut pas oublier non plus le prix du transport...

ALI : Nous, on est tout en haut, vers les Russes par là-bas, un bel pays, tu sais — tu peux faire des vacances dans ma famille, si tu veux, ça va rien coûter... »

Ma proposition le laisse de marbre, il se refuse à entrer dans ce genre de considération : « De toute façon, fait-il, ce n'est pas moi qui ferai le transport. Dans ces cas-là, nous engageons un chauffeur et il faut... (il fait un bref calcul de tête)... disons, oui, il faut bien compter 1,30 mark du kilomètre, pour l'aller et le retour. »

Il me demande où se trouve Kaşgar et arrive à la somme de 10000 marks environ, rien que pour le transport en voiture.

« Mais si je partirais maintenant, quand je suis encore vivant, ça viendrait moins cher, non ? », lui dis-je alors.

Cette hypothèse le met dans l'embarras :

« Là, ça n'est pas de notre ressort, soupire-t-il, nous, nous ne pouvons vous prendre en charge qu'après l'établissement du certificat de décès par un médecin et, s'il s'agit d'une incinération, qu'après examen du corps par un médecin assermenté...

— Toute façon quand on est mort, c'est qu'on est mort, lancé-je, tout pareil ! »

J'avise tout à coup une belle urne particulièrement élégante, fonctionnelle qui est exposée là. Enfin, voilà qui change de ces récipients immondes que sont les « boîtes à cendres » habituelles !

« Et ça, si on me met dans le feu, c'est pas possible de prendre ?

— Jamais de la vie, malheureux, c'est de la céramique ! C'est seulement fait pour être exposé, on ne le vend pas. C'est une pièce ancienne, une antiquité si vous voulez ! »

Voilà, Ali a fait le tour de la question. Tandis que mon ami me pousse vers la sortie, on m'assure que l'entreprise a « un contact » avec des gens de ma caisse de Sécurité sociale et que l'on va pouvoir « se renseigner discrètement, histoire de voir à combien s'élèvera l'indemnité de décès versée par la Sécu. Pour la suite on verra... »

Le dernier des boulots, ou « sans foi ni loi »

« Je ne crois pas que l'on puisse imposer de profonds changements sans aller au charbon avec les autres. Je me méfie terriblement de toute action de l'extérieur qui risque fort de n'être que pur bavardage. »

Odile SIMON, *Journal d'une ouvrière d'usine.*

J'essaie de me faire embaucher chez Jurid (à Glinde, près de Hambourg) — travail sur amiante, garnitures de freins... Des amis turcs me racontent que les postes les plus dangereux pour la santé y sont presque exclusivement réservés à des compatriotes. Les règles de sécurité — en principe très rigoureuses pour l'amiante —, connais pas. Un système de soufflerie répand dans l'atmosphère cette poussière d'amiante cancérigène qui fait courir un danger mortel aux ouvriers de l'entreprise. Il n'est pas rare, ajoutent mes amis, que l'on y travaille sans masques anti-poussière... Ils me présentent quelques anciens ouvriers de cette entreprise qui en un an et demi à deux ans de boulot ont contracté de graves lésions broncho-pulmonaires. Jusqu'à présent, c'est sans succès qu'ils se sont battus pour la reconnaissance de ces lésions comme maladie professionnelle.

Mais il y a un *hic* : pour le moment, on n'embauche pas chez Jurid. En principe. Certains y arrivent quand même en versant des pots-de-vin à des chefs d'équipe, en leur faisant des « cadeaux » (pièces d'or, tapis turcs d'origine...). Je suis donc allé dénicher chez un numismate une pièce d'or datant de l'empire ottoman — un « trésor de famille » grâce auquel j'espère bien pouvoir passer outre au gel de l'embauche. Mais voilà que par hasard je découvre un moyen beaucoup plus facile : j'apprends que, depuis un certain temps déjà, les usines métallurgiques August Thyssen (ATH) de Duisburg ont entrepris de se débarrasser d'une partie de leur personnel sédentaire ; à la place, elles embauchent par l'intermédiaire de sous-traitants des travailleurs temporaires moins chers, plus dociles, plus faciles à enrôler comme à licencier.

Depuis 1974, environ 17000 travailleurs sédentaires des ATH ont été licenciés ; bon nombre de leurs emplois se trouvent désormais occupés par de la main-d'œuvre que fournissent les sous-traitants. Rien qu'à Duisburg, Thyssen a sous contrat quatre cents boîtes de ce type. Je fais la connaissance d'un ouvrier turc de vingt-sept ans que l'agence pour l'emploi a orienté vers l'un de ces sous-traitants, un dénommé Adler. J'apprends que cet Adler vend des ouvriers à l'entreprise Remmert, le même Remmert les refilant à son tour aux ATH. Les conditions de travail et les méthodes d'exploitation qu'il décrit sont littéralement incroyables, et rappellent les temps les plus sombres du capitalisme primitif... Une réalité dont on a entendu parler, mais du jamais-vu, du jamais-vécu ! Pourquoi donc aller parcourir le vaste monde ? L'horreur est à nos portes...

Lever donc à trois heures du matin pour être à cinq heures au point de ramassage de l'entreprise Remmert, à la sortie de l'autoroute, direction Oberhausen-Buschhausen. Remmert est une entreprise en pleine expansion. L'enseigne de l'entreprise (verte, comme le veut la couleur du temps) annonce : « Prestation de services. » Remmert s'occupe de la saleté sous toutes ses formes.

Poussière fine ou épaisse, boues ou déchets toxiques, huiles croupies, puantes, épuration de corps gras, nettoyage de filtres — chez Thyssen, Mannesmann, MAN ou ailleurs — Remmert s'occupe de tout, partout. A lui seul, le parc automobile de l'entreprise représente quelque sept millions de marks. La firme Adler fait elle-même partie de la firme Remmert — c'est le système des poupées russes. Adler nous vend à Remmert et Remmert, derechef, nous loue à Thyssen. Les compères se partagent la grosse galette — c'est-à-dire ce que paie Thyssen (et qui varie selon le type de commande, les primes de poussière, de saleté, de risque...). Cela représente donc entre 35 et 80 marks de l'heure par tête de pipe. Adler, lui, verse une aumône allant de cinq à dix marks à ceux qui triment pour lui.

Il est fréquent que des « gens » de Remmert ou d'Adler soient durablement employés chez Thyssen dans la production. A la cokerie, par exemple, où ils côtoient des ouvriers de Thyssen. Par ailleurs, Remmert loue plus de six cents femmes de ménage à la grande industrie, dans différentes villes de la République fédérale.

Un contremaître est posté devant un minibus prêt à partir (quoiqu'à l'évidence bon pour la ferraille) et il coche des noms sur une liste.

« Nouveau ? me demande-t-il de but en blanc.

— Oui, dis-je.

— Déjà travaillé ici ? »

Ne sachant si ma réponse peut influer positivement ou négativement sur mon embauche, je me contente prudemment de hausser les épaules. Il me tend la perche :

« Toi pas comprendre ? »

— Nouveau, dis-je, lui renvoyant le mot de passe.

— Toi aller avec collègues dans voiture ! », fait-il en m'indiquant le minibus Mercedes délabré.

Et voilà, c'est tout. Pas plus compliqué que ça de se faire embaucher dans l'une des entreprises métallurgiques les plus modernes d'Europe. On ne m'a pas demandé de papiers, pas même mon nom. *A priori*, même ma nationalité ne semble intéresser personne dans cette entreprise de rang mondial. Cela fait tout à fait mon affaire.

Dans le minibus sont entassés neuf étrangers et deux Allemands. Les deux Allemands se sont installés sur le seul siège fixe de la voiture. Les immigrés, eux, sont assis sur le sol métallique glacé, souillé d'huile. Je m'assieds auprès d'eux, ils se serrent pour me faire de la place. Un type d'une vingtaine d'années me demande si je suis turc moi aussi. Je réponds « nationalité turque » en allemand — et j'explique que j'ai été élevé en Grèce, au Pirée, parce que ma mère est grecque. « Mon père était turc, mais il m'a abandonné avec ma mère quand j'avais un an. »

Ce qui me permet d'expliquer pourquoi je ne connais pratiquement pas un mot de turc. Mon histoire est plausible et ce scénario tiendra la route pendant les six mois que je bosserai chez Thyssen... Si l'on m'interroge sur la ville où je suis censé avoir passé mon enfance, je peux parler un peu du Pirée — puisque j'y ai passé deux mois et demi en prison, pendant la dictature fasciste, en 1974[1].

1. En 1974, Wallraff s'est enchaîné en plein centre d'Athènes après avoir diffusé des tracts dénonçant la dictature militaire. Torturé et condamné à une lourde peine de prison, il a été libéré lors du renversement des colonels. Voir *Le Journaliste indésirable*, *op. cit.* (N.d.T.).

Je ne me suis trouvé qu'une seule seule fois dans l'embarras : le jour où des collègues turcs ont absolument voulu que je leur fasse entendre la mélodie de la langue grecque... Heureusement que, lycéen, j'avais préféré dans un moment d'égarement étudier le grec ancien plutôt que le français... et qu'aujourd'hui encore, je connais par cœur des passages entiers de *L'Odyssée* : «*Andra moi énepe mousa...*» (C'est l'homme aux mille tours, Muse, qu'il faut me dire...).

Personne ne s'est avisé de la supercherie, bien que le grec ancien soit plus éloigné du grec moderne que l'ancien haut allemand de l'allemand contemporain.

Plein comme un œuf, tanguant et roulant, le bus se met en branle. Un banc ne tient plus et, dans les virages, il vient cogner contre les immigrés assis par terre. Ceux de devant s'affalent sur ceux de derrière. Le chauffage est en panne, la porte de derrière ne ferme pas. On l'a rafistolée avec du fil de fer. Il suffirait d'un coup de frein un peu brutal pour que l'un d'entre nous, projeté contre la porte, se retrouve étalé sur la route. La folle équipée dure un quart d'heure. Transis et ballottés, nous nous retrouvons enfin à la porte 20 des usines Thyssen. Un chef d'équipe m'établit une carte de pointage et un type des services de sécurité un laisser-passer journalier. En entendant mon nom, il prend un air écœuré : «C'est pas un nom, ça, c'est une maladie ! Comment tu veux écrire un truc pareil !» Il me fait épeler plusieurs fois : S-i-n-i-r-l-i-o-g-l-u. Cela ne l'empêche pas de l'écrire «Sinnlokus[2] — et encore, à la place du prénom. Comme nom de famille, il écrit «Levent», mon second prénom. Toujours furieux, il continue à râler : «Comment est-ce qu'on peut se balader avec un nom pareil !» Le

2. *Sinn* : sens; *Lokus* : chiottes... (N.d.T.).

sien — « Symanowski » ou quelque chose du genre — n'est pourtant pas non plus tout à fait évident pour un Turc et suggère aussi quelque ascendance étrangère... Il faut se rappeler que les ouvriers polonais que l'on a fait venir dans la Ruhr au siècle dernier ont eux aussi, dans un premier temps, souffert de ségrégation et ont dû vivre dans des ghettos — tout comme les Turcs aujourd'hui. Il y avait dans la Ruhr des villes dont plus de la moitié de la population était polonaise. Et celle-ci y a longtemps conservé sa langue et sa culture.

Je m'emmêle un peu les pinceaux avec ma carte de pointage, retardant de quelques secondes un ouvrier allemand. Il ne me loupe pas : « Chez vous, en Afrique, on se contente de vous coller un coup de tampon sur la tête, non ? »

Mehmet, un ouvrier turc, vient à mon secours et me montre dans quel sens introduire la carte. Je sens que les autres immigrés ont pris aussi la remarque pour eux. Cela se voit à leurs regards à la fois honteux et résignés. Mais aucun d'entre eux n'ose riposter. Je me rendrai compte à l'usage qu'ils font toujours comme s'ils n'entendaient pas les insultes — même les plus graves —, qu'ils encaissent tout en silence. Ils ont peur que ce genre de provocation ne débouche sur des bagarres. L'expérience montre que l'on en fait toujours retomber la responsabilité sur les immigrés et que cela sert de prétexte pour les licencier. Alors ils préfèrent se taire et supporter leur dose quotidienne d'injustice, et quand on les insulte, ils tournent la tête de l'autre côté pour ne pas donner prise à la provocation.

Nous voilà repartis, toujours secoués comme des pruniers, à travers la métropolis Thyssen et l'on nous débarque bientôt près d'une baraque servant de lieu de rassemblement. On nous y laissera poireauter chaque matin — qu'il pleuve, qu'il neige, qu'il vente ou qu'il fasse un froid de loup —, à attendre que le « shérif » veuille bien faire son apparition au volant de sa Mercedes. Le shérif, c'est le surveillant-chef, un costaud qui ne lève jamais le petit doigt. Son boulot consiste exclusivement à répartir ses « clients », à les pousser au train, à les contrôler. Zentel — c'est son nom — a dans les trente/trente-cinq ans, il est employé sédentaire chez Remmert. Parfois invité aux fêtes d'Adler, il est considéré comme son indic et son confident.

Il est maintenant un peu plus de six heures. D'autres ouvriers s'extirpent des camionnettes de Remmert. Nous sommes gelés et nous tremblons comme des feuilles. En fait, cette baraque est un dépôt à outils où sont entreposés brouettes, pelles, pioches, marteaux-piqueurs et pompes aspirantes — il ne reste plus de place pour nous.

L'air est empli de grondements, de rugissements, de sifflements stridents, de toute cette rumeur croissante puis décroissante qui provient des ateliers voisins. Pas moyen de voir vraiment le ciel en ces lieux, tout juste un vague frémissement de nuages rougeâtres. Tout en haut des cheminées flamboie une lumière bleuâtre. Métropolis industrielle de suie et de fumée qui, jusqu'à l'horizon, dégorge sur les zones habitées environnantes. En longueur, les usines Thyssen s'étendent sur plus de vingt kilomètres. En largeur, elles en font jusqu'à huit.

Un mouvement parcourt la masse des ouvriers assemblés. Le shérif — il a vraiment des allures de mercenaire, avec son battledress kaki — a légèrement baissé sa vitre et il fait l'appel. La composition des équipes change tous les jours, tout se passe comme si on alignait les noms au hasard. Du coup, aucune solidarité commune ne peut jamais souder un groupe. Chaque jour il faut s'adapter à un nouveau groupe, chaque jour surgissent de nouvelles rivalités et autres conflits de préséance. Est-ce pure insouciance, pur arbitraire ou cela relève-t-il d'une politique concertée ? Je ne sais pas. Toujours est-il que dans un groupe où les gens ne se connaissent pas, l'esprit de concurrence, la méfiance et la peur prennent nécessairement le pas sur tout comportement solidaire.

J'entends appeler mon nom, puis quelqu'un me tire violemment l'oreille par derrière. C'est le chef d'équipe qui tente ainsi d'éclairer ma lanterne, de me faire comprendre à quel groupe je dois me joindre. Il grimace comme un sourire, sans doute son geste n'est-il pas chargé de mauvaises intentions. N'empêche — c'est la première fois que je ressens une chose pareille. Nous sommes vraiment traités comme des animaux domestiques, des bêtes de somme.

On nous débarque près d'un chevalement d'extraction et nous nous hissons quelques étages plus haut, dans une semi-obscurité — chargés de pelles, de pioches, de brouettes et de marteaux-piqueurs. Notre boulot, c'est de dégager les masses de terre compacte qui se sont agglutinées sous les tapis roulants. Il fait facilement moins 10 °C, le vent nous transperce. Alors nous nous imposons un rythme d'enfer pour nous réchauffer un peu. Au bout d'une heure, le chef d'équipe s'esquive (il ne met la main à la pâte que d'une manière toute symbolique et souffre donc davantage du froid que nous) et nous tentons d'allumer un feu. Plus facile à dire qu'à faire. Tout autour de nous s'élèvent les flammes de la forge, le métal en fusion s'écoule automatiquement dans les wagons gigantesques — on croirait qu'ils transportent d'énormes bombes. Plus loin, c'est comme une lave incandescente qui circule dans de petits canaux... On entend bouillonner le métal en fusion dans des cuves hautes comme des maisons de plusieurs étages — mais pour faire un feu, juste un petit feu sur notre chevalement de mine, il en faut des efforts et de l'imagination ! Nous ramassons des morceaux de coke entre les bandes du convoyeur, trouvons quelques planches — d'autres collègues s'y asseyaient pendant la pause — et les débitons en petits morceaux au marteau-piqueur. Mais il nous manque encore le papier. Nous finissons par dégotter quelques paquets de cigarettes vides, quelques Kleenex pleins de morve... Lentement mais sûrement, nous allumons un feu dans la brouette, n'hésitant pas à l'attiser avec la tuyère à air comprimé. Mais nous n'avons pas eu le temps de nous réchauffer que déjà l'on nous expédie ailleurs. Le contremaître arrive et lance : « Allez hop, tout le monde en route. Prenez les outils, et au trot ! » Nous essayons de sauver notre feu, mais pas moyen d'empoigner la brouette métallique chauffée à blanc. Comme je les comprends, tout à coup, ces hommes préhistoriques qui conservaient le feu comme leur bien le plus précieux, le plus sacré...

Nous revoilà dans la vieille carriole, accroupis, entassés les uns contre les autres, secoués en tous sens. Nous roulons dans l'obscurité parfois traversée par de pâles lueurs surgies des ateliers. On nous débarque à Schwelgern, à l'autre bout du complexe sidérurgique — dans le secteur des concasseurs. Nous descendons de plusieurs étages dans les profondeurs de la terre, la lumière se fait de plus en plus rare et vacillante, l'air est de plus en plus chargé de poussière, c'est à peine supportable. Mais ce n'est qu'un début. On nous colle entre les mains un pistolet à air comprimé et l'on nous dit de souffler la poussière qui s'est déposée en couches épaisses sur les machines et dans les interstices qui les séparent. Cela soulève aussitôt une telle quantité de poussière que l'on n'y voit plus à vingt centimètres. Ce n'est pas seulement qu'on la respire, cette poussière, on l'avale, on la bouffe. On étouffe. Chaque inspiration est un supplice.

On s'efforce de retenir son souffle, mais rien à faire, il faut bien faire le boulot.

Le contremaître s'est posté en haut des escaliers où parvient un peu d'air frais. Il a tout du maton de compagnie disciplinaire. « Allez, pressez le mouvement, fait-il, dans deux-trois heures c'est fini et vous serez au grand air ! »

Trois heures, ça représente plus de trois mille inspirations — de quoi vous remplir à ras bord les poumons de poussière de coke. Des émanations de gaz de coke flottent dans l'air, la tête me tourne un peu. Je demande si l'on ne peut pas avoir de masques de protection. Mehmet m'explique : « Y en a pas, à cause que le travail irait moins vite et chef a dit : pas d'argent pour ça ! » Même les ouvriers qui travaillent là depuis pas mal de temps ont l'air inquiet. Helmut, un Allemand (il a à peine trente ans et a l'air d'en avoir près de cinquante) raconte : « Il y a un an, il y a eu une émanation de gaz soudaine dans le secteur des hauts fourneaux et six collègues sont morts. Ils avaient paniqué et, au lieu de descendre, ils étaient montés Mais les gaz aussi, ça monte. J'ai un bon copain qui travaillait dans cette équipe. C'est un hasard s'il en a réchappé : la veille au soir, il s'était saoulé la gueule et le matin, il en tenait une tellement sévère qu'il n'a pas pu se lever pour aller au boulot. »

Nous ramassons la poussière à la pelle, noyés dans un véritable brouillard, et nous l'enfournons dans des sacs en plastique. Des monteurs de chez Thyssen qui travaillent quelques mètres plus bas passent en courant devant nous, remontant à l'air libre : « Non, mais vous êtes cinglés, comment on peut travailler dans cette saloperie ? », nous lance l'un d'eux au passage...

Une demi-heure plus tard, un responsable de la sécurité des

ATH nous honore d'une visite. Mais il ne fait que passer et dit en se bouchant le nez : « Vos collègues se sont plaints, ils ne peuvent plus travailler avec toute cette saleté que vous faites ! Alors faites-moi le plaisir de vous dépêcher, qu'on en finisse ! »... Et hop, le voilà reparti !

Ce boulot, on le fera jusqu'à la relève. Pendant la dernière heure, c'est sur notre dos que nous montons les sacs pleins de poussière par l'escalier de fer pour aller les jeter dans une benne. Un truc à vous briser les os, mais que j'accueille comme une délivrance — car enfin, en haut, nous pouvons avaler un peu d'air « pur ».

Pause de vingt minutes. Nous nous asseyons sur l'escalier de fer, là où il y a un peu moins de poussière. Voyant que je n'ai rien apporté à manger, mes collègues turcs insistent pour que je partage leurs sandwiches avec eux. Nedim, le plus âgé d'entre eux, me verse un peu de thé chaud de sa bouteille thermos. Ils partagent tout — ou plutôt le peu — ce qu'ils ont, se parlent d'une voix douce, amicale — chose rare chez les ouvriers allemands. Je note que pendant la pause ils se tiennent généralement à l'écart de ces derniers, mais ne parlent que rarement turc entre eux. La plupart du temps, ils discutent en allemand de cuisine ou se taisent tandis que leurs collègues allemands tiennent le crachoir. Nedim m'en expliquera la raison plus tard : « Ils pensent que nous disons du mal d'eux. Y en a qui pensent qu'on va être trop forts si on parle turc ensemble. Ils veulent tout piger pour pouvoir mieux nous commander. »

J'ai vu un jour Alfred, l'un des porte-parole des Allemands, piquer une colère noire pendant une pause en entendant des ouvriers turcs parler leur langue : « Faites-moi le plaisir de parler allemand si vous avez quelque chose à dire. Chez nous, on continue quand même à parler allemand, non ? Votre langue de merde, vous aurez bien le temps de la parler quand vous serez rentrés dans votre pays de merde — et le plus tôt sera le mieux. »

Je raconte la scène à Nedim, mais cela ne le surprend pas. Il m'apporte une affichette qu'un de ses collègues turcs a trouvée à la maison municipale des jeunes de Lünen. Le texte est intitulé : « Règles de conduite des visiteurs étrangers. » Il dit ceci :

• « [Il convient de] parler allemand lorsqu'on est en présence d'Allemands, du moins lorsqu'on parle des Allemands.

• « Il est d'usage en Allemagne de ne pas paraître en société pendant deux jours lorsqu'on a mangé de l'ail. Nous atten dons de nos hôtes qu'ils se conforment à cet usage.

• Certains jeunes étrangers pensent disposer d'un droit d'usage de la maison des jeunes parce que leur père, un parent quelconque ou eux-mêmes, paient des impôts en Allemagne ; mais cela n'est vrai que pour autant que ces jeunes se plient aux coutumes et usages locaux — et à cette condition seulement ! »

Chez Thyssen, on ne publie pas de « règles de conduite » de ce genre ; mais cela n'empêche pas nombre d'ouvriers allemands de prétendre les imposer à leurs collègues turcs. Ceux-ci s'y plient en général, pour ne pas « provoquer ».

Le lendemain, nous devons nous activer à dix mètres de hauteur, en plein air, par une température de moins 17 °C. Un peu partout, des panneaux à tête de mort, avec l'inscription : ACCÈS INTERDIT AUX PERSONNES NON AUTORISÉES ! - DANGER, EMANATIONS DE GAZ ! et, en certains endroits : PORT DU MASQUE OBLIGATOIRE !

Personne ne nous a informés des dangers auxquels nous sommes exposés et il n'y a pas davantage de « masques ». Nous ne savons même pas si nous faisons partie du personnel « autorisé » ou « non autorisé »...

Juché sur des plates-formes métalliques, notre groupe de choc doit attaquer à la pioche puis déblayer à la pelle des amas de boue à demi gelée qu'ont déversés de gigantesques conduits.

A cette hauteur, le vent est glacial et nous avons les oreilles gelées et les doigts totalement gourds malgré les gants de travail. Les gens de chez Thyssen, eux, n'ont pas à travailler dehors par ce froid ; quant à ceux du bâtiment, ils touchent des primes de mauvais temps. Il n'y a que nous qui devons bosser comme si de rien n'était. Nous nous attaquons à coups de pioche à la boue gelée, nous recevons plein d'éclats dans la figure. Il faudrait des lunettes de protection, mais va en demander... Une fumée compacte s'élève de la boue, nous suffoquant, nous aveuglant parfois. Nous emportons la boue avec des brouettes vers des tuyaux de descente. Les pelles se tordent sans cesse sous le poids de la gadoue, même les brouettes ploient et nous devons les redresser à coups de pelles et de pioches. Les salles des machines du coin produisent un tel vacarme que l'on ne s'entend pas parler. Pas besoin de surveillant ; cette fois, il a pris la tangente vers un foyer quelconque. De nous-mêmes, nous turbinons à des rythmes records : dès qu'on s'arrête, on crève de froid. Chacun à notre tour, nous nous esquivons en direction d'une petite salle des machines. Quel boucan ! On se croirait *dans* les chutes de Niagara. Mais, au moins, les machines sont chaudes. Nous nous serrons contre elles, nous les enlaçons carrément pour capter un peu de leur chaleur... ce qui n'est pas tout à fait sans danger, vu qu'une bielle tourne en permanence. On se ferait facilement emporter un doigt. A un moment, je touche la machine au mauvais endroit, elle se met à grincer, craquer d'une manière tout à fait inquiétante, des étincelles jaillissent, comme si tout allait sauter à l'instant même.

Alors il faut bien retourner à la corvée, dehors, et s'activer en tremblant de froid, violacé. Au bout de six heures de ce boulot, c'est Ioussouf, un ouvrier tunisien, qui trouve le mot de la fin : « L'enfer, ici, mais version froide ! » Puis il ajoute : « Les esclaves, on en prenait plus soin que ça, avant. Un esclave, ça avait de la valeur, on voulait le faire durer le plus longtemps. Nous, ils s'en foutent qu'on dure pas longtemps. Y en a tellement d'autres qui attendent à la porte pour notre boulot ! »

Un ingénieur de chez Thyssen chargé de la sécurité vient rôder dans les parages. Il s'agite autour des tuyaux, un appareil à la main. Il tapote le cadran de l'appareil, marmonne « Mais c'est pas possible ! » et nous lance un regard effrayé. Je m'approche et lui demande : « C'est quoi, cette boîte ? Y a quoi dedans ?

— C'est pour mesurer le gaz, explique-t-il, puis il ajoute : « Vous n'en avez pas sur place ? Alors en principe, vous ne devriez pas travailler ici. »

Quand l'aiguille dépasse un repère donné sur le cadran, nous montre-t-il, cela indique un danger imminent et il faut quitter les lieux au plus vite : on risque de tomber rapidement dans les pommes.

Justement, l'aiguille se maintient au-delà du repère fatidique. Je le fais remarquer à l'ingénieur, mais il me rassure : « Impossible. Cet appareil ne marche pas. Je vais en chercher un autre. »

Il disparaît pendant une demi-heure, puis revient avec un nouvel appareil. A nouveau l'aiguille monte au-delà du repère. Il tapote l'appareil d'un air mécontent et tente encore de me rassurer : « C'est pas possible. Cet appareil à la con ne marche pas non plus. » Comme je lui jette un regard dubitatif, il ajoute : « De toute façon, même s'il marchait, il n'y aurait pas de quoi paniquer. Le vent emporte les gaz. » Puis il s'esquive, sa boîte magique sous le bras ; et nous n'avons plus qu'à nous en remettre au vent glacial pour nous protéger des émanations de gaz.

Le même scénario se reproduit quelques semaines plus tard, au même endroit. Helveli Raci, un de mes collègues turcs, était là :

« Il y avait un de ces appareils ; tout à coup, il s'est mis à sonner. J'ai demandé ce que ça voulait dire. Alors ils ont répondu que quand l'appareil se met à sonner, c'est qu'il y a des dégagements de gaz. "Bon, j'ai dit, l'appareil sonne, c'est qu'il y a du gaz, faut arrêter le boulot ?" Alors le chef a dit : "Mais non, vous cassez pas la tête, continuez !" Il a emporté l'appareil et on a continué. Il l'a ramené un peu plus tard, le même appareil, et ça a recommencé à sonner. Moi j'ai dit : "Y a quelque chose qui va pas", mais il a répondu : "Non, c'est l'appareil qui doit pas marcher !" et il est reparti avec. Puis il est encore revenu, en essayant de l'empêcher de sonner. Mais l'appareil sonnait et s'allumait de partout. Ça a été comme ça toute la journée, là-haut.

« Y en a qui ont commencé à se sentir mal, mais on a dû continuer à travailler. Sans masques à gaz. Nous, les gars des boîtes de sous-traitance, on peut bosser dans ces conditions, respirer toute cette merde tant qu'on veut, même si on doit en crever. Les autres, ils s'en foutent. Tout ce qu'ils veulent, c'est qu'on fasse le boulot. »

Chez Thyssen, le règlement exige que l'on porte des chaussures de protection avec un embout métallique. Des casques aussi. Selon la législation du travail, Adler devrait nous fournir les deux, plus des gants de travail. Mais là-dessus aussi, il économise. Fraudeur, il l'est dans les petites choses comme dans les grandes — « Les petits ruisseaux font les grandes rivières » est l'une de ses devises favorites. Quand les « clients » se font rares, les contremaîtres et chefs d'équipe de Thyssen ferment les yeux et prennent les nouveaux qu'amène Adler, même en tennis. Nous sommes pourtant exposés à toutes sortes de dangers depuis les débris divers qui nous tombent dessus jusqu'aux brouettes surchargées qui se renversent, sans oublier ces Fenwicks qui circulent en tous sens.

Pendant tout le temps où j'ai travaillé chez Thyssen, je n'ai jamais porté de chaussures de protection, au mépris du règlement. Et je n'étais pas le seul. J'ai eu de la chance qu'il ne m'arrive rien.

Nos gants de travail, nous les ramassons dans les poubelles et les bennes à ordures. Ils sont généralement maculés d'huile et déchirés — ce sont les ouvriers de chez Thyssen qui les jettent quand la boîte leur en fournit de nouveaux.

Les casques, il faut que nous les achetions nous-mêmes, à moins d'avoir la chance d'en trouver un vieux, tout cabossé. Mais pour les chefs, la tête de nos collègues allemands a beaucoup plus de valeur, elle mérite bien davantage de soins que la nôtre. Par deux fois, j'ai vu Zentel, le contremaître, m'arracher mon casque pour le passer à un Allemand qui avait oublié le sien.

La première fois, j'ai protesté : « Eh, doucement, est à moi, cette casque ! » Mais aussitôt, Zentel m'a remis à ma place : « Rien ne t'appartient, ici, tu m'entends ? Rien-du-tout ! Ton casque, tu le récupéreras à la relève ! » Et hop, me voilà exproprié en moins de deux...

La deuxième fois, il y avait dans mon équipe un Allemand

à qui Remmert avait gratuitement fourni un casque, mais qui l'avait oublié. Cette fois encore, Ali a dû payer de sa tête. C'est en vain qu'il avait tenté de se rebiffer : « Eh, c'est ma casque ! Propriété privée ! Risque de perdre le travail, si bosse sans casque ! » La réponse du contremaître ne se fait pas attendre : « Toi lui donner ton casque ! Sinon *moi* vais te faire perdre travail ! Allez hop ! »

Ali cède donc à l'injonction et fait ses huit heures sans casque dans ce secteur du slabbing... A quelques mètres de nous, des débris de fonte incandescente viennent régulièrement s'écraser sur le sol à grand fracas. Si j'en recevais un sur la tête, je m'en tirerais au mieux avec de sérieuses brûlures. Pour Werner (qui a donc hérité de mon casque), il va absolument de soi que sa sécurité doit être assurée aux dépens de la mienne. Lorsque j'aborde le sujet, il se contente de me répondre : « Qu'est-ce que tu veux que j'y fasse ? Je fais ce qu'on me dit, c'est tout ! Va te plaindre ailleurs, c'est pas à moi qu'il faut raconter tout ça ! » Il trouvera encore l'occasion, par la suite, de donner libre cours à son mépris : « Vous autres, les gens d'Adler, vous n'êtes que des zéros. On peut pas vous prendre au sérieux... Moi, faudrait s'y prendre de bon matin pour me faire bosser pour les trois sous que vous gagnez ! »

En d'autres termes : toi, tu n'as aucun droit ici, tu n'as rien — ni papiers, ni contrat de travail —, officiellement, tu n'existes pas... Voilà pourquoi il me regarde de si haut. Il est allemand, lui, il travaille chez Remmert, c'est un privilégié. Il touche des heures supplémentaires, il a droit à des primes quand il travaille le samedi et le dimanche, il gagne 11,28 marks brut de l'heure... (Notons au passage cependant que Remmert ne verse aucune prime pour le travail salissant, bien que ses employés doivent manipuler la plupart du temps toutes sortes

Thyssen informe

Le groupe Thyssen a pris un bon départ pour l'exercice 1984-1985.

Les facteurs d'expansion et de croissance se sont, pour l'essentiel, maintenus au niveau de l'année précédente. Les secteurs retardataires sont parvenus à se redresser. Le chiffre d'affaires de Thyssen-Welt (secteur étranger) s'est accru de 6 % durant le premier semestre. Toutes les branches d'activité de l'entreprise enregistrent des résultats positifs. Les résultats obtenus par le groupe au cours de ce semestre sont comparativement bien meilleurs que ceux du premier semestre de l'année précédente. Thyssen a annoncé lors du dernier conseil d'administration la reprise du paiement d'un dividende pour l'année en cours.

Dans la *sidérurgie*, la production s'est stabilisée au niveau atteint l'année précédente. Les prix ont pu être progressivement rétablis au cours des derniers mois, mais le niveau élevé du dollar détermine une augmentation considérable du prix des matières premières. Au cours de la première moitié de l'année, le chiffre d'affaires s'est accru d'environ 11 %. Les Aciers Thyssen devraient enregistrer pour l'exercice 1984-1985 un résultat positif.

A l'heure actuelle, toutes les entreprises des Aciers spéciaux Thyssen connaissent une activité normale ou en progression par rapport à l'année précédente. Le chiffre d'affaires a augmenté de 8 %. Concernant les alliages cotés en dollars, il faut tenir compte des augmentations considérables qui doivent être supportées. Globalement, les Aciers spéciaux Thyssen devraient enregistrer pour l'exercice 1984-1985 un bilan positif.

Dans le domaine des *biens d'équipement et des produits de transformation*, un accroissement global du chiffre d'affaires de 7 % a été enregistré au premier semestre. Dans le secteur Thyssen Industrie, le volume des commandes est en forte expansion. Ce facteur ajouté aux ajustements de programme auxquels il a été procédé au cours des dernières années vient consolider la rentabilité. *Thyssen Industrie* prévoit un résultat positif pour l'exercice 1984-1985. Chez *Budd*, la plupart des entreprises continuent à tourner à plein rendement, et leurs résultats seront nettement positifs. La direction du secteur des Chemins de fer américains se trouve maintenant entre les mains de *Transit America Inc.*. Les charges résultant des anciens contrats déficitaires ont été prises en compte dans le bilan du dernier exercice. Les *Carrières du Rhin* continuent à enregistrer des résultats positifs.

Le secteur *Commerce et Prestations de service* renforce considérablement depuis quelques années ses relations commerciales avec l'étranger. Le chiffre d'affaires y a augmenté de 6 % au cours du premier semestre.

de graisses poisseuses, d'huiles usées et puantes, sans oublier, bien sûr, cette épaisse poussière métallique que nous bouffons à longueur de journée.)

Nous, les employés d'Adler, nous faisons le même boulot pour un salaire beaucoup plus bas encore — nous allons y venir tout de suite.

Je loue un appartement d'une pièce et demie dans la Dieselstrasse, à Duisburg. Je souhaite ainsi me *rapprocher* un peu plus d'Ali, vivre vraiment comme un ouvrier turc et ne pas me contenter de faire de longues « excursions » dans les emplois qu'occupent habituellement les immigrés. Je m'identifie de plus

Le montant des recettes restant stable, l'entreprise enregistrera cette année encore des bénéfices.

Thyssen escompte également un résultat positif en ce qui concerne les *participations* dont les bilans ne sont pas encore arrêtés.

Chiffres d'affaires globaux des secteurs industriels

Acier	10,3 Mrd. DM	Effectifs employés en moyenne annuelle	132950
Aciers spéciaux	3,5 Mrd. DM		
Biens d'équipement et produits de transformation	9,8 Mrd. DM		
Commerce et prestations de service	17,6 Mrd. DM	Extraits du bilan	
		Total du bilan	19,2 Mrd. DM
Chiffre d'affaires global du groupe Thyssen	41,2 Mrd. DM	Capitaux propres	2,6 Mrd. DM
Chiffre d'affaires intérieur	8,8 Mrd. DM	Immobilisations nettes	986 Mill. DM
Chiffre d'affaires de Thyssen Welt	32,4 Mrd. DM	Amortissements	1120 Mill. DM
		Bénéfice annuel	181 Mill. DM

en plus à mon rôle. Il m'arrive de plus en plus souvent de rêver dans mon allemand de cuisine. Je sais maintenant quelle énergie il faut déployer pour supporter provisoirement ce que mes collègues immigrés doivent endurer leur vie durant.

Je n'ai pas eu de mal à trouver cet appartement : Bruckhausen est un quartier en pleine décrépitude. Pendant des années, il n'y a presque que des Turcs qui y ont vécu, mais un grand nombre d'entre eux sont rentrés au pays. De nombreuses maisons sont vides — ou alors tellement décrépites qu'elles ne sont plus habitables. Il n'y a dans mon appartement ni évier ni douche et les WC — collectifs — sont dans le couloir. Je paie 180 marks de loyer mensuel. Avant d'emménager, j'essaie de remettre l'appartement à peu près en état. Je fais même une folie : je demande à un de mes amis de m'installer une baignoire au beau milieu de la pièce.

Pas facile de rendre vivable mon nouveau « chez-moi ». Je ramasse les saletés et les débris qui traînent dans le jardinet — il y a de quoi remplir deux bennes à ordures. C'est que les voisins y ont jeté toutes leurs cochonneries, considérant que cela ne pouvait guère aggraver la « qualité de la vie » en ces lieux. En effet, le quartier se trouve à proximité immédiate des usines Thyssen. Il faut une santé remarquable pour y faire de vieux os. On voit un peu partout des pancartes invitant la population à appeler un certain numéro de téléphone si la puanteur ambiante devient un peu trop insupportable. Mais elle est *presque toujours* insupportable.

Pourtant, c'est à Bruckhausen que je veux m'installer. Je ne m'y retrouve pas tout à fait seul, après tout. Qui sait si un jour d'été je ne pourrai pas organiser une petite fête, avec des voisins et des collègues dans le petit jardin que j'ai remis en état...

Etat d'urgence

Certains de mes collègues travaillent des mois durant sans prendre un seul jour de congé. On les traite comme des bêtes de somme. Ils n'ont plus de vie privée. On les laisse rentrer chez eux après le boulot parce que cela revient moins cher à l'entreprise que de les héberger pour la nuit. Mais en fait, il serait plus pratique pour eux de passer carrément la nuit à l'usine ou chez Remmert. Ce sont presque tous des types tout jeunes. Au bout de quelques mois, de quelques années au maximum de ce régime, dans la crasse et la boue des usines Thyssen, ils sont usés jusqu'à la corde, lessivés, malades — pour le restant de leurs jours, bien souvent. Pour les patrons, ils ne sont qu'un matériau humain jetable, des ouvriers-Kleenex, du matériel standard et échangeable : des centaines de leurs semblables sont là à faire la queue, prêts à accepter des deux mains n'importe quel travail — absolument n'importe quel travail.

Ce boulot est tellement usant qu'il est bien rare que l'on y tienne le coup plus d'un an ou deux. Un ou deux mois suffisent souvent à vous esquinter pour le restant de vos jours. Surtout lorsqu'on est obligé de « doubler », voire de « tripler » les postes. Un de mes collègues — il a tout juste vingt ans — fait régulièrement ses 300 à 350 heures par mois. Les chefs d'équipe de Thyssen le savent, les pointeuses de Thyssen enregistrent ces performances et en conservent la trace...

Très souvent, Thyssen décide de mobiliser d'un seul coup les troupes de choc de Remmert. Alors des collègues qui viennent de faire leurs huit heures d'un boulot éreintant sont réexpédiés de Duisburg à Oberhausen ; le shérif vient les chercher sous la douche et les renvoie faire un poste supplémentaire. Il arrive aussi que l'on tire les gens du lit par téléphone et qu'on leur demande de revenir au boulot, alors qu'à bout de force, ils viennent de s'enfoncer dans leur premier sommeil. Presque tous disent — même les plus jeunes, même les plus costauds — qu'au-delà de quinze à seize postes par semaine on ne tient plus le coup. Quand on finit, après des semaines à ce régime-là, par avoir un week-end libre, on le passe tout entier à dormir comme une souche. Prenons par exemple le jeune F. : il fait ses deux postes d'affilée presque tous les samedis et tous les dimanches. Il ne se rebiffe jamais, ne se plaint jamais. Il va se faufiler dans les trous les plus infects sans jamais renauder, se brûle les mains à curer des couches de graisses fétides et bouillantes, enlève la suie sur les machines — toujours maculé des pieds à la tête... Il a aussi toujours l'air un peu absent, son visage fait vieux — tout en paraissant comme illuminé par une flamme intérieure. Il ne lui arrive que rarement de former une phrase cohérente. Il est l'aîné d'une famille de douze enfants dont seulement quatre ne vivent plus à la maison. Il vit donc avec ses parents et ses sept autres frères et sœurs dans un appartement de cent mètres carrés. Il a toujours faim. Si quelqu'un ne finit pas son sandwich, il est toujours là pour l'aider. Il ne garde pour lui que cent marks sur son salaire mensuel, le reste sert à aider sa famille à joindre les deux bouts.

Quand quelqu'un se plaint du boulot, il est toujours le premier à dire : « Estimons-nous heureux d'avoir du boulot ! » Ou encore : « Moi, de toute façon, je fais tout ! » Le jour où un contrôleur de Thyssen nous découvre en train de faire une pause « sauvage », il est bien sûr le seul qui a continué à bosser — et il a droit aux compliments du cerbère.

Il nous confie que son record de boulot en continu est de quarante heures — avec en tout et pour tout cinq à six heures de pause. Quelques semaines auparavant, encore, il a fait vingt-quatre heures de suite. Il ne cesse de fouiller dans les corbeilles à papier et les bennes à ordures, y ramassant les gants de travail jetés par les gens de Thyssen. Même les gants dépareillés l'intéressent. Il finira bien un jour ou l'autre par trouver celui qui va avec l'autre. Il accumule, il accumule, il en a déjà une bonne vingtaine.

Je lui demande : « Mais qu'est-ce que tu en fais ? Tu ne vas quand même pas tous les mettre ?

— On ne sait jamais, répond-il, de toute façon, on ne nous en donne pas. Donc faut bien s'estimer heureux d'en trouver qui traînent ! T'imagines pas tout ce que je peux trouver ! Vaut mieux avoir plusieurs casques, aussi, au cas où un truc te tomberait sur la tête ! »

Il fait peine à voir. Cet air rayonnant qu'il a toujours... Il n'empêche que, quelques semaines plus tard, je le vois supplier le shérif qui vient de lui demander de « doubler » pendant le week-end : « J'en peux plus ! Pas aujourd'hui, j'arriverai pas !

— Comment ça, tu l'as bien toujours fait !, rétorque le shérif.

— Oui, mais pas aujourd'hui, vraiment, je vous en prie...

— Bon, bon, je m'en souviendrai. Jusqu'à présent, on pouvait compter sur toi... »

Je vais trouver F. et le félicite : « C'est bien que t'as dit non. Tu tiens plus debout ! »

C'est vrai, il est au bout du rouleau : tout juste s'il peut encore faire deux pas. Il est pâle comme un mort et il a les mains qui tremblent.

Un autre collègue raconte que, l'année précédente, il a bossé avec son équipe pendant tous les congés de Pâques, soit trente-six heures d'affilée : « Remmert avait été chargé de nettoyer une chaîne de peinture chez Opel à Bochum. Il fallait absolument avoir fini avant que les peintres reprennent le boulot, le mardi de Pâques à six heures... »

Mais ce marathon chez Opel n'est pas son record absolu : « Il y a deux ans, on bossait à la construction d'un centre sportif près de Francfort. Avec l'équipe qui s'est retrouvée là-bas, on a fait dans les cinquante heures de suite. On était morts. »

Hermann T., un Allemand, 35 ans environ, est l'un des « bouffeurs d'heure » les plus acharnés de chez Remmert. Cela se voit d'ailleurs. Il a le visage blafard, tirant sur le gris. Il est maigre comme un clou, complètement lessivé. Longtemps chômeur, il est l'un des rares à s'estimer heureux de pouvoir trimer jusqu'à épuisement complet. Depuis qu'il a été embauché — en février 1985 —, il n'a pas arrêté de travailler comme un possédé. Il affirme avoir atteint les 350 heures en avril 1985. *Idem* en juin où il a « ramassé toutes les heures », atteignant, dès le 25 du mois, les 300 heures. « Et le mois n'est pas fini ! », précise-t-il, avant d'ajouter : « La semaine dernière, j'ai fait quatre postes d'affilée, le vendredi et le samedi. Je suis arrivé en même temps que vous chez Thyssen le vendredi à 6 heures du matin et je suis ressorti le samedi à 14 h 15... »

Ce type de marathon n'a rien d'exceptionnel pour Hermann. Il constitue bien évidemment une infraction flagrante aux dispositions légales sur la durée du temps de travail, mais on fait passer la chose en l'envoyant chaque fois dans un coin différent de cet immense chantier que constituent les usines Thyssen :

« Vendredi matin, j'étais à Ruhrort, dans un petit atelier qu'il fallait nettoyer avec les aspirateurs industriels. A midi, je suis passé à Oxy I. Avec l'équipe de nuit, j'ai travaillé à la centrale de Voerde et le samedi matin, je suis revenu à Ruhrort. »

Il ajoute qu'il est rentré chez lui dans un état second, vidé, les jambes en coton : « J'ai mangé un peu, mais je n'avais pas vraiment faim et, avant de me mettre au lit, j'ai dit à ma femme de me réveiller à huit heures et quart, parce que je voulais voir le film à la télé. Mais rien à faire, j'ai roupillé sans arrêt jusqu'à samedi midi, comme ça, d'une seule traite. »

Il raconte son passage chez Thyssen : « Seize heures, douze heures, treize heures par jour, tous les samedis, tous les dimanches, tous les jours fériés — sans arrêt. A Pâques, à la Pentecôte aussi, et ça y allait ! Ils avaient arrêté le haut fourneau, il fallait tout nettoyer — on en a fichu un sacré coup, par tous les temps. Complètement trempés, le plus souvent. Une équipe de dix à quinze types de chez Remmert et puis des gens de chez Adler aussi. En tout, ça a duré presque cinq mois.»

Sezer O., un Turc de 44 ans, affirme détenir le record de durée pour un seul poste. C'était lors de la construction du métro à Munich. Avec son équipe, il a fait soixante-douze heures de suite dans un puits. Les gars s'endormaient sur place pendant leurs pauses d'une demi-heure. Il se rappelle qu'il y a eu beaucoup d'accidents pendant ce marathon et que ce sont exclusivement des immigrés qui en ont été victimes.

J'ai vu plus d'une fois le shérif nous contraindre purement et simplement — en termes juridiques cela s'appelle une atteinte à la liberté individuelle — à «doubler». Exemple : nous sommes déjà dans le bus pour retourner au point de rassemblement, complètement crevés. Certains se sont déjà endormis sur leur siège. Mais le contremaître arrête le bus et fait, comme s'il s'agissait de la chose la plus naturelle du monde : «Allez, on continue! On "double"!»

Certains protestent, ils veulent rentrer chez eux, ils sont vraiment morts.

Le shérif hausse le ton : c'est Thyssen qui exige qu'on continue.

Un collègue algérien — appelons-le T. — insiste pour rentrer chez lui. Il est licencié sur-le-champ. On le fait sortir du bus et on l'abandonne sur place. A lui de se démerder.

Voici, mot pour mot, le dialogue qui avait précédé :

LE SHÉRIF : «Faut continuer, jusqu'à dix heures du soir.

LE COLLÈGUE ALGÉRIEN : Mon cul. J'suis pas un robot, moi!

LE SHÉRIF : Ça vaut pour *tout le monde*; tu restes toi aussi!

LE COLLÈGUE ALGÉRIEN : Je peux pas. Faut que je rentre chez moi, c'est urgent.

LE SHÉRIF : Alors c'est pas la peine de revenir. C'est l'état d'urgence, un point c'est tout !

LE COLLÈGUE ALGÉRIEN : Mais il *faut* que je rentre chez moi !

LE SHÉRIF : Alors tu peux y rester. Pas la peine de revenir demain... Dégage. C'est fini pour toi, ici. Définitif. »

Puis il ajoute, à l'intention des autres qui se taisent, de peur de perdre leur boulot : « Pour demain aussi, il me faut quarante gars ! Ordre de Thyssen ! Qu'est-ce que vous croyez, moi aussi j'aimerais bien rentrer à la maison, mais on ne me demande pas mon avis non plus ! J'avais un rendez-vous cet après-midi chez le dentiste, pour mes couronnes, eh bien j'y serai pas ! C'est tout. Et alors ? A la guerre, c'est encore bien pire, non ? »

Plutôt faire le sourd...

Nous faisons la pause dans l'un des immenses couloirs sombres et désertiques de l'atelier de frittage n° 3. Un contremaître de chez Thyssen fait son apparition, accompagné de son chef d'équipe. Ils viennent voir quelle quantité de boue et de poussière de fritte nous avons déjà déblayée car l'installation ne pourra redémarrer que lorsque nous aurons fini.

L'allure orientale de Youssouf rappelle au tout jeune contremaître des souvenirs de vacances et éveille en lui la nostalgie de ces beaux jours : « Tu es tunisien ? » lui demande-t-il. Youssouf répond par l'affirmative.

« Super, comme pays, fait le contremaître. J'y retourne cette année avec ma femme, pour les vacances. Vraiment l'idéal pour se reposer. Et beaucoup moins cher qu'ici, hein ! »

Youssouf lui adresse un sourire amical, reconnaissant, même : c'est si rare qu'un supérieur, un Allemand, condescende à évoquer avec un immigré d'autres problèmes que ceux du boulot et que, de surcroît, il s'exprime en termes favorables sur son pays d'origine. Youssouf lui dit que ses parents ont une maison tout près de la mer, lui dit où et l'invite à aller les voir quand il sera en Tunisie. Le contremaître ne se fait pas prier :

« Ça tu peux être sûr, je vais y aller ! En plus, faudra que tu me passes deux ou trois adresses. Tu vois ce que je veux dire, hein ! Ça y va pour la baise, chez vous, hein ! Ça coûte combien, en ce moment, pour tirer son coup ?

— J'en sais rien, fait Youssouf.

— Allez, pour vingt marks, on peut avoir tout ce qu'on veut, dans ce pays ! » rétorque le contremaître.

A l'évidence atteint dans son honneur, Youssouf répond brièvement : « Aucune idée. » Mais le contremaître, très en verve, insiste lourdement ; le majeur glissé entre le pouce et l'index il poursuit :

« Dis donc, c'est quand même quelque chose les femmes, chez vous, des vraies chattes en chaleur, hein ! Suffit de leur enlever le voile, et ça y va... T'as pas de sœur, toi ? Ou alors elle est trop jeune ? C'est que vous traînez pas pour les marier, vous... »

Youssouf essaie de détourner la conversation pour que ses collègues ne remarquent pas trop à quel point il est humilié :

« Mais vous allez avec votre femme, là-bas !, fait-il.

— Bof, aucune importance, fait le contremaître. Elle passe

ses journées à se bronzer sur les plages, elle n'y voit que du feu ! Un hôtel super, le même que notre Intercontinental. A peine plus de 2000 marks pour deux semaines. Tout compris, le service et *tutti quanti*. Une fois, on a fait un tour dans un autre pays, dans le coin là, dis voir, comment ça s'appelle déjà ?

— Le Maroc ? suggère poliment Youssouf.

— Oui, c'est ça, le Maroc, ça m'avait échappé. Là-bas aussi, ils ont des super-nanas... A propos, c'est quoi que vous parlez là-bas ? L'espagnol ? »

Youssouf craque : « Non, arabe, fait-il. Excusez-moi, faut que j'aille aux WC. »

Le chef d'équipe vient s'asseoir près de nous et continue à s'abandonner à ses rêveries et nostalgies vacancières. Il s'étire : « Ah, si je pouvais être à la mer maintenant ! Pas besoin de bosser, le soleil, rien que le soleil ! Et puis les femmes, rien que des femmes... »

Il se tourne vers moi : « Dis donc, c'est vrai que chez vous, en Anatolie, une femme ça coûte le même prix qu'une chèvre ? »

Je me contente de détourner la tête, mais il insiste :

« C'est pas vrai ? Alors dis-moi, comment tu l'as dégottée toi, ta mousmé ?

— Les Allemands, y croivent toujours que tout s'achète, répond Ali. Mais les plus beaux choses du monde, c'est pas avec l'argent qu'on l'a. C'est pour ça que les Allemands, y sont pauvres, même si y ont plein de fric ! »

Le contremaître se sent attaqué, et il me rend aussitôt la monnaie de ma pièce : « De toute façon, j'en voudrais pas pour un empire, de vos poules de harem ! Elles se lavent jamais, elles puent la bête ! Faudrait commencer par les récurer à la brosse à chiendent. Et puis quand on a fini de les déshabiller, de leur enlever leur déguisement et tout le toutim, ça fait déjà un moment qu'on bande plus, hein ! »

Un peu plus tard, Youssouf me prend à part et me dit : « Tu vois, c'est pas une bonne chose qu'on a appris l'allemand, qu'on peut parler avec eux. Ça fait que des histoires. Le mieux, c'est de faire le sourd ! »

Il me donne l'exemple de jeunes ouvriers tunisiens qui, à force de faire ce genre d'expérience et de subir ce type d'humiliation, ont délibérément arrêté d'apprendre l'allemand : « Comme ça, ce que raconte le chef d'équipe, on s'en fout, on dit toujours "oui chef !", et comme ça, pas de discussion ! »

Les murs des toilettes des usines Thyssen sont souvent constellés de slogans et d'invectives xénophobes. Les murs de l'usine aussi — et personne ne songe à effacer ces graffiti. Quelques exemples, entre cent, de cette littérature de pissotière, relevés aux ateliers Oxygène I :

« Pourquoi les cercueils turcs ont des trous ? — Pour que les vers puissent dégueuler ! »

Un peu plus loin, une inscription à la peinture sur le mur de la cantine :

« LES TURCS DEHORS ! L'ALLEMAGNE AUX ALLEMANDS ! »

A côté, un ami des bêtes a eu le bon goût de coller un autocollant représentant un panda ; on peut y lire : « Protégez les espèces menacées ! » Vingt mètres plus loin, une inscription en énormes caractères : « MORT AUX TURCS ! » Inscription que l'on retrouve dans les toilettes du laminoir à froid, dans le secteur de l'atelier de zingage... J'en ai relevé un certain nombre, un peu passées, ce qui prouve qu'elles sont là depuis pas mal de temps :

— *Plutôt cent rats dans son lit qu'un Turc dans la cave!*

— *Pendez tous les Turcs et toutes les Allemandes qui sortent avec eux!*

Autre écriture :

— *Turcs de merde, on vous pendra par les couilles!*

— *Butons toutes ces saloperies de Turcs!*

Autre écriture encore :

« Je suis fier d'être allemand
L'Allemagne aux Allemands! »

Et plus loin :

« Mieux vaut un salaud de SS qu'une salope de Turc!

« Maintenant les Turcs ont le droit de se balader avec un couteau sur eux — mais dans le dos seulement! »

Propos entendus à l'heure de la pause

Nous travaillons avec trois Allemands, Michael (34 ans), Udo (26 ans) et Alfred, le « porte-parole » (53 ans). Ils se retrouvent dans un sous-sol, dans le secteur du slabbing, où ils ont disposé une planche sur deux fûts et s'installent pour boire et fumer. Ali s'est assis en face d'eux sur un journal turc (*Hürriyet*, soit « liberté » en turc) et est donc condamné à entendre leur conversation. Leurs voix sont sans cesse couvertes par le fracas des morceaux de fonte qui viennent s'écraser par terre.

ALFRED : « Crois-moi, du temps de Hitler, si un type volait un camarade, ne serait-ce qu'un bouton de culotte, on le collait au mur et terminé. Ça, tu peux me croire. Il méritait pas mieux, de toute façon. Le gars qui vole un copain, faut soit le lyncher, soit le fusiller. C'est comme ça qu'il faut voir les choses! On ne fauche rien aux collègues, c'est tout!

ALI : Mais si c'est chef qui te fauche... ?

ALFRED : Rien à voir, mais celui qui fait une grosse crasse à un copain ou lui pique quelque chose...

ALI : Mais si le chef il aurait piqué, on l'aurait fusillé aussi ?

ALFRED (*légèrement menaçant*) : T'aurais vu, si t'avais été là, au temps de Hitler, y avait de l'ordre en Europe !

ALI : L'a fusillé plein de gens ?

ALFRED : T'aurais vu ça, si t'avais été là...

UDO : C'est vrai, à l'époque, les vieux, ils pouvaient encore sortir dans la rue !

ALFRED : Ça c'est vrai, à l'époque, une mémée de soixante-dix ans, elle pouvait sortir dans la rue, en pleine nuit, avec dix mille marks en poche, il lui arrivait rien !

ALI : Si elle aurait tant d'argent, elle s'aurait pas baladé à pied, l'aurait pris le taxi...

ALFRED : Tiens, mon vieux, l'habitait une grande ville, très grande, Leipzig, la ville des foires... C'est de là qu'on vient. Eh bien l'avait une moto, une auto, un vélo. Le vélo, y restait toute l'année dans la cour, y restait là à prendre la rouille, et quand il était foutu, il en achetait un autre. Y restait dans la cour aussi. Personne serait venu le voler...

ALI : Bien sûr, un vélo foutu...

ALFRED (*essayant de faire appel à ma conscience, comme si tous les immigrés étaient, de toute façon, des voleurs potentiels*) : Ecoute bien ce que je te dis là, mets-toi ça dans le ciboulot !

ALI : Quoi donc ?

ALFRED : Ce que je te dis sur la fauche, la choure, tout ça ! Tu sais, avant, c'était pas comme maintenant, tout le monde avait pas sa machine à laver automatique et tout le tremblement ! Nous, par exemple, on avait une blanchisseuse, Mme Müller, vu qu'on avait un commerce et qu'il fallait s'en occuper. Eh bien tous les mois, elle faisait la grande lessive, Mme Müller. En hiver, elle étendait le linge au grenier, en été dans la cour. Tout le linge était là, étendu dans la cour, les draps et tout le reste. Eh bien, tu crois qu'on nous aurait fauché quelque chose ? Jamais ! Pas même un mouchoir !

ALI (*tourné vers les autres*) : Qu'est-ce qu'y me veut, avec ses mouchoirs de merde, moi je prends les Kleenex !

ALFRED (*impavide*) : Pas un mouchoir, rien !

ALI : Mais c'était pas un très bon époque pour les étrangers, si ?

ALFRED : Ecoute, ce qui est sûr, c'est qu'y avait encore de l'ordre et de la discipline en Allemagne !

ALI : Mais les juifs, les avez zigouillés, non ?

ALFRED : La ramène pas, avec tes juifs ! Moi, ce que je sais, c'est qu'on nous a inculqué le respect des vieux, à cette époque, on nous a bien fait rentrer ça dans le crâne, à l'école, à la maison. Dans le tram, pas question qu'un gamin de mon âge aille s'asseoir ! On nous avait fourré ça dans la tête, fallait laisser la place aux personnes âgées, ça allait de soi.

ALI : Tu veux dire, l'État, le gouvernement, l'était meilleur que maintenant ?

ALFRED : Bon, c'était une vraie dictature, une dictature intégrale, mais je m'y sentais mieux que maintenant — avec tout ce merdier qu'on a aujourd'hui...

ALI : Mais pourquoi les avez tous bousillés, les juifs ?

UDO (*voulant souffler la réponse à Alfred*) : Parce qu'y zétaient étrangers.

ALFRED : Pourquoi ? Tu veux savoir pourquoi ?

ALI (*jouant les andouilles*) : Oui, oui !

ALFRED : Hitler a fait une erreur, pas deux. Il aurait dû se débrouiller pour vivre cinq ans de plus pour qu'il ne reste plus un juif, plus un seul. Le juif, dès qu'il pointe le bout de son nez, tout commence à aller de traviole. Où que ce soit, qu'il soit riche, pauvre, c'est la même chose. Mais les juifs riches, c'est pas ce qui manque, hein, les Rockfeller, les Morgenthau, etc. Toujours, c'est eux qui ont mis la pagaïe partout, ils sèment la zizanie, la terreur. Ils ont le fric, ils contrôlent tout, la recherche scientifique et le reste, ils ont le droit de vie et de mort sur tout le monde — c'est ça, les juifs. Alors tu vois, si Hitler avait tenu le coup encore cinq ans, si les choses avaient bien tourné pour lui, on en serait débarrassé, de ces cocos-là, y en aurait plus un, plus un seul, tu m'entends !

ALI : Mais les Tziganes aussi, les avez zigouillés...'

MICHAEL : Oui, tous ceux qui n'étaient pas racialement allemands, il les a liquidés. N'a gardé que les Allemands de race !

UDO : D'accord, mais faut pas tout lui mettre sur le dos !

ALI : Et moi, m'aurait liquidé aussi ? »

Pas de réponse.

ALFRED : « Tiens, tu sais qui a commencé, avec ces histoires de camps de concentration ? Sans déconner, hein... (*et, haussant le ton, il répond à sa propre question*) : Les Anglais !

UDO : Les Américains, les Américains ! C'est eux qui ont commencé !

ALFRED (*campant sur ses positions*) : Non, les Anglais, les Anglais ! C'est Churchill, Churchill, quand il était lieutenant dans l'armée anglaise — pendant les guerres coloniales, tu sais, l'était lieutenant — enfin « Sargent ».

MICHAEL : N'empêche, Hitler aurait pas dû faire ça...

ALFRED : Et tu sais ce qu'il a fait, Churchill ?

MICHAEL (*campant, lui aussi, sur ses positions*) : Non, quand même, l'aurait pas dû faire ça...

ALFRED : Churchill, tu sais, il a été sur les deux fronts...

MICHAEL : Non, quand même, je te dis, l'aurait pas dû...

ALFRED (*l'interrompant*) : Churchill, hein, et les Anglais, c'étaient des colonialistes, y nous ont fauché l'Afrique du Sud-Ouest... Y se sont pointés comme ça et... les Boers, hein, t'as entendu parler des Boers ? Eh bien, il les a pris, les Boers, les femmes, les enfants, tout le monde, il les a enfermés dans des camps, sous des tentes, en plein désert — et il les a fait crever, tous autant qu'y étaient...

MICHAEL : D'accord, c'était pas joli non plus... Mais n'empêche, Hitler, c'est le plus grand assassin de tous les temps, c'est lui qui a tué le plus de monde...

ALFRED (*troublé de se trouver contredit par son copain Michael, se retourne contre Ali*) : Ecoute, t'es pas un con, toi ?

ALI : Ben, ça dépend...

ALFRED : C'est quoi, la différence entre un Turc et un juif ?

ALI : Pas de différence. Tous les hommes pareils !

ALFRED (*triomphant*) : Mais si ! Pour les juifs, le plus dur est déjà fait ! »

Udo demande la parole. S'adressant à Alfred :

« Ah, j'en connais une bien meilleure !

ALFRED : Raconte !

UDO (*s'adressant à moi*) : Combien il tient de Turcs dans une coccinelle Volkswagen ?

ALI : Sais pas.

UDO : Vingt mille. Tu sais comment ?

ALI : Non, mais si tu le dis...

UDO : Alors, tu sais pas ?

ALI : J'aime mieux pas.

UDO : C'est pas compliqué : deux devant, deux derrière, et le reste dans le cendrier !

ALFRED (*froidement*) : Très drôle. Ça fait déjà longtemps qu'elle me fait plus rire. Je l'ai entendu cent fois. Mais écoutez la dernière : un gamin, un Turc, se balade avec un berger allemand. Il croise un Allemand. L'Allemand demande : "Mais où est-ce que tu vas, avec ton cochon ?" — "Mais c'est pas un cochon, fait le Turc, c'est un vrai berger allemand, l'a même un pedigree !" Alors l'Allemand fait : "Ta gueule, toi, je t'ai rien demandé, non ?" »

Tempête de rire, Alfred et Udo sont écroulés.

Michael intervient : « C'est pas bien que vous racontiez ça quand Ali est là. Pourrait le prendre de travers...

ALI : Trouve pas ça drôle. Comme les blagues juives... (*A Alfred*) Vous les Allemands, devez pas avoir beaucoup raisons de rire pour faire toujours les blagues contre les autres...

ALFRED (*en rogne*) : On a bien le droit de rigoler, non ! Et puis, vous, vous mêlez pas de nos affaires, sinon, c'est pour de bon que vous aurez plus envie de rigoler ! (*Puis d'un ton de défi*) Tu connais le Dr Mengele ?

ALI : Oui, le grand tueur, était dans le camp de concentration...

ALFRED : Eh bien, tu sais, Mengele, il était pas si fou que ça. Tiens, par exemple, il a pas pris de Turcs pour ses expériences. Et tu sais pourquoi ? »

Je préfère faire celui qui n'a pas entendu.

ALFRED : « Parce que (*il me jette un regard chargé de haine*) parce que vous êtes tellement des bons à rien, que justement il aurait rien pu tirer de vous, même pour ses expériences !

MICHAEL : Moi, franchement, quand j'entends raconter ce qu'on a fait à cette époque-là, j'ai honte d'être allemand !

ALFRED (*content de lui*) : Mengele, il prenait les gars, il les mettait dans la glace et il regardait combien de temps ils tenaient le coup... »

Puis, s'adressant à moi :

« C'est quoi, au juste, ta nationalité ? T'es pas vraiment turc, non ? Ta mère, elle est à moitié nègre, non ?

ALI : Ma mère, l'est grecque, mon père l'est turc.

ALFRED : Bon, mais maintenant, qu'est-ce que t'es ? Turc ou grec ?

ALI : Les deux. Un peu allemand aussi. Parce que depuis dix ans, suis ici.

ALFRED (*s'adressant aux autres*) : Vous l'entendez, ce con-là ! Il s'imagine qu'il est tout à la fois ! C'est comme ça, hein, quand on commence à embrouiller les races ! Après, on sait plus ce qu'on est. Regardez sa gueule, un vrai apatride ! C'est des trucs de cocos, ça ! De toute façon, ça grouille de cocos, dans son pays ! Ça devrait être interdit, des histoires comme ça ! Tiens, tu sais ce qu'ils ont fait chez Mannesmann[3] ? Tous les Turcs à la porte ! Nous aussi, chez Remmert, on a des Turcs, tous bons à mettre au four, hein, suffit de les voir, t'as déjà les boules... Tiens, y en a un, hier — y me gonfle, celui-là, j'l'ai dans le collimateur —, si tu t'actives pas, je lui dis, je vais te botter le cul, moi, et tu vas retourner dans ton trou !

MICHAEL : Qu'est-ce que tu veux faire ? Ils ont bossé ici (*à moi*), — *vous* avez bossé ici quand on avait besoin de vous, et puis, hop, terminé —, plus besoin de vous ! Mais le problème, c'est que vous êtes là... Qu'est-ce qu'on peut faire, hein ?

ALI : On a pas venus tout seuls. On a venu nous chercher, non ? Venez, venez !, y disaient, on a besoin de vous, beaucoup d'argent à gagner...

---

3. Grand trust sidérurgique de la Ruhr (N.d.T.).

MICHAEL : Ouais, c'est vrai, quoi. Faudrait les dédommager...

UDO : Regarde un peu comment y font chez Mannesmann !

MICHAEL : Y a tellement de chômeurs, en ce moment... Nous aussi on est en pleine crise.

UDO : Chez Mannesmann, ils ont dit tout de suite : voilà, on vous donne une aide au retour, 10 à 30000 marks par tête de pipe...

ALI : Oui, mais si tous les immigrés partiraient maintenant, vos retraites, tout ça, ça serait foutu. Si nous on ramasse notre fric, plus rien pour vos retraites !

ALFRED : Arrête tes conneries ! Y a quand même pas tant de Turcs que ça !

ALI : Un million et demi, quand même. Si se tirent tous, ça fait la ruine pour vous !

ALFRED : Tu sais comment ça se passe en Suisse ? Quand t'es immigré, en Suisse, t'as un contrat de travail de onze mois. Le douzième, c'est les vacances, tu rentres chez toi. Et quand t'es en vacances chez toi, ils t'envoient une lettre où ils te disent si tu peux revenir bosser ou si tu peux rester là-bas. Voilà, c'est comme ça que les Suisses ont réglé le problème. C'est à ce moment-là qu'ils décident si tu peux revenir ou si tu vas rester dans ton trou à garder tes chèvres...

L'odyssée de Mehmet

Mehmet est un homme d'un certain âge dont le calme m'a toujours impressionné. C'est avec une patience presque stoïque qu'il se charge des boulots les plus durs — les plus dangereux aussi. Il est gentil, aimable, il a quelque chose de profondément paternel, avec ses cheveux gris, son visage rond, un peu fripé… J'ai eu un choc en entendant Klaus, un employé de Remmert, dire un jour que Mehmet venait tout juste d'avoir quarante-neuf ans. Moi qui pensais qu'il en avait soixante…

Un jour, Mehmet part en congé pour cinq semaines en Turquie.

« Vous avez tellement de congés, chez Remmert ?, demandé-je aux copains, nous, chez Adler, c'est pas possible, si on demande cinq semaines, comme ça, pour congé, c'est à la porte, tout de suite !

— Chez nous non plus, c'est pas possible, en principe ; seulement Mehmet, il a eu trois accidents en un an. Alors le boss lui a fait une fleur. »

J'aimerais bien en savoir plus. De l'avis général, c'est de trois accidents graves que Mehmet a été victime.

Le premier, ce n'était pas encore chez Thyssen, mais dans la fastueuse villa de Remmert, à Mülheim : Mehmet et un ouvrier allemand étaient en train d'installer un sauna à la cave. Il fallait qu'ils creusent le sol, qu'ils démolissent quelques murs…

« C'est là que c'est arrivé, raconte un collègue. L'autre gars, l'Allemand, était en train de creuser quand Mehmet s'est aperçu qu'un mur allait lui dégringoler dessus. Il l'a tiré vers lui (sinon le type y serait peut-être resté), mais Mehmet a ramassé le mur en plein sur l'épaule gauche. »

En lui faisant une radio, on s'est aperçu qu'il souffrait de fractures multiples et le médecin l'a déclaré handicapé à 46 %.

Mehmet a dû rester à l'hôpital plus de deux mois. Remmert ne lui a donné ni dédommagement ni pension. En revanche, en bon marchand d'esclaves qu'il est, il lui a promis de lui trouver du boulot chez Thyssen.

Un jour de février, donc, en pleine alerte à la pollution et par un froid de loup, Mehmet reprend du collier. A l'atelier de frittage, il dérape sur le verglas et, essayant instinctivement de protéger son bras blessé, fait une mauvaise chute sur l'autre. Il se luxe l'épaule et il faut lui mettre un plâtre. A peine rétabli, Mehmet (qui a à sa charge une femme et trois enfants dont l'un est gravement handicapé de naissance) reprend le boulot. Il aligne les postes de nuit les uns après les autres. Un jour, après quatorze nuits d'affilée, Mehmet va se coucher, mort de fatigue. Deux heures plus tard, le téléphone sonne chez lui, il faut qu'il aille faire l'équipe de jour. Mehmet y va. Le soir, à huit heures, Mehmet veut aller se coucher, mais le chef dit : « Pas question, Mehmet peut aller bouffer, mais après, il faut qu'il revienne à la boîte, pour l'équipe de nuit. » Mehmet revient.

Mehmet travaille dans un souterrain, il y cure des canaux d'écoulement dans lesquels se déverse en permanence du métal en fusion ; des nuages de vapeur s'élèvent, on n'y voit pas à deux pas. Epuisé, au bout du rouleau, Mehmet pose le pied dans un trou et tombe. On le conduit à l'hôpital. On diagnostique une déchirure des ligaments. Mehmet subit deux opérations, mais sa jambe n'est toujours pas vraiment rétablie. Il continue tout de même à travailler. A son retour de congé, il me dit : « Qu'est-ce que je peux faire, hein ? Faut bien travailler. Les enfants, les dettes... »

Il est difficile d'avoir une conversation suivie avec lui. Quelques jours après son retour de vacances, il est déjà crevé, surmené. Il ne découpe le temps qu'en termes d'équipes, de postes, oublie tout de ce qui a pu se passer pendant des mois entiers

— si ce n'est qu'il faisait particulièrement froid, que le boulot chez Thyssen était particulièrement dégueulasse, etc. Il vit en République fédérale depuis 1960, mais continue à ne parler que des bribes d'allemand. Son incessant combat pour la survie ne lui a pas laissé le temps d'apprendre à parler correctement notre langue[4]. De toute façon, ce qu'on lui demande. ce n'est pas de causer mais de bosser.

Mehmet s'échine à réaliser le rêve vertueux de tous les Allemands : s'installer, donner un foyer à sa famille dans son pays d'adoption.

Il raconte que pendant les dix premières années qu'il a vécues en Allemagne, il n'a fait que parcourir le pays en tous sens, prenant les boulots qu'on lui proposait. Ce n'est qu'en 1970 qu'il a fini par trouver un emploi stable, chez Thyssen, à Duisburg. Il y conduisait un chariot élévateur.

«Je gagnais dans les 1600, 1700 marks net, en faisant les 3 x 8. En plus, je travaillais à côté, dans la sellerie automobile...»

Mehmet économise pendant des années, obtient des crédits bancaires et finit par pouvoir s'acheter une petite maison complètement décrépite, à Duisburg-Mettmann. «Si j'avais gardé mon boulot chez Thyssen, elle serait entièrement payée maintenant», note-t-il. Son chef d'équipe, malheureusement, vient bousculer ses modestes prévisions :

«C'était en 1980, j'allais partir en vacances. Le chef d'équipe arrive, et fait à tous les Turcs : "Rapportez-moi chacun un tapis de Turquie, mais un vrai, hein!" Alors moi je lui dis : "Ecoute, chez nous, un vrai tapis, de bonne qualité, ça coûte

4. Il a fallu que je demande à un collègue turc de nous servir d'interprète (N.d.A.).

au moins 5000 marks. C'est trop cher pour moi !'' Alors lui il répond : ''Ecoute un peu, si tu ne m'en rapportes pas un, tu vas la sentir passer quand tu rentreras !'' »

Quand Mehmet revient de Turquie, le chef d'équipe se met à le brimer à longueur de journée, l'affectant aux tâches les plus difficiles, histoire de le « punir » d'avoir oublié son « cadeau ». Un beau jour, il le convoque à son bureau...

« Je vais dans son bureau, raconte Mehmet, il m'engueule un peu, moi, je ne dis rien. Trois heures plus tard — je suis en train de bosser —, un type des services de sécurité de la boîte arrive, me demande de venir avec lui et m'annonce que je suis fichu à la porte. Paraîtrait que j'aurais frappé le chef d'équipe. Mais c'est pas vrai, bien sûr. »

Mehmet est donc licencié sur-le-champ — après dix ans de bons et loyaux services — sans que les faits soient le moins du monde établis. Le chef d'équipe s'est bien gardé de porter plainte — pour coups et blessures, par exemple — contre lui. Mais comme l'administration de Thyssen a indiqué qu'il avait été licencié pour « voies de fait contre un collègue », l'inspection du travail refuse de le défendre. Il avait pourtant produit des témoins, y compris des Allemands, qui avaient été unanimes pour dire que le motif invoqué ne tenait pas debout.

« Ç'a a vraiment été un choc, toute cette histoire, se souvient Mehmet. Je me suis mis à courir dans tous les sens pour trouver un nouveau boulot. Pendant deux, trois mois, je n'ai rien trouvé. Puis, à la fin, quand même, j'ai dégoté quelque chose dans une boîte qui fabriquait de l'aggloméré, à Duisburg-Homberg. Comme conducteur de chariot-élévateur, encore. J'y suis resté cinq mois, tout était OK, pas de problème. Et puis un jour, je reçois un télégramme m'annonçant que ma mère est morte. Je vais trouver le chef, je lui demande si je peux avoir une semaine de congé, pour aller à l'enterrement. Mais il me répond : "Comment ça, tu ne crois quand même pas qu'on peut partir en vacances au bout de cinq mois de boulot!" J'ai beau insister : "Mais c'est ma mère qui est morte!", il ne veut rien savoir : "Ça, c'est pas mon problème!" fait-il... Je suis parti quand même, et quand je suis revenu, à la porte ! »

Mehmet reste en plan avec ses dettes sur le dos, il repart en quête de travail — en vain. Trois mois de chômage, encore.

« Alors j'ai passé mon permis de conduire poids lourds, j'ai envoyé des lettres partout. J'ai fini par trouver un boulot de livreur dans une petite boîte ; je gagnais pas grand-chose. Et puis deux jours après, je reçois une convocation de l'entreprise Rheinperle. J'y avais déjà travaillé, je réparais des bâches pour les camions. Je vais trouver le chef, il me dit : "Tu peux commencer tout de suite, comme conducteur de chariot-élévateur. Après, on te fera peut-être conduire des camions." J'y suis resté quatre ans. »

Une « meilleure » proposition incite Mehmet à changer de boîte : on lui propose 13 marks de l'heure chez un transporteur routier de Düsseldorf.

« En plus de ça, ajoute-t-il, je touchais 18 marks pour les frais. J'y suis allé tout de suite, bien sûr. »

Mais au bout de cinq mois, Mehmet est viré : « Licenciement économique. »

«J'ai recommencé à courir dans tous les sens. Je vais à l'Agence pour l'emploi, on me dit : "Y a rien, reviens dans trois-quatre mois." J'ai recommencé à demander dans les boîtes, partout. Et puis un jour un voisin me dit : "Va voir chez Remmert, ils ont besoin de conducteurs." Je demande : "C'est où chez Remmert ?" Il me dit : "Va demander chez Mannesmann !'' Je vais chez Mannesmann, tous les jours, pendant une semaine, attendre le chef de chez Remmert. Mais impossible, il est jamais là. Et moi, je suis là à poireauter, à la porte 4, pendant des heures et des heures. Finalement, je demande à un soudeur : ''C'est où le bureau de chez Remmert ?'' ''A Oberhausen'', il me fait. Je file à Oberhausen, j'y arrive vers trois-quatre heures. Alors le chef d'équipe me dit : ''C'est bon, tu peux commencer tout de suite, mais je te préviens, chez nous, c'est un boulot dur, dégueulasse !'' Et moi : ''Ça fait rien, j'aime bosser, tant pis si c'est dur et dégueulasse. Faut bien que je gagne ma vie.''»

Ailleurs...

Adler aimerait devenir un jour « aussi gros que Remmert ». C'est son rêve.

En fait, l'écart qui sépare un Adler d'un Remmert n'est pas si grand que ça. C'est peu ou prou celui qui sépare les bas-fonds du demi-monde : si Adler, lui, vend ses « clients » en dehors de toute légalité, il arrive parfois à Remmert de travailler de façon légale.

Les affaires d'Alfred Remmert, propriétaire de l'entreprise du même nom, tournent tellement bien qu'il a pratiquement rien d'autre à faire qu'à compter ce qui tombe dans ses caisses. Il gère deux entreprises de louage de main-d'œuvre : d'une part, il emploie 170 personnes dans sa « Société anonyme de nettoyage industriel » (à laquelle Adler, à son tour, sous-traite du personnel), et, de l'autre, il fait travailler environ 660 femmes de ménage et autre personnel d'entretien dans le cadre de son « Entreprise de nettoyage du bâtiment », la SWI.

Ceux qui travaillent pour lui chez Thyssen et Mannesmann font un boulot extrêmement pénible assimilable à un travail de démolition ou de construction. Remmert les paie 11,28 marks de l'heure, soit le tarif en vigueur pour le personnel d'entretien. Ceux qui arrivent à tenir le coup plus d'un an dans cet emploi voient leur salaire horaire augmenter de 60 pfennigs. Le salaire horaire des ouvriers qualifiés du bâtiment est lui de 14,09 marks de l'heure.

Le tableau est encore plus sombre pour les trente-six immigrés que Remmert emploie dans sa « Société anonyme de nettoyage industriel ». Chez Mannesmann, par exemple, c'est à coup de fausses promesses que le chef les pousse à augmenter les cadences. Voici le témoignage de l'un d'entre eux :

« Un jour, on nous dit comme ça : "Si vous brûlez plus de 20 tonnes par jour, on vous donne deux marks de plus par tonne supplémentaire !" On a bossé comme des bêtes et, à la fin du mois, on avait brûlé 1600 tonnes supplémentaires. En tout, ça représentait un bonus de 3200 marks. Comme nous étions onze — huit Turcs et trois Allemands —, cela aurait fait 300 marks de plus par tête de pipe. On n'en a jamais vu la couleur, Remmert ne nous a pas versé un pfennig de plus. »

Yilmaz G. ajoute : « A la cokerie non plus, les "clients" de Remmert n'étaient pas contents des salaires : ils bossaient avec des tas de gars d'autres boîtes qui pour le même boulot étaient bien mieux payés. Il y avait des gars d'une entreprise de démolition de Duisburg, ils gagnaient jusqu'à 3,50 marks de plus de l'heure. »

Comme chez Thyssen, chez Mannesmann on se tape régulièrement des heures supplémentaires. Yilmaz estime que le temps de travail mensuel moyen des gars de chez Remmert, chez Mannesmann, est de 230-250 heures.

Chez Mannesmann, comme chez Thyssen, les gars sont « envoyés au casse-pipe », ils passent leur temps à bosser dans la poussière, les fumées, et les risques d'accidents sont nombreux. Voici par exemple ce que dit un délégué d'entreprise de chez Mannesmann :

« Ceux qui travaillent au décriquage, par exemple, ils bossent toute la journée courbés, dans une position très pénible. Et en plus de ça, il y a en permanence la chaleur du chalumeau. »

« C'est presque comme dans l'ancien temps, sur les galères, ajoute Ali K., si tu canes, on te balance par-dessus bord ! On avait un collègue turc, Mehmet, qui travaillait pour Remmert chez Mannesmann. Il était brûleur. Un jour, en chargeant de la fonte, il a reçu une chaîne en plein sur les genoux. Il a eu les deux jambes cassées. Il a passé dix-sept mois à l'hôpital, et peu après, Remmert l'a foutu à la porte. Quand il a été plus ou moins rétabli, il s'est pointé à la boîte et a demandé si on ne pouvait pas le reprendre et lui donner des postes de quatre ou cinq heures, vu qu'à cause de l'accident, il ne pouvait pas rester trop longtemps debout. Le chef ne l'a même pas laissé finir, il l'a purement et simplement jeté dehors. »

Remmert oblige fréquemment ses employés à « doubler », voire à « tripler » et cela entraîne presque automatiquement des accidents. Remmert, par exemple, transporte du mâchefer sur des camions à l'intérieur de l'usine. Des collègues racontent qu'il est arrivé à des conducteurs de faire trente-six heures de suite au volant de ces semi-remorques. C'est dangereux pour eux, mais aussi pour tous ceux qui circulent à pied à l'intérieur de l'entreprise.

« Quand un type passe trente-six heures au volant, on peut être sûr qu'un jour ou l'autre il finira par avoir un accident », s'inquiète Ali K.

L'entreprise Staschel (de Duisburg) — spécialisée comme Remmert dans le travail intérimaire — fournit elle aussi du personnel à Mannesmann. Elle a l'habitude d'assurer, avec les mêmes effectifs, un service le matin à la cokerie, un autre l'après-midi à la forge et enfin un troisième, la nuit, dans une annexe du laminoir à tuyaux, à Mülheim. Vingt-quatre heures d'affilée, donc, pour ses « clients ».

Ce trafic d'esclaves a fait son apparition chez Mannesmann lorsque le trust s'est mis à licencier à la pelle ses ouvriers sédentaires étrangers (turcs, notamment). L'objectif de la direction était de réduire ses effectifs de 600 personnes. Elle est allée jusqu'à offrir à certains une « aide au retour » de 40000 marks. Dans le même temps, elle faisait tout pour que ses employés allemands soient persuadés que leurs emplois étaient menacés si les immigrés ne retournaient pas chez eux. Cette « intox » a attisé les tensions dans l'entreprise ; de nombreux employés allemands se sont mis à souhaiter que les Turcs débarrassent le plancher au plus vite. Certains pensaient, par exemple, que c'était la condition pour que leurs fils qui avaient fait leur apprentissage chez Mannesmann puissent y obtenir un emploi stable. On s'est mis à imposer des tests de langue aux ouvriers turcs d'un certain âge — histoire de montrer que, ne sachant pas assez bien l'allemand, ils n'étaient pas assez qualifiés. Puis on a accentué la pression sur ceux qui, malgré tout, persévéraient à n'être pas « volontaires pour le retour » en leur imposant des horaires réduits — prélude à un licenciement dans le cadre d'un « plan de reclassement ». C'est ainsi que mille Turcs ont fini par quitter Mannesmann. Cela a été comme le signal du départ pour les Remmert et consorts qui, dès lors, ont pu faire leur trou dans cette entreprise.

Le soupçon

« Tous ceux de chez Adler, par ici ! » A la pause le shérif frappe dans ses mains, histoire de nous rameuter. « Bon, écoutez bien, monsieur Adler veut que vous veniez cet après-midi, après le boulot, à 16 heures, au café des Sports, Skagerrakstrasse. Il veut vous parler de l'organisation du travail et régler le problème de vos récriminations continuelles pour les salaires. Tâchez d'être à l'heure, parce que j'aime autant vous dire qu'il n'a pas de temps à perdre ! »

Autant de pris sur nos loisirs — sans un pfennig de dédommagement, bien sûr. Nous restons plus d'une heure à nous tourner les pouces après le boulot, puis nous nous rendons au café en question. Nous attendons un quart d'heure, une demi-heure — mais d'Adler, point.

« Il se fout vraiment de notre gueule !, fait Mehmet, rentrons à la maison. »

Ne restent finalement que le tout dévoué Wormland, chef d'équipe d'Adler, son frère Fritz (23 ans) et moi.

Installés au comptoir, nous attendons. Tout à coup, deux flics en uniforme entrent dans l'établissement, examinent à la ronde les clients — nous sommes une vingtaine. Puis l'un d'eux demande : « Vous n'avez pas vu rentrer un type, un blond d'une quarantaine d'années, un mètre soixante-dix environ ?

La Commerzbank, là, juste au coin, vient d'être attaquée, le type a fauché 40000 marks. »

Mon voisin de comptoir, un Allemand d'une soixantaine d'années — il en est à sa huitième bière — se met à ricaner doucement :

« C'est pas moi qui irais le donner, fait-il à voix suffisamment haute pour que les policiers l'entendent, si je savais où il est passé. Je ferais moitié-moitié avec lui, et je fermerais ma gueule !

— A qui appartient la Volkswagen-Passat verte immatriculée à Cologne qui est devant la porte ? », demande sans aménité le plus âgé des flics.

Je regarde par la fenêtre et vois une voiture de ronde se garer juste devant ma bagnole. Plusieurs flics en sortent et se mettent à examiner avec circonspection ma vieille chignole toute bosselée et bouffée par la rouille. Catastrophe, s'ils me repèrent, toute l'affaire tombe à l'eau ! Bien sûr, j'ai pris la précaution de déclarer la voiture à un autre nom que le mien — seulement voilà, je n'ai pas les papiers sur moi...

Avec son air passablement déglingué — pour moi, une voiture n'est pas une marque de prestige mais un objet d'usage courant, un moyen de transport — ma bagnole semble parfaitement correspondre aux clichés de l'imagerie policière : pour se balader dans un engin pareil, il faut être un pilleur de banque, et réciproquement.

Je ne bronche pas, donc, et regarde ailleurs. Mais Fritz, mon collègue de travail, me pousse du coude et fait :

« Eh, mais c'est ta bagnole, pourquoi tu leur dis pas ?

— Ta gueule, répliquai-je, j'ai pas de vignette, ils vont me coller une amende ! »

Fritz saisit tout de suite le parti qu'il peut tirer de l'embarras d'Ali :

« Tu me files cent marks ou je leur dis, moi !, fait-il en jetant un regard éloquent en direction des flics.

« Les ai pas sur moi », dis-je, et il finit par transiger sur une caisse de bière.

Entre-temps, les flics se sont mis à demander aux clients les uns après les autres s'ils ne savent pas à qui est cette voiture. Ils nous interrogent aussi, mais non, nous ne savons pas. La patrouille repart. Je respire, pensant une fois encore m'être tiré d'affaire — mais voici qu'une nouvelle escouade de policiers fait son apparition : trois flics en uniforme et deux en civil, cette fois. Il semblerait que la grandiose opération de ratissage en cours ne soit pas parfaitement coordonnée car le chef de patrouille pose exactement la même question que son collègue quelques minutes auparavant : un blond d'une quarantaine d'années, un mètre soixante-dix, ne serait-il pas entré dans le café avec un sac en plastique blanc contenant 40 000 marks en billets de banque ? Quelques clients commencent à se marrer, prenant franchement l'affaire à la rigolade : « Oui, oui, il vient juste de partir aux chiottes ! », lance un type d'une quarantaine d'années légèrement éméché, dont la taille et la couleur de cheveux correspondent au signalement du voleur.

« C'est pas le moment de faire de l'esprit !, fait le chef de patrouille qui, manifestement, n'est pas d'humeur à plaisanter. Ou sinon je vous fais coffrer pour outrage à agent et trouble de l'ordre public ! »

Son regard parcourt la salle et s'arrête sur moi. Je suis le seul étranger dans le bistrot, d'allure quelque peu patibulaire avec ma tenue de travail et les traînées d'huile noires qui me maculent le visage.

« Toi, là, viens voir un peu ! » — le chef de patrouille me montre du doigt et ses deux subordonnés, deux jeunots avides d'action, se précipitent sur moi. Horreur, je vois déjà tout mon boulot fichu par terre... Je songe un instant à détaler et à chercher mon salut dans la fuite. Mais tout le secteur grouille de flics et il se trouvera bien un excité pour me coller une balle dans le dos... Allons, du calme, du calme, me dis-je, ne laisser paraître aucun signe de nervosité — après tout, j'ai la conscience tranquille et ils ne peuvent rien avoir contre moi. Je passe donc directement à l'offensive :

« Voulez m'emporter, moi ? Mais moi, je suis jeune, vingt-huit ans, mesure un mètre quatre-vingt et trois, j'ai les cheveux brunes. Celui qui a volé, il est mieux vieux et plus petit », objecté-je donc, tentant de mettre en évidence l'absurdité de leurs soupçons.

Mais ce n'est pas la logique qui étouffe le chef de patrouille. Mon allure suffit à lui suggérer qu'il est sur la bonne piste. « Suis-nous !, fait-il d'un ton rogue, et contente-toi de répondre aux questions qu'on te pose ! »

L'un de ses sbires veut me saisir par le bras, mais je me dégage et lui dis : « Pas la peine, je va venir, je va venir ! »

Devant le café, d'autres policiers viennent m'entourer, y compris des civils. Comment me sortir de ce guêpier ? Les flics sont frustrés, le voleur — le vrai — leur a filé entre les doigts, il leur faut donc un coupable de rechange. « Montre papiers ! », m'enjoint le chef de patrouille. « En ai pas, dis-je, Adler, le chef, les prenait, je travaille pour lui chez Thyssen — mais il paie pas », ajouté-je, tentant d'aiguiller la conversation vers un autre sujet. Mais le flic ne tombe pas dans le panneau. Il poursuit l'interrogatoire : « Nom, adresse ? »

Je lui répète consciencieusement « mon » nom — S-i-n-i-r-l-i-o-g-l-u — et lui adresse un sourire amical tandis qu'il s'escrime à l'inscrire. Je tente de l'amadouer : « Je sais, c'est bien dur, comme nom. Tu peux dire Ali si tu veux... » Mais non, cela ne semble pas vraiment l'apaiser, son regard s'assombrit un peu plus, au contraire. Je lui indique mon adresse — « Dieselstrasse 10 » — bien que je ne l'aie pas encore déclarée à la police. Interrogé par radio-téléphone, l'ordinateur répond sur-le-champ qu'il n'y a pas d'Ali Sinirlioglu inscrit à cette adresse. Le jeune flic saisit à nouveau Ali par le bras et dit : « Bon, on va aller chez toi, comme ça tu pourras nous montrer tes papiers ! » Je tente une nouvelle fois de jouer mon va-tout : « Mais c'est le chef qu'a mes papiers, va arriver tout de suite. C'est lui, le grand gangster, vole notre argent, lui doit être en prison, lui, doivez l'arrêter ! »

Puis je tente à nouveau d'aiguiller la conversation sur Thyssen : « Pouvez venir chez moi, porte 20, mon carte de pointage est là-bas, pouvez voir que je travaille là-bas. »

Les flics sont agacés mais ne songent pas un instant à aller mettre leur nez dans les affaires du chef d'Ali — bien qu'il y ait dans toute cette histoire une forte odeur de trafic d'esclaves. L'implication de Thyssen dans l'affaire ne leur semble pas non plus constituer un acte délictueux — à l'évidence, ils ne veulent pas se mouiller là-dedans.

« Le mieux, ça serait peut-être de l'emmener à la banque et de faire une confrontation », propose l'un des flics au chef de patrouille. « OK, bonne idée ! », fait Ali, reprenant l'idée au vol — et il s'apprête déjà à monter dans le fourgon avec sa tenue de travail maculée, souillée d'huile. Le chef de patrouille le tire en arrière et braille : « Descends de là, tu vas tout nous saloper les sièges, avec ton cambouis ! »

Pendant tout ce temps, les badauds ont commencé à s'agglutiner autour de nous : « Il a tenté d'agresser une jeune fille, une Allemande », écume une ménagère d'une cinquantaine d'années qui a posé son filet à provisions plein à ras-bord contre le mur.

Un type de soixante-cinq ans environ abonde dans son sens : « Regardez les yeux froids et cruels qu'il a !, lance-t-il, une vraie tête de tueur fou, c'est une chance qu'ils l'aient attrapé ! »

« Mais non, il a seulement attaqué une banque ! », le reprend un jeune type d'à peu près vingt-cinq ans, appuyé sur son vélo.

Les badauds commencent à s'engueuler. La majorité penche du côté du jeune homme, d'autres s'en tiennent à la théorie du viol — une femme prétend même avoir entendu « crier » la malheureuse victime quand « l'ambulance l'a emportée ».

Mon interrogatoire dans la rue se prolonge pendant une vingtaine de minutes encore — pendant ce temps, le voleur a eu tout le loisir de s'esquiver —, puis le chef de patrouille finit par prendre une décision : « Tu vas retourner dans le café en attendant qu'on ramène les témoins pour la reconstitution. Et n'essaie pas de te tirer. On va laisser un agent devant la porte pour veiller au grain. »

J'attends presque une heure, en vain — pas de témoins. Sans doute les flics ont-ils fini par se rendre compte de l'absurdité de leurs soupçons et n'ont-ils pas voulu se tourner en ridicule devant les témoins. J'attends que le flic en faction devant le café s'en aille, sors du café avec circonspection, monte dans ma voiture et file. Quel soulagement !

Avant de partir, tout de même, je prends les clients du bistrot à témoin : « Avez vu, hein ? M'ont pris seulement parce que je suis étranger. L'était blond, le vrai voleur, plus petit, plus vieil...

— Ouais, mais t'aurais pu mettre une perruque ! » blague

un employé des impôts d'une cinquantaine d'années accoudé au comptoir.

Tout le monde se marre dans le bistrot.

« Si j'ai bien compris, fait l'employé du fisc — un peu ivre — sur le ton de la confidence, vous bossez plus ou moins au noir chez Thyssen. crois-moi, vous n'êtes pas les seuls. Il y a sans arrêt des histoires comme ça qui nous reviennent aux oreilles, mais mes supérieurs n'osent rien faire. Si ça tenait qu'à moi, je te les dénoncerais, moi, toutes ces combines ! »

Trois mois plus tard, j'ai encore retrouvé la police sur mon chemin, dans des conditions tout aussi désagréables. Un jour, en sortant, crevé, du boulot chez Adler, je monte dans ma bagnole garée quelques rues plus loin, démarre et j'emboutis en reculant une Volkswagen flambant neuve.

Un cercle se forme aussitôt autour d'Ali ; la propriétaire de la voiture en question arrive, surexcitée. Ali reconnaît immédiatement qu'il est dans son tort, dit qu'il paiera les dégâts, qu'il est prêt à signer tous les papiers qu'il faut... Mais par-derrière, de bons Allemands, totalement étrangers à l'affaire, lancent : « Ne le croyez pas, c'est un étranger, il veut vous entuber. Appelez la police ! »

Je n'ai qu'un permis de conduire, établi au nom d'un ouvrier turc, mais dont la photo ne ressemble ni de près ni de loin à Ali. Si la police tombe là-dessus et découvre ma véritable identité, c'est tout mon scénario qui tombe à l'eau, et on ne peut plus bêtement !

Ali implore donc la dame : « Non, pas le police, s'il vous plaît. J'ai déjà le malus, pour l'assurance, j'aurai une amende, peut-être on me prend le permis de conduire, on me renvoie en Turquie... »

La femme hésite, mais la masse, elle, est unanime : « Faut appeler la police ! » Quelqu'un s'est déjà précipité dans la boutique d'en face pour appeler le commissariat.

Arrive un flic entre deux âges. Il me toise d'un œil plus que critique, dresse procès-verbal de l'accident et m'invite à le suivre au poste. Il rassure la dame : « S'il y a quelque chose qui cloche, je vous préviendrai tout de suite ! » Il compare la photo du permis de conduire avec la physionomie d'Ali et hoche la tête, approbatif : « Pas de problème, ça colle ! », bien qu'elles ne se ressemblent pas le moins du monde.

Il contrôle mes papiers avec son terminal d'ordinateur et semble le premier étonné lorsque tombe la réponse du central : tout est en règle !

« Ça va, vous pouvez y aller !, fait-il.

— Bon travail, dis-je d'un ton admiratif, en Turquie, ça aurait duré un ou deux jours au moins !

— Mais c'est qu'on est en Allemagne ici, réplique-t-il d'un ton docte et plutôt satisfait.

— Ça, je sais, m'exclamé-je, félicitations, quand même ! » Et je me retrouve dehors, tout content.

Les rambardes : histoires de micros et de microns

Pour changer un peu, Adler m'a dégoté quelque chose de tout à fait spécial :

« Tu vas demain matin à sept heures chez Theo Remmert

— c'est le frère de notre Remmert —, il va te donner des rambardes à peindre, payé à la tâche.

— C'est combien de travail ?, demande Ali, c'est pour longtemps ?

— Oh ça oui, répond Adler, y a du boulot pour un an.

— Et combien payé ? »

Manifestement, ma question lui paraît totalement incongrue, elle le plonge dans l'embarras. Il fait semblant de calculer et donne son approximation : « Bon, disons un mark le mètre. »

Le chef d'équipe auquel je me présente, le lendemain matin, est au courant. Il m'accueille avec le sourire lorsque je lui dis que c'est Adler qui m'envoie et me demande combien je dois être payé. « Un mark le mètre, dis-je.

— Eh bien, fait-il, t'as intérêt à en mettre un coup si tu veux faire ton beurre. Pas question de prendre des pauses ! »

Tout semble indiquer que Theo Remmert est à la bourre avec ses rambardes. Elles doivent être livrées incessamment et montées sur un nouveau complexe de la Ruhrchemie.

Cela veut dire en clair que pendant presque une semaine je vais bosser comme un galérien. Travaillant en continu du matin au soir — avec une pause de dix minutes —, j'atteins au maximum les cinquante mètres par jour. Les rambardes font un mètre vingt-cinq de haut, il y a trois barres circulaires à peindre, plus une assez grosse moulure. Dans les coins et les interstices, il faut travailler avec un autre pinceau, plus petit.

En sus, il faut déplacer les rambardes avec une grue, d'une extrémité de l'atelier à l'autre, puis les ramener à leur point de départ quand on a fini de les peindre. Pour ce boulot de manutention, Ali ne touche pas un pfennig. *Idem* quand le chef se pointe et se plaint de ce que le travail est bâclé, qu'il manque un peu de peinture par-ci ou par-là. Il faut alors déplacer encore les lourdes rambardes avec la grue.

Je tente de m'activer avec un pinceau dans chaque main pour gagner du temps. C'est un Allemand — travailleur sédentaire chez Remmert — qui passe la seconde couche de peinture sur les rambardes. Il est payé, lui, à l'heure. Il me regarde faire avec commisération et dit : « Mais tu ne peux pas bosser à longueur de journée à un rythme pareil ! Tu ne tiendras pas le coup ! Prends donc un peu ton temps ! »

Apprenant combien je gagne à la pièce, il secoue la tête : « Moi, à ce tarif-là, j'enverrais tout péter ! Je passerais pas un coup de pinceau ! »

Il admet de bonne grâce qu'il fait au maximum moitié moins de boulot qu'Ali et gagne, à ce rythme, treize marks de l'heure. Au sien, Ali fait entre cinq et sept marks de l'heure.

Pourtant, si misérable que soit mon salaire, je m'aperçois que je travaille ici avec un tout autre état d'esprit que chez Thyssen. C'est vrai, je suis sans cesse sous pression, mais il s'agit d'une tout autre forme de tension. Je n'ai pas tout le temps quelqu'un sur le dos, on n'est pas sans arrêt en train de me pousser au cul. Dans ce boulot, il n'y a pas cette peur continuelle des chefs, des supérieurs, des contrôleurs. Je ne m'y rends pas avec la même appréhension que chez Thyssen. Ce qui ne m'empêche évidemment pas de rentrer chez moi complètement lessivé. Quand je regarde l'heure, je m'inquiète de voir qu'il est déjà si tard. Je voudrais qu'il soit plus tôt. Chez Thyssen, c'était exactement le contraire. Les heures traînaient, s'étiraient en longueur. C'était un vrai bonheur de voir qu'une heure avait passé. Je les comptais toutes, les unes après les autres, j'étais complètement révulsé quand je pensais qu'il m'en restait encore quatre à faire, quatre heures d'un supplice interminable jusqu'à la relève. Le travail aux pièces, c'est la forme la plus primitive, la plus dégénérée du « travail indépendant » — vu qu'elle ne présente aucun des avantages en principe attachés à cette condition.

Chaque jour, le chef d'équipe de Remmert vient contrôler mon travail et le comptabiliser. Il me fait parfois reprendre des morceaux de rambarde ou enlever des cloques de peinture et repasser par-dessus. Ce boulot-là non plus n'est pas payé. Je lui dis qu'avec mes cinq ou six marks de l'heure, je n'arrive pas à gagner de quoi vivre — on me presse comme un citron. Mais il élude : « Ça, c'est pas notre problème. Nous, c'est Adler qu'on paie. Et on le paie bien. C'est à lui que tu dois t'adresser ! »

Il refuse néanmoins de dire à Ali le bénéfice qu'Adler fait sur son dos. D'après mes calculs, cependant, Adler doit encaisser de trois à cinq fois au moins le montant de mon salaire, pour son seul « travail » d'intermédiaire entre son esclave — moi — et Remmert.

Ma mission s'achève. J'ai recouvert 210 mètres de rambardes — par-devant, par-derrière, en haut, en bas et tout autour — de peinture au minium, j'en ai constellé mes chaussures, mon pantalon, ma chemise. Le chef d'équipe m'informe que mes rambardes vont être installées dans les plus brefs délais sur ce nouveau complexe de la Ruhrchemie et que ce n'est que dans quelques semaines que de nouvelles rambardes seront assemblées.

Et voilà pour le boulot stable (un an) que m'avait promis Adler ! Lorsque je lui téléphone pour le mettre au courant, il répond : « Aucune importance ! Présente-toi demain matin à cinq heures, comme d'habitude, chez Thyssen. » Je lui demande alors quand je serai payé pour la peinture des rambardes. « On verra ça dès que Remmert m'aura payé », répond-il. Et il ajoute : « De toute façon, tu peux continuer à aller peindre les rambardes pendant les week-ends, si tu veux ! »

Trois semaines plus tard, je n'ai toujours rien touché pour cette mission aussi spéciale que délicate. Je m'en vais donc demander des comptes à Adler. « Tu les as peintes n'importe comment, ces rambardes, réplique-t-il avec aplomb, pourquoi est-ce que j'irais te payer, vu que j'ai les plus gros ennuis à cause de toi et que je n'ai pas encore vu mon fric ! »

Je lui demande quel est le problème et il se met alors à raconter n'importe quoi, qu'il « n'y a pas le compte en microns », ce qui semble vouloir dire que la couche de peinture que j'ai appliquée n'est pas assez épaisse. J'imagine que c'est l'un de ses faux-fuyants habituels. De toute façon, même si c'était le cas, ça ne serait pas ma faute. Le contremaître de chez Remmert a contrôlé mon boulot et l'a trouvé conforme aux normes. Ali décide donc d'aller réclamer son dû à Theo Remmert lui-même. Histoire de l'impressionner un peu, il s'y rend directement en sortant de chez Thyssen, en tenue de travail, le visage maculé de suie et de poussière.

Le voici donc dans cet accoutrement au siège administratif de l'entreprise Theo Remmert. Dans le hall d'entrée s'étale, bien en vue dans son cadre gigantesque, une inscription résumant la profonde philosophie de l'existence du maître de ces lieux :

> « Certains considèrent le patron comme un chien galeux qu'il faut abattre. D'autres pensent que le patron est une vache à lait que l'on peut traire à volonté. Rares sont ceux qui voient en lui l'homme qui traîne la charrette. »

Franz Josef Strauß

GROSSER BILDBAND

von

Helmut Wald-Wagenburg

BIOGRAPHIE

von

Hans Klein

Für Ali

Dédicace de Franz-Josef Strauss

Ali et Franz-Josef Strauss

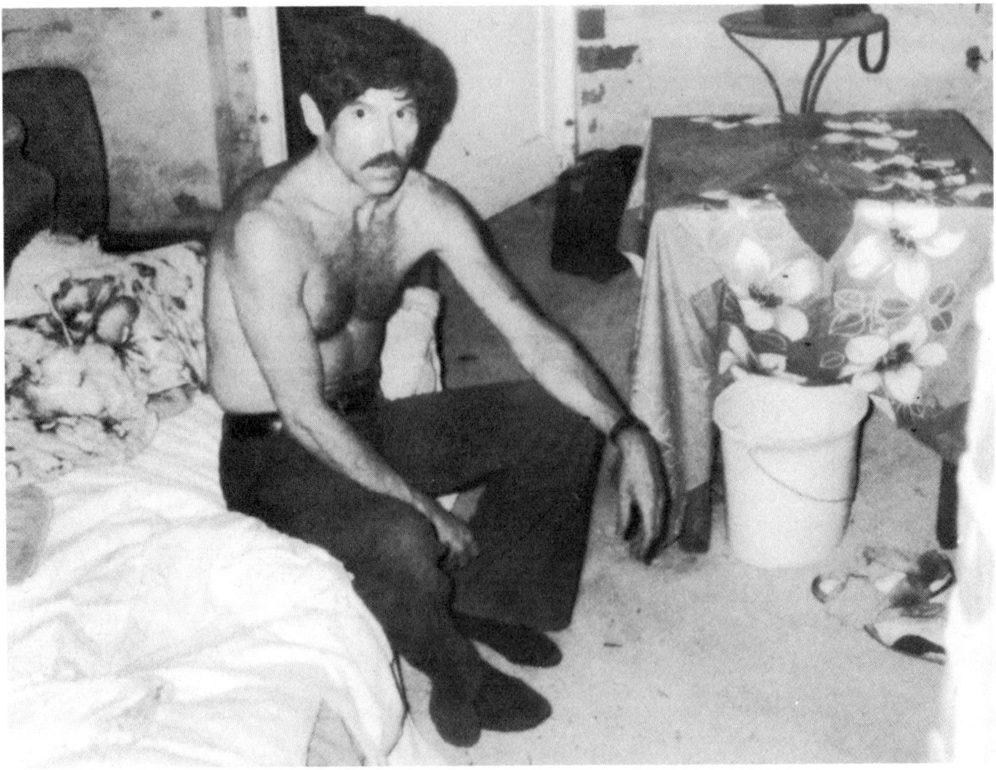

Ali dans son logement à la ferme. Le seau sert de toilette.

Ali et son orgue de barbarie

Ali au match Allemagne-Turquie à Berlin (1983)

Ali devant un verre de bière

Ali et les buveurs de bière

Collègues de travail

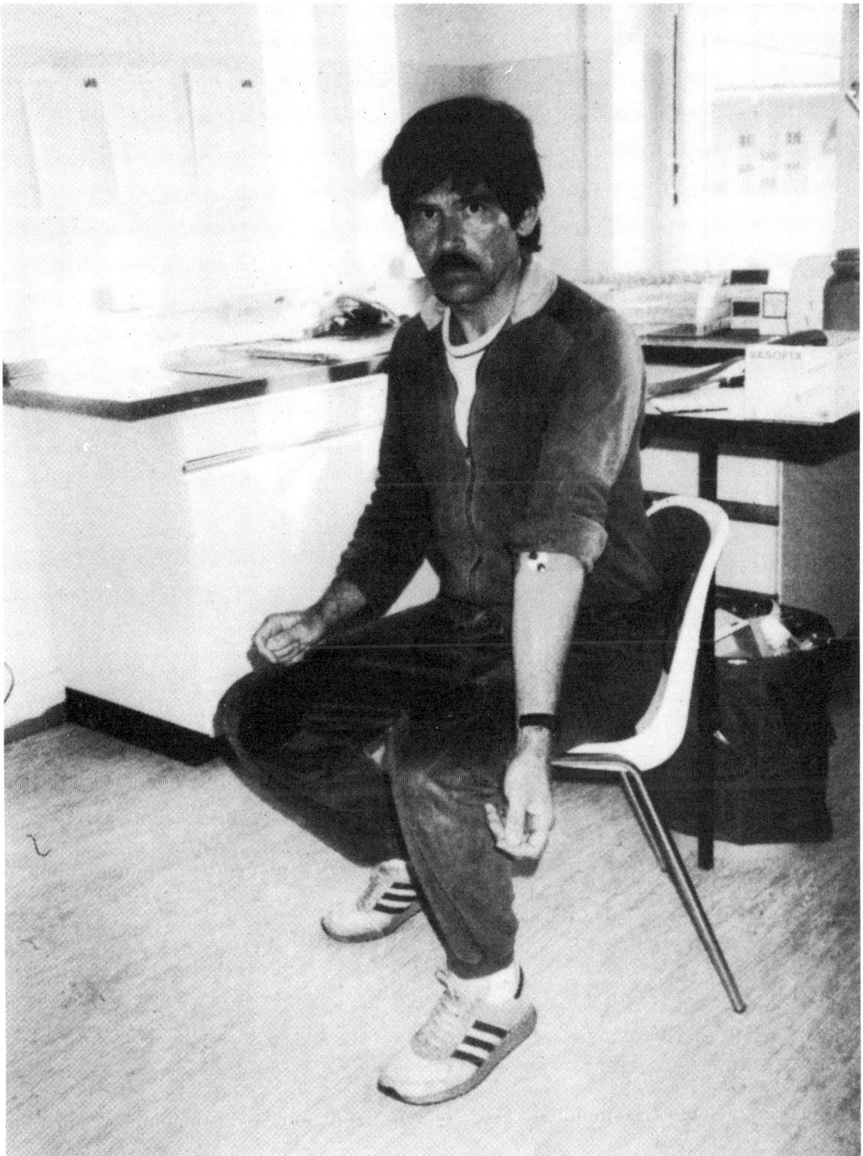

Le test

Ali chauffeur

C'est ainsi donc qu'Ali, le bouffeur de poussière, l'astiqueur de ferraille, le coolie et le portefaix s'en va à la rencontre du « tireur de charrette » et frappeur de maximes, Theo Remmert. Il parvient à se faufiler sans se faire remarquer par la dame de l'accueil et monte au premier étage où siègent les chefs. Monsieur Remmert n'est malheureusement pas dans les murs, mais Ali tombe sur l'un de ses directeurs qui, justement, est en train de débattre au téléphone d'une affaire de quelques millions de marks. Il ouvre de grands yeux en me voyant entrer.

« C'est quoi, cette histoire avec les micros ?, lui demandé-je. Moi, je fais mon boulot, le chef dit que c'est OK et après, j'ai pas mon argent !

— Ah, vous voulez dire microns !, me reprend-il, c'est l'épaisseur de la peinture, mais je ne suis pas au courant, va voir Adler, c'est à lui de te payer ! »

Le jeu d'embrouilles continue. Adler envoie Ali à la Ruhrchemie pour « repeindre ». « Pas de fric, sinon ! », énonce-t-il. Ali erre pendant des heures dans une immense zone industrielle aux confins d'Oberhausen — un véritable labyrinthe où règne une puanteur abominable — et finit par découvrir enfin ses rambardes déjà montées à une hauteur vertigineuse sur un échafaudage métallique. Il veut l'escalader, mais un gardien l'en empêche : « C'est trop dangereux, les garde-fous ne sont encore pas installés. » Il n'a entendu parler ni de « micros », ni de « microns ». Il ajoute : « Rien à foutre, de toute façon. L'essentiel, c'est que les rambardes soient là. »

Nouvelle réclamation auprès d'Adler, donc, par téléphone, cette fois : « Allô, c'est encore Ali. Le chef dit que les micros, c'est pas d'importance. Dit que les rambardes sont là, que personne y va tomber, et c'est tout. » Adler explose : « Faut que tu repeignes ! Que tu y retournes la semaine prochaine ! Sinon, pas un rond ! »

Nouvelle expédition à la Ruhrchemie, donc, sans davantage de résultats. S'il avait vraiment fallu que je repeigne les rambardes déjà montées, mon salaire horaire serait tombé à deux marks : avec toute la gymnastique qu'il m'aurait fallu faire pour escalader les échafaudages, le boulot aurait duré sensiblement plus longtemps qu'à l'atelier...

Toujours est-il qu'au bout du compte Ali n'a pas touché un pfennig pour cette « mission spéciale ». Et pourtant, ç'avait été un rude ouvrage dont il pouvait être fier. Mises bout à bout, ses rambardes auraient suffi à faire le tour de la moitié d'un terrain de football.

Comme au Far West

Il faut déployer une énergie considérable pour parvenir à récupérer une partie au moins de notre salaire.

Adler habite une élégante banlieue résidentielle d'Oberhausen, à quinze kilomètres environ des usines August Thyssen. Les cochonneries déversées par les usines sont filtrées par la ceinture forestière toute proche. Il faut changer de bus plusieurs fois — à condition qu'il en passe — pour aller des quartiers ouvriers blafards et sinistres à la coquette demeure d'Adler. De la même façon, ceux de ses employés qui vont le voir doivent se résigner à attendre un bon moment avant d'être reçus. Il leur arrive souvent de trouver porte close, bien qu'ils aient pris rendez-vous par téléphone avec Adler. Le mieux est donc encore d'arriver en tapinois chez lui et de se coller contre la porte avant de sonner, de façon à ce qu'il ne puisse pas vous voir par la fenêtre.

Adler a toute une collection de formules stéréotypées pour envoyer promener ses « clients » : « Je suis dans l'impossibilité de vérifier la chose pour le moment. » - « Je n'arnaque personne, moi, pas même d'une heure » - « Je n'ai pas mon carnet de chèques sur moi, et encore moins de liquide » - « Cela fait des jours que je vous cours après. Votre feuille de paie est prête depuis lundi[5] » - « En principe, mon bureau est à Dinslaken. J'ai aussi une entreprise de constructions métalliques, là-bas. J'y ai tout laissé. » Puis il vous fixe rendez-vous pour un autre jour et ne vient pas. Ou encore il me dit : « Si ça continue à bien marcher comme jusqu'à présent, je n'irai sûrement pas mégoter pour accorder une petite augmentation, ça, vous pouvez me croire. On en reparlera le mois prochain. »

En fait, il n'accorde jamais d'augmentation. Au lieu d'augmenter Ali d'un mark comme il le lui avait promis, il le *diminue* d'un mark deux mois plus tard. Voici comment il justifie son refus de payer des heures supplémentaires, même quand ses gars travaillent à Pâques, à la Pentecôte ou à Noël :

« C'est comme ça que nous sommes meilleur marché. Et c'est pour ça que Thyssen vient trouver des petites boîtes ou des boîtes moyennes comme la nôtre. Parce que nous lui coûtons moins cher que ses propres employés. Sinon, il ne viendrait pas nous chercher ! Si Thyssen pouvait, il viderait encore plus de sédentaires et travaillerait encore davantage avec des boîtes comme la nôtre. Nous sommes moins cher. »

Il préconise toute une série de trucs permettant de préser-

5. C'est absolument faux, évidemment (N.d.A.).

ver l'apparence de la légalité face aux autorités : « Etablir des certificats de travail temporaire ! Il y a une loi chez nous selon laquelle on peut gagner jusqu'à 390 marks net sans être imposable ; et si l'on trouve un parent qui accepte de servir de prête-nom, cela fait 780 marks net de "travail temporaire" non imposable. En toute légalité », ajoute-t-il.

Autre truc : quand un gars tombe malade, Adler le déclare rétroactivement à la Sécurité sociale. Sans oublier le moyen qu'il a inventé pour se défiler quand des ouvriers lui réclament l'argent qu'il leur doit depuis longtemps : « Il me faut les relevés des heures de travail ! Signés par Zentel, le contremaître, sinon, je suis dans l'impossibilité de vérifier la chose »... J'ai nettement l'impression qu'il a mis au point le coup avec Zentel, car celui-ci se refuse systématiquement à signer nos relevés à la fin du boulot. « Pas de temps à perdre avec ces histoires ! De toute façon, j'informe précisément Adler, tous les jours, du nombre d'heures que chacun d'entre vous a faites. » Il faut donc faire le va-et-vient entre Adler et son contremaître, sans parvenir à obtenir les relevés — et donc à être payés. Pourtant, les cartes de pointage de chez Thyssen consignent avec toute la précision voulue la durée de notre travail. Mais Adler ne veut pas en entendre parler : « Ça ne vaut rien. Pour moi, les cartes de pointage ne prouvent rien du tout. »

Je m'en vais chez Adler avec Osman, sans rendez-vous. Nous avons attendu 18 h 30 pour être sûrs de le trouver chez lui. C'est le dernier jour d'Osman en République fédérale. Il laisse tomber, il repart en Turquie le lendemain, par le bus, définitivement. La veille, il avait pris rendez-vous avec Adler par téléphone, mais avait trouvé porte close.

En me voyant, Adler pousse les hauts cris :

« Mon Dieu, en voilà une dégaine ! D'où tu sors ?

— Du boulot, dis-je. C'est comme ça, là-bas. Toujours enlever le poussière, le saleté ; après, ça part pas quand je me lave, ça reste dans la peau...

— Vous approchez pas trop de mon mur blanc, fait Adler, inquiet pour ses papiers peints, tenez-vous au moins à un mètre du mur. Vous tombez de fatigue, alors vous seriez capables de vous y appuyer... »

Puis, s'adressant à Osman :

« Alors comme ça, vous arrivez sans prévenir... Vous êtes chiés, quand même, venir traîner chez moi à sept heures du soir, faut pas manquer d'air, quand même !

— Mais je repars demain en Turquie, j'ai pas un sou, je voudrais encore acheter quelques trucs, fait Osman.

— Qu'est-ce que j'y peux, moi ! Quelle saloperie quand même ! »

Il est hors de lui et, cette fois, son indignation ne paraît pas simulée. Histoire de s'enfiévrer un peu plus encore, il répète encore au moins trois fois que c'est une « saloperie ».

« La prochaine fois, vous allez carrément rappliquer à dix, onze heures du soir !, fait-il, rageur.

— Non, non, pas de risque, pas si tard, dis-je. Nous aussi, faut qu'on dort, hein ! »

Mais cela ne suffit pas à l'apaiser. Il reprend son antienne :

« Tout de même, vous êtes chiés, vous autres. Venir m'emmerder chez moi à sept heures du soir ! Quel culot ! Vous avisez pas de me refaire ce coup-là, hein ! J'ai pas élevé les cochons avec vous, moi ! Et l'autre qui vient me raconter qu'il repart demain en Turquie ! Des bobards, oui ! On me la fait pas, moi !

— Mais si, c'est vrai, dis-je, je va au bus avec lui tout à l'heure... »

Adler me rembarre :

« De quoi tu te mêles, toi, de toute façon ? Fais-moi le plaisir de t'occuper de tes affaires ! Venir me tomber sur le râble à sept heures moins le quart ! C'est pas le Far West, ici ! »

Mais Osman ne lâche pas prise :

« Mais monsieur Adler, comment je dois faire, moi ? Demain je serai plus là, ça veut dire que j'aurai travaillé pour rien...

— Moi aussi, ajoutai-je, j'ai pas d'argent depuis des semaines, m'en faut pour manger...

— Qu'est-ce que tu crois, que je suis une mère poule, moi ?, s'emporte Adler. Foutez-moi le camp, bande d'emmerdeurs ! »

Et nous nous retrouvons dehors. Osman a les larmes aux yeux. « Il m'a volé mon fric. Maintenant je rentre pour toujours en Turquie, je pourrai plus rien faire. »

La colère de Yüksel

Me revoilà chez Thyssen. Je discute avec Yüksel Atasayar (20 ans), après le boulot. Nous sommes crevés, couverts de poussière de la tête aux pieds et attendons qu'on nous embarque.

YÜKSEL : « Moi, je joue au loto, 30 marks, 40 marks. Mais pas toujours.

MOI : Par semaine ?

YÜKSEL : Pas tout le temps. Mais peut-être que je finirai par avoir un coup de chance. De toute façon, vaut mieux dépenser 30 ou 40 marks comme ça qu'en cigarettes. T'as qu'à calculer : un paquet par jour. Ça fait combien par mois ? Trente fois 4 marks.

MOI : Exact, 120 marks. 1440 marks par an. Avec les intérêts, ça fait presque 30-40000 marks en vingt ans.

YÜKSEL : Ça fait un paquet... A condition de vivre encore vingt ans.

MOI : Ça, tu peux courir si on continue à faire cette saloperie de boulot. Peux être fini dans deux ans. Cancer... Mais des fois c'est pas tout de suite, cinq ans plus tard, seulement...

YÜKSEL : Oui, d'abord des douleurs, des trucs comme ça, et puis d'un seul coup, fini, dégagé. Ce qui serait bien, ça serait d'économiser un peu, et puis après de tout claquer avant de crever. Moi, si j'ai le courage, un jour, je me flingue. Jusqu'à quel âge tu veux vivre, toi ? Une vie de merde comme ça... Tu crois en Dieu, toi ?

MOI : Non... Crois quelque chose en nous, dedans — mais Dieu, on peut pas faire confiance, sert à rien...

YÜKSEL : Si Dieu existe, pourquoi il a créé un Adler ?

MOI : Un erreur de construction. Voulait faire autre chose, a raté son coup.

YÜKSEL : Mais si Dieu existe, pas vrai, il peut pas faire d'erreur. Dieu, c'est Dieu. Il peut pas, il a pas le droit de faire d'erreur...

MOI : Ou alors est fou, cinglé, est devenu dingue un jour. Sinon, ça serait pas possible, ce boulot de merde qu'on fait...

YÜKSEL : Bordel, j'en ai marre de tout ce cirque ! »

Du haut de ses vingt ans, Yüksel est l'un des observateurs de notre condition les plus fins qui soient. Il sait quels sont les Allemands qui ont des préjugés contre les Turcs même quand ils ne les expriment pas ouvertement. Il sent tout de suite comment sont lunés les contremaîtres et les chefs d'équipe allemands et met en garde ses amis contre les mouvements d'humeur et les brimades qui sont dans l'air. « Fais gaffe, Zentel a besoin d'une victime aujourd'hui ! », prévient-il, le matin, sur le lieu de ramassage alors même que le shérif est encore en train de somnoler dans sa Mercedes. Il sent, à des signes infimes, que ça va mal tourner — et effectivement, quelques heures plus tard, Zentel pique une colère noire et flanque à la porte un ouvrier turc qui s'est permis de quitter le boulot pendant la pause (non payée) — chose qu'il a remarquée au cours de sa ronde.

En fait, Yüksel Atasayar n'a de turc que le nom. Il a grandi en Allemagne, parle allemand sans accent et se sent d'ailleurs allemand. Son allure générale ne correspond pas davantage à l'image qu'on se fait du Turc chez nous. Il a les cheveux châtains, les yeux gris-bleu. Son père est d'origine russe. Il n'y a que son nom qui le repousse du côté des ouvriers turcs — avec lesquels il a d'ailleurs des problèmes de communication. Il suffirait que son nom soit allemand pour qu'il échappe à la vindicte d'Alfred, le chef d'équipe, qui ne cesse de le harceler (lui et d'autres immigrés, d'ailleurs) pour des broutilles.

Un jour, Yüksel se permet de rappeler à Alfred (qui, comme toujours, s'active comme un dingue au point de perdre la notion du temps) que cela fait un moment que l'heure de la pause est arrivée. Alfred se plante devant lui et lui braille à la figure : « On commence par finir le boulot, et après on fait la pause ! Ça a toujours été comme ça, en Allemagne ! Nous, les Allemands, c'est comme ça qu'on nous a élevés ! Et toi, tu veux que je te dise ce que tu es ? Un trou du cul, voilà ce que tu es, un super trou du cul ! »

Pendant la pause, Alfred pique un nouveau coup de sang : « Tiens, imagine que tu tombes sur Mengele — tu sais qui c'est,

Mengele, hein, c'était un de nos meilleurs médecins, un chercheur, il vit encore, d'ailleurs, ils n'ont pas réussi à l'avoir, eh bien imagine que Mengele est là, sur la rampe, et toi, tu sors du train et tu passes devant lui. Tu sais ce qu'il va te dire, Mengele? ''Allez, hop, file de droite, chambre à gaz! Même pas bon pour les expériences!'' Et tu sais pourquoi?»

Yüksel est devenu blême, il n'ose pas répliquer. Il se contente de balbutier un «non, pourquoi?»

«Parce qu'il n'y a rien à tirer de toi, absolument rien! De toute façon, si t'es venu ici, c'est que tu voulais pas te coltiner la dictature militaire dans ton pays, hein, c'était plus facile de venir te faire dorloter dans nos jardins d'enfants allemands, de venir te faire engraisser à notre compte! Moi, je vais te dire, si t'étais resté dans ton trou, là-bas, t'aurais appris ce que c'est, la vie! Vous, les Turcs, vous savez pas ce que c'est, la démocratie! Vous en avez pas la moindre idée et vous feriez mieux de commencer par apprendre à vivre sous une dictature militaire au lieu de venir vivre ici comme des coqs en pâte, et sur notre dos!»

Yüksel a renoncé à se défendre contre des éclats de ce genre. Il a compris qu'ici, à peu de choses près, c'est le règne de la loi du plus fort. Plutôt que de s'exposer davantage aux insultes, il ramasse ses sandwiches et s'en va sans un mot s'asseoir à l'autre bout de l'atelier, hors de vue et de portée de son persécuteur. Lorsqu'il reprend le boulot, un quart d'heure après, il y a sur son visage maculé de poussière comme deux sillons clairs — tracés par les larmes.

Au demeurant, Yüksel est le seul à remarquer qu'il m'arrive souvent de prendre des notes pendant les courtes pauses. Il m'adresse parfois un clin d'œil, comme s'il voulait m'indiquer par là qu'il est d'accord avec moi, qu'il me soutient. Mais cette complicité m'inquiète et me préoccupe. J'ai peur qu'il ne finisse par en parler à d'autres...

Un jour que nous sommes assis par terre contre un mur, vidés, à attendre que le minibus vienne nous chercher (nous avons trimé comme des dingues, par une chaleur étouffante, dans le secteur des hauts fourneaux), Yüksel m'entreprend : « Alors tu notes tout ça ? »

Je saute sur l'occasion :

« Ecoute, n'en parle à personne ! Je ne peux encore rien te dire, mais plus tard, je te raconterai tout ! »

Il remarque que j'ai vraiment peur, que je prends à l'évidence l'affaire très à cœur et il ne m'interroge pas davantage. Il n'en dira pas un mot pendant des mois et des mois. « Il faut que tu notes tout, absolument tout ce que ces salauds nous font baver ! me murmure-t-il à l'oreille. Ne laisse rien passer ! »

Il semble avoir deviné de quoi il retourne car il m'aide souvent en me fournissant des informations appropriées, sans rien me demander. Il est plutôt apolitique, c'est presque encore un enfant, mais il garde le secret, mû par un profond sentiment d'humiliation et de désespoir, et le sens de la solidarité qui en découle.

Voici en quels termes il évoque sa propre situation :

« Je suis né juste avant que mes parents partent en Allemagne. On est d'Amassia, nous. Je sais pas exactement où c'est Du côté de l'Arménie, ça c'est sûr, mais où exactement, je te jure, je sais pas.

« Chez nous à la maison, on parle turc, comme ça, pour des trucs simples. Mais je le sais pas très bien quand même. Pour des trucs compliqués, j'y arriverais pas. Les canards, les canards turcs, je veux dire, j'en comprends pas plus de la moitié. Mes parents, eux, parlent parfaitement le turc, ils communiquent qu'en turc. Par contre, le problème, c'est qu'ils savent pas bien l'allemand. Moi, je me sens plus allemand que turc.

« Mon père bosse chez Thyssen, au laminage, il est employé sédentaire chez Thyssen. Il gagne pas grand-chose non plus. Dans les 1200, 1300 marks.

« Comment j'ai trouvé ce boulot ? C'est un copain qui me l'a indiqué. Tout ce que j'ai eu à faire, ç'a été de me présenter au contremaître. Mon copain m'avait dit de me pointer en tenue de travail. C'est ce que j'ai fait, et j'ai demandé s'ils avaient besoin de monde. Alors on m'a dit oui, tu peux monter dans le bus. Je suis monté, on est parti chez Thyssen et ils ont fait les équipes pour les différents chantiers.

« Le premier jour, ç'a été terrible. La saleté, la poussière jusqu'aux oreilles, les fumées, tout, c'était vraiment dégueulasse, atroce pour la santé. Ce jour-là, fallait nettoyer la fonderie (les machines, les outils) et la fumée, la poussière, on en prenait plein la gueule. Vraiment de quoi dégueuler, y en a un qui est tombé dans les pommes. Et puis encore d'autres, après, ils pouvaient plus respirer.

« Ça rend dingue, de bosser là-dedans. Et ils nous filent même pas de chaussures de protection. Adler, ça c'est un mec qui a une pierre à la place du cœur, tu peux crever à petit feu, il s'en fout. Tu peux caner, c'est pas son problème ! Ou comme il parle du fric, encore : ''T'as pas besoin de tant de fric, qu'il te fait comme ça, t'es célibataire, t'as déjà du pot de bosser ici !''

« Tu te démerdes comme tu peux, c'est pas son problème. Tu peux y laisser ta peau, y s'en fout, c'est un vrai maquereau, ce mec ! Tout ce qu'y veut, c'est que tu lui rapportes du fric. C'est un vrai gangster, mais un gangster propre, toujours dans l'ombre.

« Jamais moyen de lui faire cracher tout ce qu'il me doit. En ce moment, il me doit encore plus de 800 marks.

« Des jours, c'est vraiment pas possible, on est complètement rétamés. En fait, c'est presque tous les jours, avec toute cette poussière, cette fumée. Ça t'éreinte complètement, non, c'est vraiment tous les jours que c'est dégueulasse. Ça t'attaque vraiment les poumons, tu sais. Moi, tu sais, j'aime faire du sport. Mais maintenant, quand je me mets à courir, c'est net, j'ai les poumons qui me brûlent. Avant, je courais toujours au moins une heure par jour... T'as qu'à voir la tête de ceux qui sont un peu plus vieux. Et pareil pour les gars de Remmert.

« Les types qui sont là depuis trois-quatre ans, ils ont vraiment l'air au bout du rouleau, des gars de trente-quarante ans, ils ont l'air d'en avoir cinquante. Ou soixante, même. Plus un cheveu sur le crâne, le visage tout creux, tout maigre, tout pâle. Y a des jours, je me dis que c'est sûr, je vais choper le cancer des poumons, avec tout ce qu'on respire là-dedans. Des fois, y a tellement de poussière qu'on y voit pas à vingt centimètres. Surtout à l'atelier d'Oxy, là c'est l'enfer. J'ai peur de ça, une mort comme ça, atroce, oui, c'est de ça que j'ai peur.

« Une fois, j'ai vraiment cru que c'était la guerre atomique, en tout cas, c'était tout comme. La fumée, la poussière, tout le truc, c'était complètement dingue. Comme on voit dans les films de guerre, presque le même truc.

« Y a des postes qui sont superdangereux, avec le gaz, par exemple. Tu peux en crever. Tiens, quand il faut bosser dans les chambres des machines, c'est superdangereux. Y a partout des panneaux qui disent qu'il faut faire gaffe aux gaz, qu'on peut en crever. Et le pire, c'est qu'on s'en aperçoit pas, qu'on le sent pas. Il y a seulement ce petit appareil qui indique s'il y a un danger. Souvent, t'as la tête qui se met à tourner, t'as envie de vomir. Y a vraiment des jours où on craque. Y a des jours où je peux rien bouffer, rien, pas le moindre truc, avec toute cette poussière. Elle, on la bouffe vraiment, hein, une poussière épaisse, lourde. Chargée de plomb, de cadmium et tout le tremblement, va savoir ce qu'y a là-dedans ! Ça m'est arrivé des fois d'aller dans un coin pour vomir, je m'asseyais un moment, juste pour respirer.

« Faut vraiment l'avoir vu pour le croire... Même quand t'as pris ta douche, après le boulot, ça reste, ça se dépose dans les poumons. A l'extérieur t'es propre, mais en dedans ça reste, t'es sale, complètement bouffé par cette merde et tout ce que tu fais, c'est la ramasser cette merde. Et le lendemain ça recommence.

« Et en plus si mal payé, un boulot pareil, ça c'est un truc que je peux pas comprendre. Qu'est-ce qu'ils ont besoin de vouloir gagner tellement de fric, ils savent plus où le mettre... Imagine même qu'un Adler se retrouve en taule, qu'est-ce que ça change, ça empêcherait pas Remmert de continuer, et nous, on continuerait aussi à s'esquinter. De toute façon, Thyssen, lui aussi il est au courant, c'est lui qui nous emploie, il est forcément au courant.

« En fait, je m'en fous, de la vie. Qu'est-ce que ça me rapporte ? Au début, à quatorze, quinze ans, t'es déjà presque un adulte, t'as une copine, t'aimerais bien coucher avec elle, et puis après ? Une fois que tu l'as fait, qu'est-ce que tu as de plus ? Non, ça suffit pas. Ce que je veux dire, c'est quand on a un but dans la vie, un truc en tête, quoi, là, la vie a un sens. Sinon, franchement, c'est pas la peine. Si on a envie de faire quelque chose, là d'accord, mais sinon, franchement, la vie, ça a pas de sens. A quoi ça sert, hein ?

« Quand j'ai été le plus heureux, de toute ma vie ? C'est

quand je suis parti en vacances aves mes parents en Turquie. J'avais douze ans. Là, c'était super. Je sentais plus du tout pareil. Et quand je me suis senti le plus mal ? C'est maintenant, depuis que je bosse pour Adler chez Thyssen. C'est ça le pire, j'aimerais mieux être mort. »

« Douches d'urgence »

Une fois par semaine au moins, on nous envoie à l'atelier d'Oxygène nettoyer la poussière qui s'y accumule en permanence.

Nous travaillons à une hauteur de 50 ou 57 mètres, enfermés dans les chambres des machines. Il faut commencer par souffler la poussière qui s'est déposée sur les machines, puis, une fois qu'elle recouvre le sol, la balayer et l'emporter dans des brouettes. C'est une poussière très fine qui se dépose en couches de un à trois centimètres. En suspension dans l'air, elle pénètre dans les bronches, les poumons et les irrite. Elle contient beaucoup de plomb, des débris de métaux fins tels que le manganèse, le titane et, bien sûr, de grandes quantités de particules de fer. Un jour, Yüksel est pris d'une irrépressible quinte de toux, il s'étrangle, suffoque et finit par aller demander, à bout de souffle, un masque anti-poussière au contrôleur de chez Thyssen qui surveille notre travail. « On n'en a pas, réplique celui-ci, mais le fer, c'est bon pour la santé, ça enrichit le sang. » Puis il ajoute : « Si tu continues à avaler de la poussière de fer comme ça, pendant un certain temps, tu verras, on pourra te poser un aimant sur la poitrine et il restera là, collé, je te jure ! »

Yüksel qui, à ce moment-là, n'est pas vraiment en veine de rigolade demande au chef d'équipe si cette histoire d'aimant est vraie. Il se fait traiter de « crétin de Turc » et tourner en ridicule devant toute l'équipe.

Pendant le boulot, nous voyons sans cesse s'allumer des signaux lumineux rouges, ce qui veut dire que nous devrions quitter les lieux sur-le-champ. Qui plus est, des panneaux clignotent en permanence : « Prière de s'éloigner du convertisseur pendant le soufflage ! » A un autre endroit, il est écrit : « Emission d'oxygène ! Danger d'incendie ! » Mais rien n'y fait, il faut continuer à travailler. Un jour, un ouvrier turc prend peur et veut s'éloigner de la zone dangereuse. Le contremaître de chez Thyssen lui fait comprendre sans ambages qu'il vaudrait mieux qu'il continue. Sans quoi, ce serait un abandon de poste qui serait immédiatement sanctionné par un renvoi.

Un contremaître finit par nous expliquer un jour à quoi servent à son sens tous ces dispositifs : « Une fois, il y a eu un accident dans le secteur des convertisseurs ; du coup, la boîte a été obligée d'installer ce système d'alarme et de prévention. Comme ça, s'il y avait un jour un nouveau pépin, Thyssen n'en serait pas responsable. On vous aurait prévenus qu'il ne fallait pas travailler dans le secteur. »

Voilà donc comment Thyssen se tirerait d'affaire en cas d'accident : on vous a mis en garde on ne peut plus clairement, alors s'il vous arrive quelque chose, vous n'avez qu'à vous en prendre à vous-mêmes. Comme pour nous rassurer, on a installé un certain nombre de douches dans la zone dangereuse : si un incendie se déclare, on peut aller se placer sous le jet d'eau. On a même pris le soin d'apposer à l'intention des immigrés qui ne savent pas l'allemand des plaques en émail représentant la silhouette d'un ouvrier casqué et revêtu de sa tenue de travail réglementaire qui, entouré de flammes, a trouvé son salut en se plaçant sous la douche. La plaque est ainsi légendée : « DOUCHE D'URGENCE ».

Mais voici enfin un boulot agréable, à proximité de l'atelier de frittage III. Juchés sur un toit, nous faisons descendre avec des câbles des seaux remplis de poussière et de boue dans les bennes. Cela demande de gros efforts, bien sûr, on transpire abondamment, mais au moins l'air que l'on y respire n'est pas complètement vicié, on peut regarder le paysage industriel qui s'étend alentour. On devine même le Rhin au loin.

Quand on échappe à ces sinistres culs-de-basse-fosse, qu'on remonte à l'air libre, on est tout de suite dans un autre état d'esprit ; même la pluie y est presque bienvenue.

C'est un vrai plaisir d'avoir autour de soi une vue dégagée, de ne plus crever d'étouffement. C'est un peu comme si on sortait de prison. Mais à peine avons-nous joui trois petites heures de cette relative liberté, et voilà qu'on nous ramène tout à coup à l'atelier d'Oxygène. Nous repartons à toute allure dans le bus Mercedes, accroupis au milieu des outils et des brouettes. La visibilité est mauvaise et le chauffeur (turc lui-même) manque d'écraser un vieil ouvrier turc. Commentaire du chef d'équipe : « Vas-y, fonce, t'auras une prime, ça fera un Turc de moins ! »

Zentel, le contremaître, nous explique ce que nous avons à faire : le transbordeur de fonte brute — une espèce de monstre gigantesque — est en panne. Toute la production est bloquée. Chaque minute qui passe représente une perte colossale pour la boîte. La panne a entraîné la rupture d'une pièce de la machine. On en a apporté une autre, on est déjà en train de la changer. Notre boulot à nous, ça va être de nous faufiler dans les gaines de dépoussiérage et de les déboucher.

« Allez, grouillez, et mettez-en un coup, fait le shérif, vous ne ressortirez de là que quand l'installation sera à nouveau en état de marche. Il faut que tout ça soit réglé au plus tard à 13 heures ! »

Juchés sur des échelles branlantes, nous nous faufilons dans des ouvertures qui ne font même pas notre largeur d'épaules. Nous nous attaquons au minerai de fer qui s'est agglutiné et incrusté à coups de pied-de-biche, de pelles, d'énormes marteaux de forgeron. Mais le minerai est si compact que presque rien ne se détache. Voyant que nous n'arrivons qu'à peine à entamer cette saloperie de minerai, Alfred, le chef d'équipe qui est là pour nous faire activer, devient complètement enragé : « Bande de métèques, de bougnouls, espèces de nègres de merde, de turcs à la con, de youpins de mes deux ! », se met-il à hurler, stigmatisant en bloc toutes les variétés d'étrangers de sa connaissance, « y a vraiment rien à tirer de vous, juste bons à être collés au mur, et hop, une balle dans la nuque ! » Il braille à en perdre haleine, c'est tout juste s'il ne nous cogne pas dessus. Il prend un pied-de-biche et le lance à la tête d'un de nos nouveaux collègues, un Indien : « Toi, c'est pas la peine que tu remettes les pieds ici !, beugle-t-il, enfin quoi, est-ce que je vais vous prendre votre boulot en Turquie, moi ! »

— Il vient pas de Turquie, il est indien », fais-je remarquer.

Mais Alfred ne veut pas en démordre : « Moi, ceux qui viennent d'Anatolie, je les repère de loin ! Et celui-là, il a exactement la même gueule de tapé que les autres ! Non, ça, je les repère tout de suite, ceux qui viennent de votre foutu pays où on éteint la lumière en cassant les ampoules à coups de marteau ! »

Un jour, Alfred parle de moi avec un collègue, un Allemand. Il lui certifie que moi aussi, je viens d'Anatolie : « La preuve, c'est qu'il arrête pas de poser des questions complètement débiles, de quoi te rendre dingue ! »

Une autre fois, il me demande pourquoi je n'ai pas eu la bonne idée de rester en Turquie. « Pour des raisons politiques, parce que c'est dictature militaire, là-bas », lui dis-je. Ce qu'il traduit à sa manière en s'adressant à son collègue allemand : « Ali, y travaille ici parce qu'y peut pas rentrer en Turquie à cause de ce cinglé de Khomeyni qu'ils ont là-bas ! »

Cela fait donc une heure qu'Alfred nous houspille et nous harcèle, bien en vain. Le shérif arrive et constate que nous ne pouvons rien faire avec l'outillage primitif que nous avons. Il fait apporter des marteaux-piqueurs, des foreuses et de longs racloirs. Nous nous attaquons alors — sans masques — à la masse compacte, des nuages de poussière s'élèvent et nous ne tardons pas à suffoquer. Les chefs sont là à nous harceler tandis que nous rampons, couchés sur le côté, dans les entrailles de la machine. Le grondement des marteaux-piqueurs résonne dans les boyaux métalliques, nous assourdissant complètement. Ici, les protège-oreilles, on ne connaît pas plus que les masques à poussière. J'ai les yeux qui brûlent, le nez qui coule, je crache mes poumons. C'est l'enfer. Comme dit Mehmet : quand c'est comme ça, on se dit qu'on préférerait passer des mois en prison plutôt que devoir supporter ça quelques heures de plus. On imagine les supplices variés qu'on aimerait infliger à Adler. On se dit qu'on va jouer son va-tout, qu'on va faire un casse mirobolant, qu'on va attaquer une banque... Quand on se retrouve dans cette merde, on n'a plus rien à perdre, on n'a même plus peur de la prison. Nous avons les genoux en sang, les gants de travail partent en morceaux. Mais le convoyeur ne marche toujours pas. 13 heures arrivent, puis 14, puis 15... Nous continuons à taper comme des sourds avec des outils qui pèsent du plomb, à bouffer de la poussière.

Le Dr Jutta Wetzel, gastro-entérologue, évoque la situation de ses patients étrangers :

« En général, les travailleurs immigrés connaissent des conditions de travail extrêmement difficiles. Il faut entendre par là non seulement ces fameux ''boulots dont personne ne veut'', mais aussi — et cela est lourd de conséquences — des activités contraignant souvent l'individu à travailler des heures durant dans des postures artificielles. Il en découle des phénomènes d'usure prématurée de la colonne vertébrale et des articulations. De la même façon, la présence massive de fumées et de poussières entraîne l'apparition de bronchites et de gastrites. Sans oublier, bien sûr, les dangers accrus qu'entraîne le contact avec des substances hautement nocives telles que l'amiante.

« Mais ces conditions de travail, je ne les connais que par les descriptions crédibles que m'en ont faites quelques patients. Car chaque fois que j'ai voulu me rendre sur les lieux, cela m'a été refusé. En dépit du fort taux de chômage que nous connaissons, les entreprises ne trouvent que peu d'Allemands pour accepter ce type d'emplois. Les entreprises (mines, entreprises sidérurgiques, usines automobiles, entreprises de construction routière, chantiers navals, industrie chimique) ont tellement besoin des travailleurs immigrés qu'elles acceptent comme une donnée le taux relativement élevé de morbidité qui prévaut parmi eux. Dès lors, il est indispensable de mettre en relation les taux de morbidité respectifs des travailleurs allemands et étrangers avec leurs conditions de travail respectives.

Arrive une grosse légume de chez Thyssen, il se met à engueuler tout le monde : l'équipe suivante est déjà là, elle attend pour remettre l'installation en route, il serait peut-être temps que nous arrêtions de tirer au cul... Mais nous, nous nous vidons les tripes, vu que tout ce que nous voulons, c'est sortir de là le plus vite possible. « Vous sortirez pas de là avant que ça marche !, lance le contremaître, même s'il y en a pour vingt heures ! »

Yüksel prend son courage à deux mains et implore littéralement le grand manitou de Thyssen de nous fournir des masques anti-poussière. Impassible, le type répond : « Y en a pas. Tout ce qu'on vous demande, nom de dieu de bordel, c'est d'en finir ! »

C'est à 18 h 15, après douze heures d'efforts, que s'achève enfin l'équipée du commando suicide. Sitôt montés dans le bus, presque tous piquent du nez, effondrés sur les tas d'outils.

Depuis ce jour, j'ai les bronches presque constamment irritées. Aujourd'hui encore — six mois après — il m'arrive de cracher, après une quinte de toux, une espèce de jus noir...

Du plomb dans des bras et les jambes

Il y a une telle concentration de poussière dans les différents secteurs où nous travaillons que non seulement nous respirons toute cette saleté, mais nous la bouffons au sens propre du terme. Pourtant, personne ne se soucie de contrôler notre état de santé ou les substances que nous ingurgitons. Tout ce qu'on fait, c'est nous donner un peu de lait de temps en temps. Je ramasse en cachette des échantillons de cette poussière aux couleurs chatoyantes. Une simple poignée de cette saleté pèse aussi lourd qu'une pierre. Je transmets le tout à l'Institut de l'environnement de Brême qui est rattaché à l'université de cette ville. Cet institut est totalement indépendant de l'industrie. On y pratique couramment depuis de nombreuses années des analyses de ce type. On y a, par exemple, analysé des échantillons de terre provenant de l'usine de piles électriques Sonnenschein (située à Berlin). Ce fut l'occasion pour les journaux de faire la une sur cette entreprise — elle appartenait alors à l'actuel ministre des PTT Schwarz-Schilling, elle est maintenant passée aux mains de sa femme.

Les premiers résultats des analyses des poussières de Thyssen me sont parvenus peu avant la parution de ce livre. Jamais encore l'Institut n'avait eu à constater une telle concentration de substances hautement toxiques. Dès qu'ils se sont mis à travailler sur les premiers échantillons, les chercheurs se sont trouvés confrontés à des difficultés inédites : il y avait là une telle concentration de substances diverses que leurs appareils destinés à des mesures très fines en perdaient leur latin. C'était comme une sorte de bottin mondain des métaux lourds : astate, baryum, plomb, brome, chrome, fer, gadolinium, cobalt, cuivre, molybdène, niobium, palladium, mercure, rhodium, rubidium, ruthénium, sélénium, strontium, technétium, titane, vanadium, tungstène, yttrium, zinc et zirconium — en tout vingt-cinq substances nocives.

Ce sont deux métaux, que l'on retrouve particulièrement concentrés dans ces poussières, qui représentent le danger le plus important : le mercure et le plomb. Voici ce que dit à ce propos l'Institut de Brême :

« Le plomb est un poison cumulable, c'est-à-dire qu'il se concentre dans le corps, même s'il est absorbé en très petites quantités. Cette accumulation de plomb peut entraîner une intoxication chronique... Cela peut déboucher sur des modifications de la personnalité, des dérèglements psychiques, des paralysies et des transformations génétiques. »

Non moins redoutables sont les effets du mercure, tels que les décrivent les chercheurs : « Les premiers symptômes morbides d'un empoisonnement au mercure apparaissent au niveau des centres nerveux, se manifestant par des fourmillements et un engourdissement des extrémités, puis par une insensibilité croissante de la région buccale. Simultanément apparaissent des troubles oculaires avec rétrécissement du champ de vision. Le système nerveux central se trouve affecté, d'où une réduction de la mobilité musculaire et une perturbation de la fonction de coordination et des troubles importants de l'équilibre. Bras et jambes sont fréquemment agités de spasmes, les muscles sont atteints de tétanie. Le cerveau s'atrophie jusqu'à 35 % de son volume. »

Même les « concentrations les plus réduites » de ces deux corps peuvent avoir des effets toxiques et entraîner des empoisonnements. C'est pourquoi la loi autorise « au maximum » la présence d'un milligramme de mercure par kilo (1 PPM) et de dix milligrammes de plomb par kilo (10 PPM) dans les produits alimentaires. Ce que nous ingurgitons contre notre gré chez Thyssen représente quatre-vingts fois cette quantité de mercure (77,12 PPM exactement) et deux cent cinquante fois cette quantité de plomb (2501 PPM).

L'Organisation mondiale de la santé (OMS) considère que l'absorption hebdomadaire de trois milligrammes de plomb par un individu est le grand maximum tolérable. Ironie du sort, il se trouve que l'expression « avoir des jambes (ou des bras) de plomb » est particulièrement appropriée, puisque 90 % de la quantité de plomb que l'on absorbe vont se concentrer dans les os.

Même phénomène pour le mercure qui, lui aussi, se concentre dans le corps.

Ce n'est qu'après avoir procédé à des analyses de sang que

l'on pourra déterminer en quelle quantité ces substances nocives se concentrent dans les poumons, le sang et les os des ouvriers de la sidérurgie. Quoi qu'il en soit, la plupart de mes collègues se plaignent régulièrement de troubles respiratoires, de nausées, de manque d'appétit, de vomissements, de troubles circulatoires et de bronchites aiguës. Les chercheurs sont formels : les bronchites sont à rapporter à l'irritation qu'entraîne l'absorption de poussières et les autres troubles constituent des symptômes classiques d'intoxication par les métaux lourds — le plomb en tout premier lieu.

Malade un jour, malade toujours

Les chercheurs qui étudient les causes des maladies ont étudié sur des dizaines d'années les effets du travail dans les cokeries, et ce dans le monde entier. Il n'y a maintenant plus l'ombre d'un doute : travailler en cokerie nuit à la santé.

Ce sont les cendres volantes produites par les gaz de la cokerie qui sont les plus dangereuses car elles contiennent des goudrons. « Le goudron et toutes les substances en comprenant ont un effet cancérigène », écrit dans une revue spécialisée, *Arbeitsmedizin*, le professeur de médecine de Hambourg A. Manz.

Différentes statistiques ont été publiées sur l'occurrence de maladies cancéreuses chez les travailleurs des cokeries. Jusqu'à présent, seul le cancer de la peau a été reconnu par les autorités de la République fédérale d'Allemagne comme maladie professionnelle due au contact du « coaltar », le goudron de houille. Mais l'essentiel du problème est ailleurs.

Les ouvriers des cokeries contractent en moyenne trois fois plus de cancers des poumons que le reste de la population masculine allemande, et deux fois plus de cancers de la vessie, de l'estomac et de l'intestin. Les chiffres sont encore plus alarmants si l'on fait la comparaison avec les employés de bureau : les travailleurs de cokeries meurent dix fois plus qu'eux de cancers de la vessie, et contractent huit fois plus de cancers des poumons.

Les spécialistes savent pourquoi : le « coaltar » contient une substance fortement cancérigène, le benzopyrène. On en trouve aussi dans la fumée des cigarettes. Simplement, il est trois à quatre cents fois plus concentré dans l'air ambiant des cokeries.

Une étude approfondie menée auprès des ouvriers des cokeries en Pologne a montré qu'il existe une relation étroite entre « certaines affections chroniques courantes des voies respiratoires » (comme les bronchites chroniques, par exemple) et les gaz des cokeries. Mais ce n'est pas tout : une fois que l'on a contracté une bronchite, on est tout particulièrement exposé à attraper d'autres maladies dans la mesure où, manifestement, le gaz des cokeries affaiblit le système des défenses immunitaires du corps.

Malade un jour, malade toujours — telle est la devise.

La conclusion, nous dit le professeur Manz, est toute simple : les ouvriers des cokeries ont une espérance de vie beaucoup plus courte que le reste de la population.

Le test

« Arrêtez les expérimentations sur les animaux, prenez des Turcs ! »

Graffiti sur un mur à Duisburg-Wedau.

Dans la peau du cobaye

L'un de mes collègues turcs, Osman Tokar (22 ans) a perdu son logement. Ça fait des semaines qu'Adler le fait lanterner avec l'argent qu'il lui doit. Mais son propriétaire, lui, s'est lassé d'attendre : il a fichu Osman dehors et gardé en otage son pauvre mobilier. Il a tout mis à la cave, en attendant qu'Osman paie ses 620 marks d'arriérés. Depuis, Osman n'a plus de domicile fixe. Tantôt il dort chez un cousin, sur un matelas jeté dans le couloir, tantôt chez des amis qui l'hébergent pour quelques nuits. Mais pas moyen de rester longtemps où que ce soit, tous sont déjà bien trop à l'étroit.

Il est arrivé à Osman — il a un peu honte de me l'avouer — de passer la nuit sur un banc dans un jardin public. Ne pouvant justifier d'aucun domicile fixe, ayant déjà dû s'adresser quelquefois à l'Aide sociale, il risque maintenant d'être expulsé. Mais il ne veut pas rentrer en Turquie. Il n'a jamais fait qu'y passer, en visite chez des parents, alors — malgré tout — il se sent davantage chez lui dans cette Allemagne glacée, où il n'est qu'un étranger, que dans son pays natal où il n'a passé que les deux premières années de son existence. Il parle plutôt mieux allemand que turc, mais les deux restent pour lui des langues étrangères. Il n'arrive pas à savoir quelle est vraiment sa place, il a l'impression qu'on lui a « volé son âme ».

Je propose à Osman de venir habiter chez moi, dans la Dieselstrasse. Mais il refuse. Le boulot chez Thyssen lui a déjà valu une toux chronique et il a peur de dormir « si près des gaz empoisonnés de la cokerie ». Il envisage parfois de se suicider. Nous nous retrouvons un jour ensemble à bosser tout un poste dans une trémie à charbon pulvérisé, bouffant de la poussière au kilo, à en dégueuler. Lorsque nous remontons à l'air libre pour une pause de quelques minutes, il me dit : « Des fois, je rêve — hop plonger dans le feu du haut fourneau. Ça ferait juste un petit "pschitt !", et puis tranquille ! »

Je me tais, embarrassé.

« Ça fait peur seulement parce qu'on sait pas, parce que personne l'a encore fait, reprend Osman. Mais ramper dans le poussière comme des vers de terre, et en plus se faire marcher dessus tout le temps, c'est encore bien plus pire, non ? »

Et là il me raconte l'histoire d'un ouvrier qui, tombé par accident dans le haut fourneau, s'est immédiatement désintégré. Il ne restait rien de lui, on a donc pris un peu de métal en fusion, symboliquement, et on l'a remis à la famille pour « l'enterrement ». Incorporé à l'acier, il est passé au laminage avant de « devenir » voiture, casserole, tank...

Osman m'annonce qu'il va se rendre chez l'un de ses oncles, à Ulm. Il sera logé, il aura un boulot, au moins aussi nocif que chez Thyssen, dit-il, mais pour lequel on le paiera, au moins. Pas moyen de lui faire dire, au début, de quoi il retourne.

« Chez Thyssen, faut bouffer le poussière et travailler comme une bête. Là, suffit avaler des trucs et donner son sang. »

Un boulot très spécial, dit Osman, où sont fort appréciés les étrangers, Turcs, Indonésiens, réfugiés politiques latino-américains et pakistanais, etc. Que leur demande-t-on, au juste ? *De faire les cobayes humains pour l'industrie pharmaceutique.* Je demande à Osman si je ne peux pas le remplacer pour un test qui va commencer les jours suivants. Pour le dédommager, je lui céderai la moitié de mon salaire — mille marks. Il est d'accord. Ça tombe bien pour moi : avec mon épaule bousillée et ma bronchite en passe de devenir chronique, j'aurais déjà dû renoncer depuis longtemps au travail éreintant que je fais chez Thyssen.

Osman me met donc en contact avec l'Institut LAB, à Neu Ulm. Il est installé dans un bâtiment vaste, plutôt sombre, où règne une odeur de renfermé qui me rappelle les auberges de jeunesse des années cinquante. C'est un jeune type de vingt-cinq ans environ, le genre débonnaire et bon vivant, qui fait office de «père aub'». Il fait de son mieux pour créer une ambiance détendue et dissiper nos inquiétudes. Dans la salle d'attente, quelques punks à coupe d'Iroquois (ce sont déjà des habitués), des étrangers au type franchement méditerranéen, et pas mal de jeunes chômeurs. Plus deux types — genre clodo de hall de gare — il y en a un qui a d'ailleurs l'haleine légèrement avinée.

Je présente le papier qu'Osman m'a remis et demande au «chef d'accueil» s'il n'aurait pas par hasard un test un peu moins dangereux à me proposer. Osman m'a en effet prévenu que le test prévu a toutes les chances de s'accompagner d'effets secondaires extrêmement violents et désagréables.

«Allons, n'aie pas peur, fait le type d'un ton rassurant, personne n'est encore ressorti d'ici les pieds devant !» Puis il ajoute : «Tu sais, ici, ça se passe vachement cool !»

Le « père aub' » fait dans la familiarité, il tutoie tout le monde. « Mais d'abord, conclut-il, il faut qu'on voie si tu fais l'affaire... »

Me voilà donc parti pour les différents contrôles de routine. On me pompe une bonne quantité de sang, on analyse mon urine, on me fait un électrocardiogramme, on me mesure, on me pèse. Au bout de la chaîne, un médecin examine les résultats. J'ai un pincement au cœur en le voyant car ce pourrait bien être un « compatriote ». Mais non, il n'est pas turc, c'est un Bulgare qui a émigré en Allemagne. Il connaît « mon » pays et me parle un peu de la Turquie.

Il me raconte entre autres qu'il y avait auparavant beaucoup de « testeurs » turcs, mais que ces derniers temps ils ont été nombreux à regagner leur pays. Dans ce labo, ajoute-t-il, on a toujours été content d'eux parce que ce sont des « durs à cuire » et qu'ils « ne commencent pas à se plaindre dès le premier petit bobo ». Il examine ma vue et s'aperçoit que je porte des verres de contact, mais il lui échappe, heureusement, qu'ils sont fortement teintés. Je lui explique qu'on me les a prescrits pour mon boulot de soudeur où des lunettes m'auraient handicapé.

Ali est déclaré bon pour le service, c'est-à-dire en assez bon état pour avoir le privilège d'ingurgiter des cachets et de se faire faire des piqûres susceptibles de le rendre malade.

On lui fait signer une attestation par laquelle il se déclare d'accord pour être soumis aux tests ; puis on lui remet un bulletin d'information de cinq pages, rédigé en allemand, ayant trait aux médicaments qui vont être testés :

« Bulletin d'information destiné aux sujets de l'étude pharmacodynamique comparative de quatre préparations contenant du phénobarbital et de la phénytoïne. »

Pour Ali, les noms de ces médicaments sont du chinois et le « père aub' » lui-même éprouve quelque difficulté à prononcer d'un seul jet « phénobarbital » et « phénytoïne ». « Pas moyen de retenir ça », dit-il. De toute façon, si l'on en croit le bulletin d'information, ces médicaments ne sont pas destinés à soigner des maladies courantes, mais « l'épilepsie » et les « convulsions fiévreuses » chez les enfants.

Pratiquement tous les chercheurs qui ne dépendent pas de l'industrie pharmaceutique s'élèvent violemment contre l'emploi de tels « mélanges ». En effet, la combinaison de deux agents interdit un dosage adapté aux besoins de chaque patient. Mais ces préparations font bien l'affaire d'un certain nombre de médecins peu consciencieux : ils ont d'autant moins à s'occuper de leurs patients.

En outre, le composant « phénobarbital » entre dans la catégorie chimique des barbituriques ; ceux-ci ont pour particularité d'engendrer très rapidement la dépendance. C'est précisément à cause de ce danger d'accoutumance qu'au cours de ces dernières années des centaines de médicaments contenant des barbituriques ont été interdits.

Nous allons donc servir à tester un médicament où entrent en composition des mélanges qui n'ont rien de nouveau et qui, en fait, devraient être retirés du commerce. Personne ne se donne la peine de nous expliquer quel peut bien être l'intérêt de les tester encore.

En tout, le test est programmé sur onze semaines avec quatre séries de vingt-quatre heures de « réclusion totale ». Nous devons toucher un forfait de deux mille marks. Le bulletin d'information évoque quelques effets secondaires parmi les plus fréquents : « Fatigue, modification de l'humeur, troubles moteurs ou nerveux, modification de la formule sanguine, trouble de la formation des cellules sanguines, modification du champ visuel, manifestations allergiques sous forme de réactions cutanées. » En outre, « chez environ 20 % des sujets apparaissent des inflammations des gencives ». Enfin, avec un peu de malchance, on peut avoir droit à des « démangeaisons, des troubles respiratoires, des bouffées de chaleur, des nausées, voire des vomissements ».

« En de rares cas seulement, peuvent survenir des états menaçant la vie du sujet — crises d'étouffement, troubles importants de la circulation sanguine — et qui nécessitent une intervention médicale immédiate. »

Mais pas besoin de se biler. En cas de pépin, l'assurance paie : « Si, contre toute attente, votre santé devait avoir à souffrir de votre participation à cette étude expérimentale, le LAB ou ses commanditaires prendraient en charge sans aucune restriction ni limitation les soins médicaux qui devraient en résulter. » Sont néanmoins « explicitement exclus de cette clause les dommages qui n'auraient qu'un rapport indirect avec votre participation à cette étude expérimentale (par exemple, d'éventuels accidents de la circulation sur le chemin de l'institut ou au retour de l'institut) ».

Que se passe-t-il alors si un testeur victime de « troubles moteurs » ou de « troubles sanguins » a un accident de la circulation ?

Après m'avoir fait signer l'attestation, on me remet un calendrier pour la prise des médicaments et les prises de sang horaires qui les accompagnent.

Le test ne commencera que le lendemain, mais dès cet instant, je ne dois plus quitter l'établissement c'est-à-dire l'institut et l'arrière-cour attenante. Cela s'appelle « détention volontaire ». On nous remet notre trousseau : une couette avec sa housse, des draps, une taie d'oreiller. Au premier étage se trouvent les « salles de soin » ; labo, local pour les prises de sang, bloc d'urgence. Au second étage la salle de télévision et les dortoirs.

Un type est assis sur la couchette inférieure de lits superposés. Il ne lève pas les yeux lorsque j'entre dans le dortoir. Deux autres sont assis à une table, ils continuent à faire leurs mots croisés. Je passe dans le second dortoir, avec vue sur la cour. A gauche, un atelier de réparation de voitures, devant — entre un mur et une benne à ordures — quelques meubles de jardin en plastique, grisâtres. A droite, l'entrepôt d'un négoce en gros de produits biologiques. A l'arrière-plan, la gare de marchandises. Un paysage de désolation.

Comme pour conjurer le sort, tous les cobayes volontaires répètent sur tous les tons que la chose est absolument sans danger. « Le danger est beaucoup plus grand pour eux que pour nous », dit l'un. Et il ajoute : « S'il arrivait quelque chose, ça ferait un scandale de première, et ça, ils ne peuvent pas se le permettre. »

Certains n'en sont pas à leur coup d'essai : il y a des « cobayes professionnels » — dont beaucoup sont des étrangers — qui passent d'un institut à l'autre et se soumettent parfois, au péril de leur vie, à deux tests en même temps. Pour les gens du métier, cela s'appelle « tapiner pour l'industrie pharmaceutique ». Ils paient à la pièce des rabatteurs et des recruteurs pour embaucher des chômeurs, des clochards et autres nécessiteux qui serviront de cobayes.

Tout le monde se retrouve pour le repas du soir autour d'une longue rangée de tables. Il y a quatre femmes parmi nous. Avant de les embaucher, on leur a fait un test de grossesse. Mieux vaudrait qu'elles ne tombent pas enceintes pendant la série de tests qu'elles vont subir — plusieurs mois durant en règle générale : leurs bébés auraient toutes les chances d'être malformés ou handicapés. Mais le LAB a aussi prévu cette éventualité : il leur fournirait — comprenne qui pourra — « une assistance médicale et morale ».

On nous tend une assiette par un passe-plat : du pain, du beurre, quelques tranches de fromage, une tomate, un cornichon, un poivron. *Bonny and Clyde* passe à la télé. On a baissé les rideaux pour voir quelque chose malgré le soleil couchant. L'antenne ne marche pas. A condition que quelqu'un la tienne, l'image se dessine faiblement sur l'écran. Il y a dans l'air une odeur de fumée et de mégots froids. Quand le programme télé s'achève, personne n'a envie d'aller dormir. Nous restons assis dans la cour jusqu'à minuit passé, silencieux, à boire une eau fadasse dans des gobelets en carton. C'est la seule chose que nous ayons encore le droit d'absorber.

Ceux qui sont au lit restent là, les yeux fixés au plafond, ou essaient de dormir. Un type s'est assoupi près de son transistor, « Musique après minuit », à plein volume. Personne ne va éteindre la lumière. A partir de 2 h 30, c'est « Musique jusqu'au petit matin ». Je finis par aller éteindre la radio et le néon qui m'aveugle.

Grosse agitation du côté de la gare des marchandises où l'on manœuvre des wagons qui ne cessent de se heurter à grand fracas. Dans la cour, le vent fait voler des gobelets de plastique vides. Quelqu'un se masturbe sous sa couverture, inlassablement — et sans résultat.

A six heures, la porte s'ouvre : « Debout ! » Nous nous levons, sans un mot, sans un bonjour. Chacun dans son coin, chacun pour soi désormais. Mon flacon d'urine porte le numéro 4. Ce qui veut dire : à 6 h 04 le cathéter dans le bras, à 7 h 04 la prise des médicaments, à 8 h 04 la prise de sang, etc.

Au début, nous nous mettons encore en rang. Mais nous repérons rapidement après qui et avant qui nous sommes, c'est-à-dire quand arrive notre tour. Celui qui me suit vient tout juste de sortir de prison, il n'a trouvé de boulot nulle part. Ici, personne ne lui a rien demandé. Les deux jeunes types qui nous plantent le cathéter dans la saignée du bras parlent de leurs prochains examens. Ils n'ont pas encore achevé leurs études de médecine. Apparemment, ça ne les empêche pas de surveiller la prise des médicaments. Mes deux gélules, il faut que je les avale sous leurs yeux.

La première chose que je note, c'est que mon champ de vision se réduit. J'essaie de regarder dans la cour, par la fenêtre, mais le soleil m'éblouit, j'ai mal aux yeux. Je vais m'étendre sur mon lit, je somnole. Toutes les heures, je vais à la prise de sang en somnambule. Tous les autres ont l'air blême et défait.

De plus en plus souvent, les cobayes manquent à l'appel et il faut aller les tirer de leur lit. Une femme se plaint de bouffées de chaleur, de vertiges et de troubles circulatoires. Elle sent ses bras froids, mous et engourdis.

Le lendemain, je me sens dans un état franchement lamentable. De toute façon, ces tests sont complètement absurdes, on connaît déjà tous les effets secondaires de ces médicaments : sensation de lourdeur extrême, maux de tête violents, absences, troubles importants de la perception — bref, un état d'hébétude complet. A quoi s'ajoutent, pour moi, d'abondants saignements des gencives. Avec en plus l'obligation d'aller se faire pomper le sang sept fois par jour et de se tenir en permanence à la disposition de ces messieurs-dames. Tous les autres se plaignent aussi de troubles sérieux.

Pourtant, il faut que l'un d'entre nous se décide à en parler pour que les autres (presque tous) admettent qu'eux aussi ont mal à la tête. A l'évidence les cobayes ont peur de ne pas être admis à participer à un autre test. L'un d'entre eux, âgé de 39 ans, au chômage depuis trois ans, me raconte : « J'ai déjà connu des tests bien pires que celui-là : par exemple une fois, au bloc d'urgence, on nous avait mis sous perfusion continue. La plupart des gars n'ont pas tenu le coup. Il y en a qu'il a fallu ramener dans leur lit sur une civière. » Il me parle d'un institut de Munich où l'on fait de nuit des tests particulièrement dangereux, « atrocement douloureux... mais là-bas, ils manquent toujours de candidats ». Un autre cobaye me parle d'un « bunker pour tests psychiques » à proximité de Munich où l'on pratique des expériences sensorielles : les types sont enfermés, souvent pendant quatre semaines, dans l'obscurité totale. Dans un centre de cardiologie de Munich, me rapporte un jeune homme de dix-huit ans, « on vous bricole le cœur pour un bon paquet d'argent ».

Quand cette première « série » s'achève, je décide d'en rester là. En principe, je devrais me faire « encaserner » encore trois jours entiers au cours des onze semaines à venir. Et puis à en croire ceux qui ont déjà tenté l'expérience, loin de s'atténuer, les effets secondaires s'aggravent au fil des tests. Sans compter qu'il faudrait que je me pointe chaque matin à 7 heures (y compris les samedis et les dimanches) pour la prise de sang, qu'il faudrait que je recueille pendant ces onze semaines toute mon urine dans des récipients en plastique... Non, c'est vraiment trop.

Ceux qui, comme moi, abandonnent le test en cours de route ne touchent pas un rond.

Pour Norbert Riedbrock, professeur d'université à Francfort, « les deux tiers des études pharmacologiques de ce type sont inutiles. Ce sont, ajoute-t-il, des études que l'on détourne de leur but à des fins commerciales et il n'y a plus aucun rapport entre leur utilité réelle et les dépenses qu'elles occasionnent[1] ».

Ces tests ont déjà entraîné mort d'homme. Il y a deux ans, par exemple, Neill Rush, un cobaye professionnel irlandais, est mort subitement pendant une série de tests. Il expérimentait pour la firme Kali-Chemie de Hanovre un médicament contre l'arythmie cardiaque. La veille, Rush avait testé dans un autre institut le Depoxil, un remède contre les troubles psychiques. L'autopsie a montré que la combinaison des deux médicaments avait entraîné une mort foudroyante. (On devrait, pour le moins, exiger que l'industrie pharmaceutique mette en place un système de « cartes de testeurs » qui rende impossible la participation simultanée à deux tests.)

L'un des cobayes du LAB m'a refilé une autre adresse : celle de BIO-DESIGN, à Fribourg-en-Breisgau. « Ils ont toujours besoin de monde, et ils paient bien. Et surtout, la nourriture est bien meilleure que la tambouille d'ici ! » Ce sera donc ma prochaine étape.

Contrairement à ce LAB quelque peu décrépit et calamiteux, BIO-DESIGN est installé dans un bâtiment d'allure futuriste, flambant neuf — on pourrait le prendre pour une station spatiale. La dame de l'accueil me pose la même question préliminaire qu'Adler quand un nouveau se présente — simplement elle y met un peu plus les formes : « Qui vous a recom-

1. Déclaration faite au cours de l'émission « ZDF-Reportage am Montag » intitulée *Effets secondaires sans gravité*, réalisée par S. Matthies et B. Ebner, diffusée le 26 août 1985.

mandé notre établissement ? » Je lui donne le nom de mon copain du LAB.

La boîte a aussitôt une proposition alléchante à faire à Ali : 2500 marks pour quinze jours — mais à condition d'être « sur place en permanence ». Et lorsque Ali demande : « Y a impôts à payer ? », on lui répond aussitôt : « Non, non, ce n'est pas déclaré. C'est considéré comme étant d'utilité publique. »

Apparemment, les vaillants cobayes ne se bousculent pas pour ce test : on tente une nouvelle fois d'allécher Ali en lui proposant une avance : « Si vous décidez de prendre part à ce test, on peut éventuellement envisager un acompte, à titre exceptionnel. » Et puis encore : « Vous savez, vous serez bien nourri, ici. Tout est gratuit !

— Mais pourquoi tant d'argent ? C'est quoi, le test ? »

Une toute jeune employée me fournit quelques explications accompagnées, me semble-t-il, d'un petit sourire perfide : « Il s'agit d'un antagoniste de l'aldostérone, une substance qu'on appelle mespérinone. Elle a pour effet d'accroître l'activité rénale. C'est un corticoïde minéral qui influe sur le système hormonal. Il y a un produit de ce type qui est déjà dans le commerce et qui appartient au groupe des spironolactones. Il a été établi que lorsque cette substance est prescrite de façon prolongée, elle entraîne ce qu'il est convenu d'appeler une certaine féminisation — c'est-à-dire un développement anormal des seins chez l'homme. Mais on ne pense pas qu'un tel phénomène puisse se manifester avec ce test, c'est-à-dire sur un laps de temps de quinze jours.

MOI : C'est sûr, ça ?

L'EMPLOYÉE : Enfin, c'est ce qu'on pense. Mais c'est le but du test de le prouver. Avec ces choses-là, on ne peut jamais être sûr.

MOI : Et si ça arrive, ça part après ?

L'EMPLOYÉE (*rassurante*) : Oui, absolument, les choses se remettent en place. »

Ici, elle ment, à l'évidence. Pour supprimer une « gynécomastie » (c'est ainsi que l'on désigne en langage médical la formation de seins chez l'homme), il faut opérer. C'est du moins l'avis unanime des spécialistes.

Elle ment tout aussi sciemment sur un autre point. Lorsque Ali lui demande : « Et puissance sexuelle ? Ça reste ? », elle répond : « Alors là, rien à craindre. »

En réalité, on ne sait pratiquement rien des effets de la mespérinone sur l'homme. Un texte explicatif accompagnant ce test souligne explicitement qu'il faut s'attendre à l'apparition d'effets secondaires tels que « maux de tête, lourdeur, confusion, maux d'estomac, réactions cutanées », voire, si le médicament est administré à plus haute dose, « gynécomastie et impuissance ».

BIO-DESIGN ne ménage aucun effort pour bien tenir ses cobayes en main. Le contrat qu'il leur impose contient cette clause menaçante : « En cas de départ ou de licenciement sans préavis, la Société BIO-DESIGN peut exiger du testeur un dédommagement pour la part des dépenses engagées à son compte dans le cadre de cette recherche... » Le caractère à l'évidence immoral de ce contrat léonin ne semble guère troubler BIO-DESIGN. En fait, les cobayes se retrouvent complètement au pied du mur : quels que soient les maux et les effets secondaires qu'ils aient à endurer, ils doivent tenir coûte que coûte. Derrière l'aimable et avenante façade d'un marchand de beauté se dissimule un Dr Mabuse moderne et glacial qui voue à l'expérimentation chimique ceux qui sont tombés dans la misère — et ce à des fins de pure stratégie commerciale et pour le seul profit des grands trusts pharmaceutiques.

C'est une chance pour moi : je peux me permettre de repousser l'alléchante proposition de BIO-DESIGN et je m'en vais non sans m'être confondu en remerciements. Mais nombreux sont ceux qui ne peuvent pas en faire autant. Des boîtes comme LAB et BIO-DESIGN tirent parti de la crise économique qui jette de plus en plus de monde dans leurs filets.

Les responsables de ces entreprises s'abritent derrière de prétendues « commissions d'éthique » où siègent des scientifiques et même des ecclésiastiques. Ces commissions d'éthique sont des commissions de contrôle « volontaire » dont les résolutions sont impératives dans des pays comme le Japon et les États-Unis, — mais pas en République fédérale d'Allemagne.

Parler d'éthique dans un tel contexte ! Ce ne peut être que pur cynisme. Les dirigeants de ces entreprises peuvent à tout instant soit modifier la composition de ces commissions, soit carrément les mettre au rencart. Mais même s'il s'agissait d'organismes officiels, comme c'est le cas dans d'autres pays, cela ne changerait rien : dans le meilleur des cas, ces « commissions d'éthique » ne peuvent juger que de problèmes *médicaux*. Mais une éthique *humaine*, elle, exigerait pour le moins que l'on se préoccupe de ces désespérés qui se retrouvent en marge de la société et qui pour cette unique raison font acte de candidature au suicide à crédit.

Je fais la proposition suivante : il faudrait adopter une loi faisant obligation aux gagne-gros de l'industrie pharmaceutique de se soumettre eux-mêmes aux tests Les avantages de cette solution sont évidents . pour la plupart d'entre eux, ces gens-là sont dans une bien meilleure condition physique que la masse des testeurs professionnels — tous plus ou moins esquintés —, et de surcroît, leurs revenus leur permettent de s'offrir force vacances et cures réparatrices. Du coup, aussi, cela ramènerait automatiquement et de manière radicale le nombre de tests au minimum de ce qui est vraiment nécessaire.

Il ne s'agit pas du tout d'une proposition fantaisiste. Il y a encore soixante ans, les inventeurs de médicaments commençaient par tester sur eux-mêmes les nouvelles substances qu'ils découvraient...

J'ai eu moi-même l'occasion de constater que les effets secondaires de ces tests sont bien moins rares qu'on ne le prétend. Au terme de mon voyage au pays des labos pharmaceutiques, les gencives de mon maxillaire inférieur se sont mises à enfler et à suppurer. Diagnostiquant des « inflammations gingivales », le dentiste trouva tout de suite la bonne piste : « Prenez-vous des médicaments contenant de la phénytoïne ? », me demanda-t-il. Je lui répondis par l'affirmative (la phénytoïne était l'un des composants du médicament que j'avais testé chez LAB à Ulm). Il fit aussitôt le rapprochement entre cet effet secondaire et la maladie dont j'étais censé souffrir : « Etes-vous épileptique ? », me demanda-t-il...

La promotion

Je me sens tellement paumé, tellement déglingué que je n'ai plus le courage de bosser chez Thyssen. Ali — je le sais bien — a pourtant beaucoup de collègues qui continuent à trimer pour Adler malgré les maladies et les accidents. Qui font leurs seize heures par jour malgré la grippe et la fièvre de crainte qu'on ne leur trouve tout de suite un remplaçant. Ou encore qui, comme Mehmet, continuent à venir au boulot complètement esquintés : une pièce métallique lui est tombée sur le pied et l'a blessé : il ne portait pas de chaussures de protection à embout. Son pied s'est mis à enfler à tel point qu'il a dû ouvrir sa chaussure sur un côté pour pouvoir la mettre et l'a entourée de fil de fer. Il souffre le martyre et fait son boulot en claudiquant, les dents serrées, sans jamais se plaindre.

Moi, je peux me permettre de jouer quitte ou double, faisant ainsi de nécessité vertu : j'ai appris qu'Adler a des problèmes avec son factotum (qui lui sert aussi de chauffeur) et je vais donc tenter par ruse de m'approprier la place de chauffeur. Je demande un rendez-vous à Adler, pour régler des problèmes de fric. Il est, comme à l'accoutumée, d'humeur revêche et me demande si je ne suis pas tombé sur la tête pour disparaître plusieurs jours, comme ça, sans le prévenir. Je me confonds en excuses et l'assure que je suis à nouveau en pleine forme, que cela ne se reproduira pas. Magnanime, il me donne rendez-vous pour le lendemain : « Et tâche un peu d'être à l'heure, hein, 14 heures précises ! »

Même scénario que d'habitude : à 14 heures, pas d'Adler. Ce n'est que trois heures plus tard, vers 17 heures, que je parviens à le coincer chez lui. Pour commencer, il essaie de m'éconduire : « C'est pas possible maintenant, fallait venir plus tôt. Suis en train de prendre un bain. » Tu parles d'un bain ! Il est tout habillé.

ALI : Peux attendre, vais m'asseoir sur l'escalier. J'attends trois heures déjà devant le porte...

ADLER (*d'un ton rogue*) : Pas question. Impossible. T'as qu'à revenir demain !

ALI : Mais c'est pas pour l'argent, veux seulement demander quelque chose...

ADLER : Non, pas question ! Demain. T'as qu'à téléphoner !

ALI : Seulement cinq minutes ! S'il vous plaît ! C'est un long voyage pour venir, plus qu'une heure...

ADLER : Appelez-moi demain, on pourra parler de tout ça au téléphone. C'est comme ça, j'y peux rien !

ALI : Dommage, c'est une bonne chose pour vous, faut que je vous aide...

ADLER (*curieux, inquiet*) : Ah bon ! Quoi donc ?

ALI : Faut que je vous aide, sinon quelque chose va arriver...

ADLER : M'arriver ? C'est quoi ? C'est qui ?

ALI : Je reviens après que vous êtes dans le bain...

ADLER : Mais non, attendez, rentrez donc un instant !

Ali le suit d'un pas hésitant dans son bureau et lui raconte que l'un des ouvriers auquel il — Adler — doit encore de l'argent veut lui coller une raclée. Mais lui, Ali, est bien décidé à ne pas le laisser faire.

Ali se met dans le rôle d'un fidèle Rintintin un peu niais, prêt à se sacrifier pour son maître, au prix de sa vie s'il le faut.

« Moi, je sais faire le karaté, karaté spécial, ça s'appelle *sisu*, proclamé-je. » Toute cette histoire est complètement fantaisiste, évidemment — je n'ai pas la moindre notion de karaté et, de surcroît, *sisu* est le nom d'un art martial finnois — qui veut dire dans cette langue quelque chose comme « persévérance », « patience », « endurance »... Mais ça, il l'ignore.

« Si quelqu'un fait quelque chose à vous, je suis là pour aider, dis-je, connais un coup spécial, hop, fini ! » Et comme pour manifester son implacable résolution, Ali assène un coup de poing à toute volée sur le bureau d'Adler. Celui-ci le dévisage, tout à la fois irrité et impressionné.

« Mais qui est-ce qui peut m'en vouloir ? fait-il, c'est bien, c'est normal que tu veuilles me défendre, mais c'est qui le salopard qui en a après moi ?

— Je sais pas son nom pour le moment, dit Ali, mais je lui ai dit que si il veut tuer Adler, il doit me tuer d'abord, parce que moi, je suis l'homme d'Adler ! »

Adler ne remarque pas qu'Ali, dans son zèle, en vient — contrairement à l'habitude — à retrouver l'usage du pronom personnel.

Adler a mordu à l'appât. Il passe en revue pendant près de cinq minutes des listes de noms — des Turcs, des Arabes faisant ou ayant fait partie de son personnel et auxquels à l'évidence il doit encore de l'argent. Autant d'assassins en puissance, donc... Lorsque Adler prononce certains noms, Ali fait semblant de tendre l'oreille, le fait répéter, puis secoue énergiquement la tête en signe de dénégation — non, ce n'est pas le nom du vengeur. Ali ne veut pas attirer le soupçon sur l'un ou l'autre de ses collègues, il invente donc un « vengeur fantôme », un « Arabe, membre d'un club de lutte turc », avec des pattes comme des battoirs — Ali mime un combat imaginaire ! Tout récemment encore, invente Ali, la brute a « arraché la moitié de la gueule» à un Allemand qui l'avait «insulté et trompé». «Avait le nez bousillé, le type, un œil fermé et la figure tout en travers».

Le regard d'Adler exprime une vive inquiétude, Ali avance donc ses autres pions. Il fait valoir qu'en plus du karaté, «a été longtemps chauffeur de taxi» et aussi «chauffeur d'un autre chef» qui a «un grand usine».

«Quelle usine?, s'enquiert Adler.

— Où ils font les machines à parler, répond Ali.

— Ah, tu veux dire des talkies-walkies?», présume Adler.

Ali confirme, non sans fierté. Il sait qu'au besoin le patron de la boîte en question pourrait lui faire un certificat de travail, puisque c'est une vieille connaissance[1]. «Dans l'armoire, j'ai encore l'uniforme, poursuit Ali, rayonnant, avec un beau casquette, impeccable!

— Tiens, c'est intéressant!, fait Adler, mais dis-moi, est-ce que tu conduis bien?

— Oui, oui, très très bien, le chef, avant, toujours il dort quand Ali conduit. Et Ali répare tout quand l'auto a la panne!»

C'est évidemment faux de a à z, mais je me dis qu'il y a bien peu de chances que la Mercedes 280 SE presque neuve d'Adler, avec tous les équipements spéciaux et les gadgets possibles et imaginables, tombe en panne...

«C'est à envisager, fait Adler, j'ai besoin d'un chauffeur pour me déplacer, et en plus, tu tiendras les emmerdeurs à distance. D'ailleurs, il suffira que tu me trouves leurs noms. J'ai mes entrées du côté de la police des étrangers. Tu vas voir, les cocos, ils vont se retrouver dehors avant d'avoir compris ce qui leur arrive!

1. A moi, s'entend... (N.d.A.)

— Non, laissez faire moi, dis-je, histoire de le détourner de ce funeste projet, rien à avoir peur, quand ils savent qu'Ali est l'homme d'Adler, ils se tiennent tranquilles. Un coup d'Ali, et y sont morts, un seul coup et hop, fini ! Vaut mieux que la police !

— Bon, fait Adler, viens lundi à 10 h 30, je te prends à l'essai. »

Et voici donc Ali promu. Hier bouffeur de poussière et quasi-forçat, le voici maintenant chauffeur de maître et garde du corps. Preuve éclatante que notre société offre encore des possibilités d'ascension sociale insoupçonnée — y compris au dernier des immigrés.

Comme à l'accoutumée, Adler veut inaugurer cette « opération-création d'emploi » par une nouvelle escroquerie.

« N'oublie pas que tu es encore malade, me dit-il, donc on va te mettre tout de suite en arrêt maladie. Tu vas aller te faire faire un certificat par un médecin, comme ça c'est la Sécu qui paiera pendant que tu commenceras ton nouveau boulot... »

Dieu sait s'il m'en a fallu de l'abnégation pour voiturer Adler au cours des semaines suivantes ! A peine avais-je touché le volant qu'il commençait à râler : « Fais-moi le plaisir de conduire correctement ! Ça suffit, maintenant, la conduite-suicide ! » Ou encore : « Combien de fois faut-il que je te répète que c'est des objets de valeur, ce que tu trimballes là ! Ça coûte un prix fou, une voiture comme ça ! » Et puis encore : « J'aimerais que tu conduises sérieusement et raisonnablement quand tu me transportes. N'oublie pas que tu dois faire en sorte que la voiture et moi nous rentrions en bon état à la maison ! »

Et pourtant... Ali roule on ne peut plus lentement et prudemment, trois fois moins vite qu'avec sa propre bagnole. On ne peut même plus appeler ça de la conduite automobile, ça s'apparenterait plutôt aux efforts d'une nounou pour endormir un nourrisson. Mais cela n'empêche pas Adler de souffrir de peurs irraisonnées. A moins que cette manie de rouspéter en permanence ne corresponde qu'à un irrépressible besoin de s'affirmer.

Adler me convoque presque toujours trop tôt chez lui. Il me fait poireauter entre vingt et cinquante minutes. Ali a nettement le sentiment de lui servir de « réveil automatique ». Ali sonne. Quelques minutes passent, puis Adler lui crie d'une voix endormie : « Attends en bas ! J'en ai pour dix minutes. »

Les dix minutes s'éternisent. Pas moyen de s'abriter quand il pleut. Il ne vient pas à l'idée d'Adler de lancer la clé à Ali de façon à ce qu'il puisse déjà s'installer dans la Mercedes.

Sur le coup des huit, neuf heures, le quartier résidentiel commence à s'animer. Des stores remontent, quelques fenêtres s'ouvrent. Des portes de garage se relèvent automatiquement et de beaux messieurs s'en vont, au volant d'impeccables limousines, vers le monde des affaires. L'épouse de l'un de ces VIP expose à la fenêtre une superbe cage où roucoulent des oiseaux exotiques. Les jardinets, devant les villas, sont parfaitement soignés. Le gazon y est toujours tondu à ras.

Il arrive qu'Ali soit convoqué dès sept ou huit heures, pour démarrer une demi-heure ou une heure plus tard en compagnie de son maître et seigneur. Mais la plupart du temps, la journée d'Adler ne commence guère avant dix, onze heures, s'achevant sur le coup des quatorze, quinze heures — voire, les jours d'intense activité, seize heures. Souvent, Adler s'accorde en sus une heure de pause à midi. Il n'est pas rare que son labeur quotidien se réduise à une tournée des banques, d'Oberhausen à Dinslaken, histoire de contrôler ses rentrées de fonds. Curieusement, aucune de ces banques n'est dans le quartier où il habite. A cette harassante activité s'ajoute souvent une visite à son ami et associé Remmert. Il fait en sorte, en général, que ces visites ne coïncident pas avec le retour d'équipe de ses employés, vu leur fâcheuse habitude de le harceler de leurs « questions insolentes » et autres récriminations « vraiment culottées » concernant leurs salaires.

Chaque fois ou presque qu'il quitte la voiture, il prend la précaution de brancher le système d'alarme — on ne sait jamais... Sur le chemin du retour, nous faisons souvent une petite halte à son club de tennis (avec restaurant), histoire de « voir ce qui se passe » ou encore de rencontrer son « réducteur d'impôts », c'est-à-dire son conseiller fiscal — un ami, lui aussi.

Adler déclare « entre 500 000 et 1 million de marks » de chiffre d'affaires par an — alors qu'il n'a en principe pratiquement pas de frais généraux. En réalité, si l'on comptabilisait tous ses bénéfices non déclarés de « chasseur de têtes », on obtiendrait un multiple de cette somme.

C'est un véritable supplice de lui servir de chauffeur. Il trouve toujours quelque chose à redire, il a toujours l'impression que son existence est en danger. Du coup, Ali a souvent l'impression de transporter non pas un être de chair et de sang, mais une momie parcheminée d'une extrême fragilité, enfermée dans un écrin vitré et qui menace de tomber en poussière au moindre coup de frein. Adler ne cesse de le houspiller d'un ton rogue, quand il n'est pas carrément en train de l'engueuler : « Ne double pas ! Va doucement, espèce d'idiot ! » Ou alors, ce qui constitue sa formule standard adaptée à la situation : « Fais-moi le plaisir de conduire correctement ! », à moins que ce ne soit : « Soyons sérieux. On n'est pas des voyous, nous ! »... Tout ça à moins de 50 à l'heure en ville et moins de 140 sur l'autoroute !

Ce n'est pas la sécurité des autres qui le préoccupe, c'est beaucoup plus une crainte abstraite qui l'obsède, pour sa chère et précieuse existence. La police lui inspire une phobie inouïe. Dès qu'il aperçoit à l'horizon un flic ou une voiture de patrouille, il me fait faire toutes sortes de tours et de détours dans le seul but de se mettre le plus vite possible hors de leur portée.

Adler ne regarde jamais en arrière, ce serait du temps perdu. Il en a d'ailleurs fait la devise qui gouverne son existence. Ce n'est pas pour rien que sa rengaine préférée est une chanson de mercenaire qui exalte la politique de la terre brûlée :

« Nous sommes cent hommes, obéissant au doigt et à l'œil / Il faut avancer, mais tous s'effraient / Jour après jour, qui sait où nous allons / Terre brûlée, quelle en est la raison ? »

Un jour, je manque de me faire démasquer. Adler a remarqué que j'ai fait un signe au photographe posté sur le trottoir d'en face et qui est en train de louper notre départ. « A qui tu as fait signe, là ? », me demande-t-il d'un ton extrêmement méfiant.

— Pas fait signe », dis-je. Et j'ajoute, tentant d'éluder : « C'était seulement une réflexe rapide, pour le karaté. Quand faut rester longtemps assis, dois toujours exercer la réflexe rapide, bouger les bras, les jambes, la main, très vite. »

Et, pour donner plus de vraisemblance à cette affabulation, je me mets à faire des mouvements spasmodiques avec les bras et les mains tout en continuant à conduire.

Adler est perplexe. Histoire d'enfoncer le clou (et éventuellement de le dissuader de me mettre la main au collet au cas où il finirait par découvrir mon imposture), je lui raconte que la rapidité foudroyante de mes réflexes est particulièrement redoutée au club de karaté : un jour, lui confié-je, un de mes camarades du club a fait un faux mouvement et a ramassé un coup que je n'avais pas l'intention d'appuyer : « quatre jours de coma ».

Un autre jour, je l'avais déjà passablement impressionné en lui racontant que je pouvais fracasser d'une manchette « deux briques posées en tas, mais pas celles de maintenant, hein, les vieilles ! » « Un coup d'Ali, et hop, mort ! », lancé-je en faisant un geste brusque de la main dans sa direction. Mais je ne veux quand même pas trop lui faire peur. J'ajoute donc : « Au club, faut signer un papier où y a écrit qu'on peut cogner seulement si quelqu'un attaque, jamais en premier ! »

Pauvre Adler ! S'il savait que je suis non violent par principe, que je suis contre les coups aussi bien que contre les armes et qu'en de telles situations mon seul atout est ma promptitude à détaler !

« Fais-moi le plaisir d'arrêter de t'agiter comme ça dans ma voiture, tu vas complètement me bousiller le siège ! Tu feras ça quand tu seras dehors ! », se met-il à brailler. Comme si mes petits mouvements de rien du tout risquaient de faire quoi que ce soit aux sièges si robustes de sa Mercedes ! Pour achever de le convaincre que mon entraînement de karaté n'est pas de la blague — et balayer ses ultimes soupçons —, je me mets à exécuter des simulacres de combat et des enchaînements de boxe devant la voiture pendant qu'il est en visite à l'entreprise Ruhrkohle-Wärmetechnik à Essen. Mon manège attire l'attention des secrétaires qui travaillent de l'autre côté de la rue, dans les bureaux de l'Union des médecins conventionnés. Elles s'agglutinent aux fenêtres du bâtiment et commencent à faire des signes et autres gestes d'encouragement au body-guard qui s'agite comme un dingue devant la limousine. Ali répond à leurs encouragements... offrant ainsi une récréation d'au moins un quart d'heure aux employées de l'Union des médecins conventionnés.

Survient Adler, et, avisant les gesticulations d'Ali et l'attroupement qu'il suscite, il pique un coup de sang :

« Arrête ça tout de suite, espèce d'imbécile, tout le monde va se foutre de ma gueule ! Fais ça dans ton zoo de la Dieselstrasse ou dans ton club de Turcs, mais pas ici !

— D'accord, d'accord, fait Ali, mais avez dit que je peux faire ça dehors... »

Puis il ouvre la voiture à son chef et, humble et soumis, se remet au volant.

Il arrive à Ali d'entendre comment Adler se débarrasse au téléphone (il en a un dans la voiture) de certains de ses employés qui « le fatiguent » ou « la ramènent ». Contrairement à ce que l'on pourrait imaginer, il n'y a alors dans sa voix aucune trace d'énervement ou de colère : « Allô, écoute, ma jolie, susurre-t-il, je viens encore de me débarrasser d'une de ces mouches à merde. Viens de passer à la Ruhrkohle, T. sera viré demain. Du beau boulot, hein ! »

Je l'entends aussi inviter des amis — industriels, hommes politiques dont un député au Parlement fédéral — à aller passer un week-end en Hollande sur son yacht. Incidemment, il glisse à un de ses camarades de business : « Tiens, un de moins ! Je l'ai balancé aujourd'hui. Hop, dehors ! Qu'est-ce qu'il a pu m'énerver, celui-là ! »

Une autre fois, il philosophe, toujours au téléphone : « Des fois, faut savoir taper du poing sur la table. Alors là, ils comprennent leur douleur, les gars ! Non, si on est mou, c'est pas la peine, autant mettre tout de suite la clé sous la porte ! »

Et c'est vrai. Il peut se permettre de vider ses « clients » selon l'humeur ou le caprice du moment. Le chômage croissant lui sert sur un plateau des désespérés prêts à faire n'importe quel boulot, à n'importe quelle condition, ou presque. Il est loin de connaître tous ceux qui sont victimes de son racket, c'est tout juste s'il connaît leurs noms. Tout ce qui l'intéresse, c'est d'empocher le fric.

Autre coup de téléphone, dans la voiture : « Les types de la Ruhrkohle viennent me trouver, ils ont monté une nouvelle boîte, alors ils me disent : "Voilà, on peut embaucher personne, la direction a décidé de geler l'embauche, mais nous, on a besoin de techniciens". Bon, alors ils se pointent à une Agence pour l'emploi, par là-bas, du côté de Cologne, ils magouillent un truc, et hop, ils ont les électriciens ! C'est pas compliqué, les gars, ils les ont embauchés à mon nom ! Moi, ces gars, je les ai jamais vus, j'ai seulement reçu le fric tous les mois ! [*Il rit*] Suffit de savoir se débrouiller, hein ! Quand on s'en donne vraiment la peine, on finit toujours par trouver une solution ! »

Ou bien encore une autre fois : « Moi, ceux que je préfère, c'est les gros. Steag, des boîtes comme ça. J'ai déjà bossé avec toutes les centrales électriques, moi. Thyssen, la Ruhrkohle, la Ruhrchemie, General Electric en Hollande, rien que des boîtes de réputation mondiale. En général, ni l'inspection du travail, ni personne ne vient fourrer son nez dans leurs affaires. On peut faire absolument ce qu'on veut. Nos gars peuvent faire des heures à tire-larigot, personne vient contrôler. Ce qu'elles veulent, ces boîtes, c'est qu'on fasse le boulot vite et discrètement. Moins il y a de gens dans le coup, et plus elles sont contentes, ça se remarque moins. Moi, ça me fait d'autant moins de gens à me coltiner, et ça rapporte tout autant. »

Il reconnaît parfois avec dépit que certains de ses concurrents peuvent encore lui en remontrer en matière de cynisme et d'art de la magouille. Il raconte comment certains d'entre eux, chargés par les grandes entreprises de les « débarrasser » de leurs déchets toxiques, se débrouillent pour « se sucrer deux fois » :

« Tiens, ce F., par exemple, la Ruhrkohle l'a chargé d'enlever les boues déversées dans l'Emscher. Ça lui rapporte déjà un fric dingue. Mais en plus, avec les déchets de charbon qu'il y récupère, il double la mise. Il les fait passer dans une concasseuse et revend la poussière de charbon pour le chauffage. Son seul problème, c'est qu'il ne peut pas la stocker dans des silos. Parce que ça produit des gaz et des vapeurs et que ça risquerait d'exploser... Tiens, c'est la même chose, avec le terril d'Oberhausen. La ville l'a cédé à un Hollandais. Le gars est payé au mètre cube, pour transporter les déchets stériles du terril à l'autoroute. Et tu sais ce qu'il fait, l'animal ? Il fait concasser les déchets et les revend à bon prix pour des courts de tennis. Ça marche très fort en ce moment, ces histoires de courts de tennis. Le seul problème, c'est qu'il y a des acides, là-dedans, toutes sortes de trucs dangereux. Et quand on tombe là-dessus, ça fait des blessures terribles... Mais il faut le faire, quand même : ramasser de la merde et faire du fric avec, beaucoup de fric ! Eh oui, mon gars, c'est comme ça, y a des gens, ils mettent le doigt dans la merde, et quand ils le ressortent, c'est de l'or qu'y a dessus ! »

Adler a édifié toute sa fortune sur la boue, la poussière et la crasse. Ou, pour reprendre ses termes, sur la merde. Mais cela ne l'empêche pas de prendre soin de la propreté de sa personne avec un zèle maniaque. C'est une véritable hystérie chez lui : la peur d'être contaminé par la crasse de ce bas monde. Ses esclaves représentent pour lui la caste des impurs, des intouchables, ils le dégoûtent et il aimerait les tenir à distance le plus loin possible. Ce qui l'agace tant, quand ils viennent chez lui pour lui réclamer de l'argent, ce n'est pas seulement la perspective de devoir se délester de quelques dizaines de marks, c'est aussi cette confrontation, cette promiscuité avec la sueur, la crasse et la misère — bien que ses solliciteurs aient toujours soin de se présenter chez lui propres et correctement habillés.

Sur ce plan-là, j'ai toujours tenu à faire exception. Je mettais mon point d'honneur à me pointer dans sa banlieue résidentielle *clean* revêtu de ma tenue de travail immonde, couverte de graisse et de boue, le visage maculé de suie et de poussière, venant me dresser sur son paillasson non pas comme la statue du Commandeur, mais comme l'incarnation même du prolo de choc, crasseux et dépenaillé.

A chaque fois, c'était un choc pour lui.

Mais les choses ont bien changé et Ali a adapté sa vêture à la Mercedes : pantalon à pli, chemise blanche ou grise impeccable, cravate... Il a remplacé ses croquenots de travail boueux par des chaussures de cuir basses soigneusement cirées. Et pourtant, Adler continue à le considérer comme un de ces sous-hommes venus des tréfonds du prolétariat. A elle seule, son adresse dans la Dieselstrasse est comme un stigmate. Il faut être, pense-t-il, le dernier des derniers pour vivre dans cette crasse et travailler, juste à côté, dans une crasse plus immonde encore.

Un matin que je l'attends encore depuis plus d'une demi-heure devant sa porte — il doit être à peu près sept heures et demie —, je suis pris d'un besoin pressant. Je sonne donc et demande à Adler si je peux utiliser ses toilettes.

ADLER : C'est pour faire pipi ou caca ?

ALI : Les deux...

ADLER (*dégoûté*) : Va donc faire dehors !

ALI : Où ça, dehors ?

ADLER : Va un peu plus loin, n'importe où, allez, va !

ALI : Où, plus loin ?

ADLER : Allez, me fais pas chier ! »

Il envoie donc Ali à la rue, comme un chien. Mais pas moyen de chier même dans son jardinet, il est entièrement à découvert. L'envie me prend de lui coller un superbe étron sur le capot de sa Mercedes, juste sur l'étoile.

Dix minutes plus tard, quand Adler finit par descendre, je lui demande : « Sont cassés, vos WC ?

ADLER : Non, ils ne sont pas cassés. Mais on n'aime pas ça. Je vais vous dire franchement, nous, on a peur des maladies des autres. Nous, c'est une question de principe, on ne va pas au petit coin chez les autres. Il y a tellement de maladies qui se baladent. On ne sait jamais trop ce qu'on risque d'attraper. Tu comprends ? C'est tellement facile de se faire contaminer comme ça...

ALI : Mais quand il y a les invités chez vous, doivent aller dehors aussi ?

ADLER (*embarrassé, hésite avant de répondre*) : Je te l'ai déjà dit, je n'ai jamais d'invités — mais quand mes monteurs ou n'importe qui d'autre viennent me voir, non, ils n'ont pas le droit d'utiliser mes toilettes. D'ailleurs ils le savent très bien et personne ne demande à y aller. Sur toutes ces questions, hein, je suis très, très prudent !

ALI : C'est à cause du SODA ?

ADLER : Le SIDA, tu veux dire ? C'est-à-dire, tout le monde en a peur, non ? Moi, en tout cas, je prends mes précautions. Par exemple, je ne vais jamais aux toilettes chez les autres, là où je ne connais pas. Non, j'y vais pas.

ALI : Hum...

ADLER : Non, c'est vrai, j'y vais pas. Je me débrouille toujours pour faire à la maison. Chez les autres, j'y vais pas.

ALI : Hum...

ADLER : Ni dans des toilettes publiques, ni chez les gens... (*Puis, d'un ton pontifiant*) C'est pareil, je serre pratiquement la main à personne, ou des trucs comme ça. Quand je suis vraiment obligé, je vais tout de suite me laver les mains après.

ALI : Si tout le monde ferait comme vous, y aurait plus de maladies, plus rien ?

ADLER : C'est sûr qu'y aurait plus de maladies. Malheureusement, tout le monde ne voit pas les choses comme ça. Sur ce plan, y a beaucoup de gens qui sont des vrais dégueulasses. Ça donne vraiment envie de vomir, des fois, quand on y pense... »

Il faudrait un jour emmener Adler visiter les toilettes de chez Remmert, comme on conduit l'assassin sur les lieux de son crime pour la reconstitution. Pour l'ensemble des ouvriers, il n'y a que deux WC. Absolument immondes, jamais nettoyés. Sans papier hygiénique, bien sûr. L'un d'eux n'a pas de porte. Vu l'affluence, on s'y installe tout de même, exposé à tous les regards. Un Allemand y a écrit au feutre : « Réservé aux bougnouls. »

Parfois, sur l'autoroute — soit entre Oberhausen et Essen, soit quand nous roulons en direction de Wesel —, Adler oublie pour un moment son téléphone et, abîmé dans la contemplation du paysage, se met à philosopher. Il branche Radio-Luxembourg, c'est son poste préféré, il l'écoute du matin au soir, bercé par l'ambiance mièvre et lénifiante de ses programmes, baissant le volume au moment des flashes d'information... Lui qui est en général si peu communicatif et si laconique avec son Turc de chauffeur, le voilà tout à coup en veine de confidences et il se met à le submerger d'interminables périodes sentencieuses où se donnent libre cours ses convictions fondamentales quant à l'état de la nation.

Justement, le poste est en train de distiller cette rengaine sirupeuse : « Bonjour Allemagne, je t'aime... » Ali demande : « Monsieur Adler, c'est combien de temps que vous êtes patron et votre chef à vous ? »

— Ça fait cinq ans, répond Adler, et il explique qu'il était auparavant chef des achats auprès de l'entreprise Gutehoffnung-MAN[2]. Mais pendant ces cinq ans, j'en ai autant appris qu'avant, pendant toute ma vie. Y compris sur toutes les façons dont on cherche à vous truander...

ALI : Mais vous gagnez l'argent beaucoup plus qu'avant, non ? Ça veut dire quoi, truander ?

ADLER : Bon, c'est vrai que ça rapporte pas mal, ce boulot. Mais c'est vrai aussi qu'en Allemagne, c'est plein de bons à rien qui ont la flemme de travailler et qui en ont tout le temps après ton porte-monnaie, qui ne pensent qu'à te rouler. Tiens, regarde mes gars à moi, question application, compétence, ça n'a plus rien à voir avec ce qu'était l'ouvrier allemand, avant. C'est vrai, Hitler, c'était un dictateur, mais sur ce plan...

ALI : A assassiné plein de gens quand même...

ADLER : C'est vrai, il s'est aussi lancé dans des guerres qui n'étaient pas absolument nécessaires...

ALI : Parce que les a perdues ?

ADLER : C'est-à-dire, il s'est lancé trop vite dans toutes sortes de conquêtes, il voyait toujours plus gros... Ce qu'il a fait aux juifs, bon, là on peut être d'accord ou pas d'accord... Mais enfin, quand même, c'est pas pour rien qu'on les aime pas trop,

2. Grand trust sidérurgique de la Ruhr (N.d.T.)

en général, les juifs... Non, et puis aujourd'hui on a quand même trop tendance à l'oublier : il a donné du pain et du travail à tout le monde, Hitler. Il a pris le taureau par les cornes, et après, plus de chômeurs ! Et maintenant, s'il nous tombe sur le dos deux ou trois millions de chômeurs en plus, c'est sûr qu'on va avoir un truc du genre de Hitler. Ça, tu peux en être sûr ! Des troubles politiques, de l'agitation, toutes ces histoires-là !

ALI : Et ce coup-là, c'est notre tour ! C'est nous qu'on est les juifs !

ADLER (*riant*) : Aie pas peur, on va pas vous faire passer tout de suite à la chambre à gaz ! Enfin je crois pas. On a quand même besoin de vous pour le boulot, non ? Les juifs, c'était différent, ça remontait à des millénaires. Tu comprends, eux, ils ont toujours fait du commerce, toujours fait travailler les autres pour leur compte. Ce que les autres fabriquaient, ils l'achetaient pour rien et le revendaient au prix fort. C'est comme ça qu'ils font, les juifs. C'est des paresseux de naissance, ils veulent pas travailler, ils se sont toujours enrichis sur le dos des autres peuples, c'est pour ça qu'on les aime nulle part, ni en Allemagne, ni en Amérique, ni en Russie, ni en Pologne, vraiment nulle part. Les Turcs, c'est autre chose. C'est pas à toi qu'il faut le dire, hein, vous bossez dur, vous autres ! Alors pas la peine de paniquer. Tout ce qu'on risque de faire, c'est des lois disant que d'ici un an, tous les immigrés doivent avoir quitté l'Allemagne. Si on se retrouve avec un million de chômeurs de plus que maintenant, par exemple.

ALI : Pensez que ça va être plus que maintenant, le chômage ?

ADLER : C'est ce que disent ceux qui s'y connaissent vraiment, les hommes politiques, les grands manitous du patronat. Le problème, c'est qu'on ne peut pas raconter ça, comme ça, à l'homme de la rue. Tiens, par exemple, il y a les robots, les ordinateurs, on en a de plus en plus. Moi, dans ma boîte, si je pouvais remplacer les gens par des machines, ça me coûterait 100000 marks par machine. Eh bien, ça représenterait trois types en moins. Oui, si je pouvais, je le ferais. On a moins de problèmes, avec les machines.

ALI : Hum...

ADLER : Tu comprends pas ? C'est plus fiable, la machine, ça fait moins d'histoires. Et puis c'est comme ça, c'est la tendance partout. Regarde, dans les grosses boîtes, tout est automatisé. C'est un truc qui se développe de plus en plus. Et puis, des pays comme le Nigeria ou la RDA, ils produisent à plus bas prix que nous, les constructions métalliques, la tuyauterie, par exemple. C'est parce que les charges salariales sont trop élevées chez nous. Donc, on n'est plus concurrentiels. On n'arrête pas de dire qu'il faut liquider le chômage, mais pas moyen, avec le système économique qu'on a, c'est pas possible. Au contraire, il y a de plus en plus de jeunes qui sortent de l'école et qui voudraient du boulot, mais du boulot, y en a pas ! Tout ce qu'on fait, c'est du rafistolage, les préretraites et tout le bastringue, c'est du flan !

« Tu vois, c'est comme avant, en Egypte : "Sept ans de vaches grasses, sept ans de vaches maigres". C'est pareil : on a eu quarante ans de vaches grasses, eh bien faut se faire à l'idée que c'est l'heure des vaches maigres, maintenant, jusqu'à ce qu'on ait une nouvelle guerre, un truc du genre, et alors il faudra tout reconstruire...

ALI : Vous pensez on va avoir une nouvelle guerre ?

ADLER : C'est sûr, si le chômage continue à augmenter, y aura au moins une guerre civile, en Allemagne ! Ça, on y coupera pas. Un million de chômeurs en plus, et les gens vont se mettre à descendre dans la rue, ça sera le chaos complet, y aura plus de démocratie, rien ! »

Mais voilà que l'auto-radio se mêle de la conversation : « On envisage de réduire ou de supprimer le permis de séjour des étrangers qui, après avoir épousé une Allemande, divorceraient... »

ADLER : « Tu vois, tu vois, on y arrive !

LA RADIO :... a repoussé la plainte d'un Turc vivant depuis cinq ans en République fédérale. Son épouse, une Allemande, avait demandé le divorce et obtenu la garde de leur enfant commun. En conséquence, la ville de Kassel a décidé que le permis de séjour de son ex-époux expirerait dès la fin du mois d'août de cette année.

ADLER : Tu vois, déjà on parle que de ça !

ALI : Mais vous, qu'est-ce que pensez de ça ? Sont mariés, peut-être c'est elle qui prend un autre homme, et hop, fini pour lui, dehors ! Peut même pas voir son enfant !

ADLER (*pas ému le moins du monde*) : Faut qu'y rentre chez lui, y a rien à faire. T'as bien entendu ce qu'y disaient, hein ! De toute façon, on a fait une grosse erreur, ici, en Allemagne. Quand c'était le miracle économique, on a ouvert les portes toutes grandes, et tous les Turcs qui voulaient venir, y pouvaient, et tous les Italiens qui voulaient, y pouvaient... Non, ç'a été une grosse erreur, nos hommes politiques n'auraient jamais dû faire ça...

ALI : Nous, on a venu parce qu'on a demandé... Pas d'ordinateurs, à ce temps-là, fallait des hommes.

ADLER : Oui, mais c'était à double tranchant. On s'en mord les doigts aujourd'hui. Le problème, c'est que tout se tient : les Turcs sont arrivés, les étrangers se sont mis à faire les boulots dégueulasses, du coup l'Allemand, lui, il n'en a plus fichu une ramée, c'était en dessous de sa dignité, tout ça. Et c'est une mentalité qui existe encore aujourd'hui. L'Allemand fait la fine bouche, il ne veut plus travailler. Non, ç'a été une erreur fondamentale de faire venir tous ces étrangers. Mais de toute façon, je suis convaincu que si tous les Turcs étaient partis, on aurait à peine moins de chômeurs. Les Turcs, c'est pas le problème. S'ils étaient tous partis, on aurait peut-être 2,2 millions de chômeurs au lieu de 2,3 millions, mais qu'est-ce que ça changerait au fond ? Rien. »

L'auto-radio s'immisce à nouveau dans notre conversation : « ... est accusé de corruption. Veba, Klöckner[3], Krupp, Mannesmann et onze autres... Il se serait laissé corrompre par ces dons et...[4] »

ALI : « Va aller en prison, le ministre de l'Economie[5] ?

ADLER : Non, hors de question, faudrait mettre la moitié du gouvernement en prison ! Impossible !

ALI : Y gagnent des milliards et des milliards, mais veulent toujours plus...

ADLER : Bien sûr, évidemment, toi aussi, tu me réclames toujours de l'argent. C'est dans la nature humaine, tu crois pas ?

3. Veba : grand trust pétrochimique. Klöckner : grand trust sidérurgique (N.D.T.).

4. Allusion au scandale Flick qui a éclaté en automne 1983. Il s'est alors avéré que Karl Flick, l'industriel le plus riche d'Allemagne fédérale, avait versé des pots-de-vin à des dirigeants de tous les partis parlementaires ouest-allemands, à l'exception des Verts... (N.D.T.)

5. Il s'agit du comte Otto von Lambsdorff, ancien ministre libéral (FDP) de l'Economie, actuellement poursuivi pour corruption (N.D.T.)

Attestation

Nous certifions que Monsieur Ali Levent Sinirlioglu, domicilié 10 Dieselstrasse à Duisburg, est employé dans notre entreprise.

Son travail, sa ponctualité et son assiduité sur les différents chantiers où il a travaillé nous ont donné entière satisfaction. Nous avons récemment récompensé ses mérites en le promouvant au rang de chauffeur en chef.

Il a à ce titre la charge de l'entretien et de la conduite de notre Mercedes 280 SE.

Nous sommes extrêmement satisfaits des services de Monsieur Sinirlioglu.

Nous envisageons de lui confier ultérieurement un poste de cadre dans notre équipe.

Signé : Adler

Attestation remise par Adler à Ali après sa promotion.

L'assemblée du personnel

Adler appelle « assemblée du personnel » une réunion — ou plutôt une mobilisation générale de ses troupes au « Coin des sportifs », dans la Skagerrakstrasse, à dix minutes à pied du point de rassemblement de l'entreprise Remmert.

En chemin, il bavarde au téléphone avec l'un de ses confidents. Il lui dit entre autres qu'il fera en sorte que « le front reste calme » et que « l'ordre règne dans la boutique ». Il a décidé, ajoute-t-il, de stabiliser une équipe travaillant dans des conditions légales, plutôt que de risquer de se retrouver « dans un vrai pétrin ».

C'est à 16 heures qu'il s'adressera à ses troupes. Présence obligatoire, on est là en service commandé, prenant — à titre gracieux, bien sûr — sur ses loisirs. Moi, je suis chargé de porter l'attaché-case du maître. « Tu ne me quittes pas d'une semelle ! » décrète-t-il, puis il ajoute : « S'il y en a un qui m'approche de trop près, tu lui règles son compte vite fait bien fait ! »

« D'accord », dis-je, pas très à l'aise à l'idée de passer aux yeux de mes anciens collègues et amis non seulement pour un arriviste mais pire — pour le gorille d'Adler. Bien sûr, si l'un d'entre eux s'avisait de lui sauter sur le poil, je saurais choisir mon camp — même si cela m'obligeait à abandonner mon rôle plus tôt que voulu. Tout de même, le reniement a ses limites...

Les employés d'Adler sont déjà là, assis autour d'une grande table. Il y a des visages nouveaux. Adler s'assied au bout de la table et me fait signe de venir me mettre au coin, tout près de lui. J'adresse quelques clins d'œil complices à la ronde. Mais va savoir comment mes collègues les comprennent. D'un impérieux « Silence, là-dedans ! », Adler met un terme aux conversations, puis il ajoute : « On n'est pas dans une école juive, ici ! » — expression dont la plupart des présents ne peuvent malheureusement saisir le sens.

Le silence s'établit sur-le-champ. Tous les regards sont tournés vers Adler, interrogateurs.

Le ton de son exorde est pour le moins inhabituel : « Eh bien, chers collaborateurs... » Kemal me pousse du pied sous la table et pouffe de rire.

... « Si je vous ai rassemblés ici, c'est qu'il est temps que nous mettions un peu d'ordre dans nos rangs. Toutes sortes de bruits courent ; il y en a qui sont allés prétendre que chez nous on travaille au noir. La radio a même mentionné à ce propos le nom d'une entreprise aussi estimable que la firme Remmert. De tels propos ne peuvent évidemment que nuire au renom de notre entreprise et je mets en garde chacun d'entre vous contre ce genre d'affirmation. Les choses étant ce qu'elles sont aujourd'hui, nous souhaitons mettre en place une équipe stable, avec des contrats fermes. Les dispositions prises à très bon escient par le gouvernement fédéral nous autorisent à établir pour ceux de nos employés qui méritent notre confiance des contrats à durée limitée — de six mois dans un premier temps. C'est ce que nous comptons faire. Ce sera pour nous une façon de tester vos capacités et de voir qui convient à notre entreprise et qui, disons, convient moins bien... On peut pas se fier à la bonne mine des gens, hein ! Et si nous parvenons à mettre en place une équipe stable, nous pourrons reparler dans le détail des questions de salaires et du reste. Parmi les entreprises qui collaborent avec Thyssen, il y en a pas mal qui sont loin d'être aussi en règle que nous. »

Puis il explique que Thyssen lui assure pour le moment « trois mille heures par mois », plus, espère-t-il, différentes commandes à titre exceptionnel, tout cela donc « *grosso modo* et à condition que la situation continue à être aussi bonne qu'à présent et qu'il [Thyssen] ne vienne pas décréter du jour au lendemain qu'il n'a plus besoin de nous. » !

Il demande à Ali d'aller chercher la serveuse et lance d'un ton crâne : « Allez, c'est ma tournée ! *Une* boisson pour chacun, soda, coca, bière... » Puis il lance à ses « chers collaborateurs » qui attendent la suite avec un scepticisme fortement teinté d'inquiétude : « Bon, maintenant, ouvrez bien vos oreilles ! Je vais vous indiquer les barèmes de salaires. »

Il parle donc en termes de « barèmes » de ces salaires de famine qu'il fixe arbitrairement — comme s'ils avaient été établis à la suite de négociations officielles avec les syndicats et résultaient d'un commun accord avec eux[1].

« Donc, pour en venir au fait, les barèmes s'établissent de la façon suivante : pour les personnes de 18 à 21 ans, 8,50 marks, pour les célibataires de plus de 21 ans, 9 marks, pour les personnes mariées, 10 marks[2].

« J'ai un peu échelonné, ajoute-t-il, parce qu'un homme marié, c'est bien évident, a davantage de dépenses. Si vous préférez, j'ai échelonné les barèmes selon des critères sociaux. ».

Adler lance à la ronde un regard sévère : « S'il y en a qui

1. Chaque année, dans chaque branche, patronat et syndicats établissent une convention collective concernant les salaires (N.d.T.).

2. Très peu d'entre nous sont mariés (N.d.A.).

ne sont pas d'accord, ils peuvent prendre leurs cliques et leurs claques et s'en aller ! »

Personne ne bronche, personne n'ose dire ce qu'il pense. Le problème, pour la plupart de ceux qui sont là, ce n'est même pas de gagner sa vie, c'est de tenter de survivre. Ils savent parfaitement qu'il y a des dizaines de types sur le pavé qui sont prêts à prendre leur place sur-le-champ et à bosser à n'importe quelle condition.

« C'est 8,50 marks net ?, se risque à demander Nedim.

ADLER (*d'un ton sec*) : Tous nos salaires s'entendent brut !

NEDIM : Alors ça fait seulement entre 5 et 6 marks net...

ADLER : Possible. Pour les célibataires je n'ai pas les chiffres exacts en tête. Mais que ce soit entendu une fois pour toutes : chez nous, tous les salaires sont comptés brut. On ne paie pas à la tâche, mais selon la situation sociale de chacun. Vu qu'il n'y a pas trente-six gâteaux à partager, il faut envisager l'aspect social des choses. »

A en croire certains collègues, le « gâteau » Thyssen représente 52 marks par heure et par tête de pipe. Cette somme inclut, en principe, les différentes primes d'insalubrité, de chaleur, de poussière — sans oublier les heures supplémentaires. Il est donc évident que, par rapport à ce qu'il devrait payer à son personnel sédentaire, Thyssen y gagne. Ici, pas de congés payés, pas de treizième mois, pas d'indemnités de maladie, bref aucun des avantages sociaux garantis au personnel sédentaire.

Adler partage les 52 marks avec Remmert. Remmert encaisse 27 marks, Adler 25. A supposer que, d'une part et contrairement à ses habitudes, il ne se mette pas dans la poche les cotisations sociales et que, d'autre part, il paie en moyenne 9 marks à ses employés, il lui reste donc 16 marks par heure et par tête de pipe. Multiplié chaque mois par trois mille, cela représente la coquette somme de 48000 marks — et cela rien que pour la main-d'œuvre qu'il fournit à Thyssen.

« Bon, maintenant je vais prendre vos noms, les amis ! »

Puis, avisant les visages totalement consternés et abattus de ceux qu'il appelle ses « desperados », Adler s'en va chercher dans son habituel répertoire quelques paroles de consolation standard : « Bon, je sais, c'est pas énorme, mais c'est provisoire. Je vous l'ai déjà dit, ça ne fait pas très longtemps que nous nous connaissons et dans six mois, quand nous aurons fait plus ample connaissance, on pourra rediscuter de tout ça, des salaires et du reste. Et je suis sûr qu'on pourra faire quelque chose. »

Il suffit de le connaître un tant soit peu pour savoir qu'il s'agit de promesses en l'air.

« Voilà... non, encore une chose, fait Adler, levant la main pour exiger le silence, à l'avenir, je ne tolérerai plus aucune absence. Nous faisons place nette, nous n'embauchons plus personne. Mais ceux qui sont absents, nous serons malheureusement obligés de nous en séparer. Et on en prendra d'autres à leur place aussi sûr que 2 et 2 font 4 ! Je ne vais pas laisser mon entreprise se transformer en camp volant ! »

Il toise Mustapha (23 ans). « Ça vaut aussi pour toi, d'ailleurs. Avant-hier, on t'a pas vu, eh bien je te le dis, c'était la dernière fois ! »

Mustapha bredouille des excuses, il a dû conduire sa femme à l'hôpital pour qu'elle accouche. Au lieu de le féliciter pour la naissance de l'enfant, Adler fait comme s'il n'avait pas entendu et répète : « C'était vraiment la toute dernière fois hein ! »

Nous n'avons jamais touché la moindre indemnité de maladie et il n'est pas rare qu'en arrivant au boulot nous soyons renvoyés à la maison parce qu'on n'a pas besoin de nous... Mais cela ne l'empêche pas de disposer de notre existence et de notre temps comme si nous étions ses serfs.

Toujours hargneux, il s'en prend maintenant à Walter Recht : « Et toi aussi, tu vas arrêter une fois pour toutes de manquer sans arrêt, sinon...

WALTER (*penaud*) : C'est pas ma faute, monsieur Adler. Entre le samedi matin et le dimanche soir, on avait fait dans les vingt heures. Je suis arrivé à la maison à trois heures moins le quart, et à trois heures et demie, il fallait que je fasse venir l'ambulance pour emmener ma femme à l'hôpital. On l'a conduite directement en salle d'opération. Mais j'avais tout de suite prévenu monsieur Flachmann... »

Encore une fois, Adler fait comme s'il n'avait pas entendu et met les points sur les i : « Si vous n'en mettez pas un coup, hein, moi, je recommence comme avant — quand je recevais un certificat de maladie, j'allais chez le type et je lui prenais sa température. S'il n'avait pas de fièvre, allez hop, dehors, viré ! »

Puis faisant alterner le chaud et le froid, le voilà qui parle à nouveau en adepte de la participation : « Bon, maintenant il faut que nous apprenions à vivre ensemble, à nous connaître... Et après, quand nous nous retrouverons — pour une petite fête, par exemple, au mois de décembre —, alors peut-être bien que nous pourrons établir des contrats définitifs... Oui, ça devrait être possible, à condition que nous soyons encore ensemble à ce moment-là, bien sûr ! Parfait ! Maintenant vous êtes une troupe de choc et je ne veux plus entendre personne pleurnicher pour des histoires de fric ! Dès demain vous allez pouvoir faire des heures sup, samedi aussi, vous allez pouvoir vous défoncer tant que vous voulez ! »

Adler a fini. Il congédie donc ses « clients » d'un bref « Bon, voilà, tout est dit ! » et ajoute : « Tâchez d'être à l'heure, demain matin, hein ! Et propres, bien lavés dans le cou et ailleurs aussi, hein, ha ha ! » Puis, interpellant Mustafa : « Eh, il a payé sa bière, Mustafa ? Il manquerait plus que ça que je me retrouve avec votre addition sur les bras ! »

« Voilà, l'affaire est dans le sac ! », lance-t-il à Wormland, son futur beau-frère, son contremaître et son confident. Il me dit d'aller porter son attaché-case dans la voiture et en profite pour mettre Wormland au courant :

« Ali est mon garde du corps, maintenant. Tu peux le dire aux autres. Il fait du karaté et il a un pistolet[3]. Ali est resté tout le temps assis derrière moi, il ne m'a pas quitté des yeux. Il y a deux types qui se sont pointés, ils voulaient de l'argent, et tout de suite, hein. Je commençais à avoir peur que ça tourne mal pour moi... Heureusement qu'Ali était là ! »

WORMLAND (*légèrement amusé*) : J'ai entendu dire que tu veux déclarer tout le monde, maintenant ? »

Adler cligne de l'œil. « Faut pas prendre ça au pied de la lettre, lui confie-t-il, l'essentiel, c'est que les gars se tiennent à carreau ! »

Adler se replie soudain au bout du comptoir en voyant entrer dans le bistrot un couple de jeunes. L'homme lui jette un regard noir et la femme — une blonde, mignonne — regarde ostensiblement dans l'autre direction.

« Fais gaffe, lance Adler à Ali, cette fois il va peut-être bien falloir que tu me défendes ! » Puis il ajoute, fanfaron, à l'adresse

3. En fait, tout ce que je lui ai montré, c'est un couteau à cran d'arrêt (N.d.A.).

de Wormland : « Tu sais, j'ai fait des ravages, dans le coin, moi, j'suis un sacré tombeur ! »

Mais non, personne ne lui cherche noise.

Un peu plus tard arrive au bistrot un de ses copains d'affaires. Adler lui raconte son « assemblée du personnel » :

« Tu sais, j'ai négocié ferme et je leur ai fait baisser les prix, alors maintenant, ils veulent tous faire des heures sup' et "doubler". J'avais pas trop envie qu'ils se mettent à discutailler ensemble, alors je les ai renvoyés tout de suite à la maison, chacun dans son coin... C'est qu'il faut faire drôlement gaffe, avec ces cocos-là ! »

Walter, le nouveau, a pris position à l'autre bout du comptoir. Il boit demi sur demi et cherche à l'évidence à attirer l'attention d'Adler en levant son verre à plusieurs reprises à sa santé. Son manège a pour effet d'indisposer passablement Adler. Il l'ignore délibérément. A sa dixième bière environ, Walter (c'est le nom du gars, vingt-cinq ans environ, maigre comme un clou, le visage blafard) trouve enfin le courage d'aller entreprendre Adler. Il l'implore littéralement, déclamant d'un ton pathétique : « Monsieur Adler, je vous en prie, donnez-moi une chance ! Vous savez, j'ai fait mon apprentissage de mécanicien dans une boîte et puis je suis tombé malade, j'ai tout lâché avant l'examen, je vous parle franchement, à l'époque j'étais pas encore marié... Maintenant, c'est différent, j'ai deux enfants, faut bien que je les nourrisse ! Je me suis retrouvé dans une autre boîte, fallait que je passe mon temps à courir après mon fric — il se met à hurler, imitant son ancien chef : "Tu sais rien faire de tes dix doigts !" — c'était comme ça, il arrêtait pas de me gueuler après — "t'es tout juste bon à me demander du fric !", etc. Après, j'ai bossé sur un chantier naval, mais il a fait faillite quand j'ai fini mon apprentissage.

C'est vrai, je me suis toujours ramassé au mauvais moment, je sais faire plein de trucs, pourtant. En soudure, par exemple, j'ai toutes les qualifications, je sais même souder la poussière de zinc, je travaille impeccablement sur plan... Je vous en prie, donnez-moi autre chose, un boulot qualifié. Comment voulez-vous que je nourrisse ma famille et que je paie mon loyer avec six ou sept marks de l'heure ? »

Adler est fort contrarié. Il n'aime pas qu'on vienne l'entreprendre comme ça, en dehors des heures de travail, alors qu'il est en train de savourer tranquillement sa quinzième bière. Il envoie le pauvre Walter sur les roses : « Commencez par arriver à l'heure au boulot demain matin ! » Puis, d'un ton de reproche : « Et pourquoi vous n'étiez pas au boulot, aujourd'hui ?

WALTER (*tout excité, bégayant*) : Mais je vous ai dit, parce qu'il a fallu emmener ma femme d'urgence à l'hôpital et l'opérer tout de suite.

ADLER (*balayant l'objection de la main*) : Commencez par arriver à l'heure au boulot et nous pourrons reparler de tout ça !

WALTER : Ça, vous pouvez me faire confiance, je me lève tous les matins à trois heures, je fais les trajets à vélo, comme ça, je risque pas d'être en retard, je suis toujours à l'heure, je fais dans les trente, quarante kilomètres par jour. Non, ça, vous pouvez compter sur moi ! »

Puis il reprend sa litanie, comme un disque rayé : « Je vous en prie, donnez-moi une chance ! »

Excédé, Adler finit par lui tourner le dos après cette ultime recommandation : « Quand on bosse et qu'on est à l'heure, on finit toujours par gagner sa croûte, hein ! « Puis il engage ostensiblement la conversation avec Wormland.

Un peu plus tard, je retrouve Walter aux toilettes et il me

lance : « T'as vu, ton chef, il me laisse pas tomber, hein ! Tu te rappelles ce que tu m'as dit sur lui le premier jour, tu vois, c'est pas vrai ! »

Je préfère me taire et lui laisse ses illusions. Il poursuit : « T'as vu un peu la tête qu'il a fait quand il a vu que j'avais le même costard que lui ? »

Là encore, je n'ai pas le cœur de lui faire voir les choses en face. C'est vrai, il porte comme Adler un costume bleu fileté. Mais celui d'Adler est taillé sur mesure dans une étoffe de luxe et celui de Walter est un modèle de confection bon marché, acheté dans une grande surface... Mais, décidé à jouer le tout pour le tout pour tenter sa dernière chance, Walter a mis spécialement son costard, une chemise blanche et une cravate, comme pour une demande en mariage. A sa dix-huitième bière, il se rend enfin compte qu'Adler n'a pas la moindre envie de discuter avec lui. Alors il quitte le bistrot en chancelant et remonte sur son vélo pour couvrir les quinze kilomètres qui le séparent de chez lui...

Adler a franchi entre-temps le cap de la vingtième bière et il commence à s'engueuler avec Wormland. Jusqu'alors, il s'exprimait en termes vigoureux, jonglant avec les concepts de la stratégie patronale : « Maintenant, faut s'orienter dans la bonne voie ! » — « Mes cadres, pour moi c'est de l'or ! Je suis aux petits soins pour eux ! » — « A vous d'envisager comment on pourrait réduire les coûts ! »

Mais maintenant, il écume contre Wormland qui a osé le contredire. « Tu peux pas t'y prendre comme ça avec les gens, lui avait dit ce dernier, si H. (un ex-collègue allemand) te fait un procès, on lui donnera raison. Moi, c'est ce que j'aurais fait depuis longtemps si on n'était pas parents... » Adler s'étrangle de rage et il hurle : « Tu es un traître ! Tu prends le parti de tous ces gagne-petit, de ces fainéants qui pensent qu'à m'arnaquer ! T'es exactement du même tonneau, du même tabac qu'eux ! »

Wormland reste de marbre. Au travail, je ne l'avais jamais particulièrement apprécié. Mais ici, il faut bien reconnaître qu'il manifeste tout à coup quelque chose comme de la personnalité. Il ne cache pas le mépris que lui inspire Adler et reste sur ses positions. Il le vouvoie ostensiblement et ne se laisse pas marcher sur les pieds : « Je ne prends pas leur parti, mais quand quelqu'un est dans son droit... » Adler ne supporte pas la contradiction, il explose : « Je ne te connais plus ! Demain, tu vas à Hanovre, au montage ! »

Wormland ne se laisse pas démonter : « Pas question, je continuerai à bosser chez Thyssen. Je vais pas me laisser faire comme ça. De toute façon, vous pouvez pas vous passer de moi ! »

Ce qu'il laisse entendre par là, bien sûr, c'est qu'il en connaît un rayon sur les pratiques illégales et les magouilles d'Adler... De fait, même si Adler, rouge comme un coq, lui répète encore plusieurs fois qu'il est licencié ou muté à la Ruhrkohle[4] à Hanovre, Wormland reste parfaitement *cool* — et il continuera à occuper son poste de chef d'équipe chez Thyssen.

Parvenu aux approches de sa vingt-cinquième bière, Adler entre dans sa phase « sentimentale » et pose sur Ali un regard vitreux — un peu à la manière de Puntila : « Ah, c'est qu'il tient à moi, notre Ali ! Il risquerait sa peau pour moi ! » Puis, avec un geste emphatique, chargé de pathos : « Un jour, je vais

4. Adler a décroché un contrat par l'intermédiaire de la Ruhrkohle-Wärme d'Essen, un contrat pour effectuer des travaux dans une caserne de Hanovre. (N.d.A.).

le sortir de sa misère, de ce trou puant de la Dieselstrasse. Je commencerai par l'habiller de neuf pour qu'il soit vraiment assorti à ma Mercedes. »

Tant de générosité l'émeut et il se met à philosopher : « Si je savais au moins ce qu'il vaut, sur le plan intellectuel, notre Ali... » Il me jette un regard encourageant. Je fais celui qui ne comprend pas. « Tu vois ce que je veux dire ?, fait-il, tu sais ce que ça veut dire : ''intellectuel'' ?

— Oui, dis-je, c'est quand on pige tout...

— C'est ça, ton niveau intellectuel, quoi. Tu comprends ce que ça veut dire, niveau?

— Oui, dis-je, ça veut dire la situation où on est, si on est dans les gens bien ou pas. Mais moi je crois que presque toutes les gens, ils pourraient faire mieux que ça qu'on leur demande... »

Wormland met son grain de sel dans la discussion : « Tu vois bien, il pige rien, et puis il parle tellement mal, il est tout le temps en train de chercher ses mots... »

Adler essaie de nous monter l'un contre l'autre : « Mais non, c'est les effets secondaires des médicaments qu'on a testés sur lui. Il est loin d'être aussi bête que tu le crois !

— Moi, je dis pas toujours ce qu'est dans la tête », dis-je.

Adler me jette un long regard inquisiteur et embué, comme pour essayer de deviner le sens caché de mon propos. Je le rassure en ajoutant : « C'est parce que des fois j'ai peur de comprendre tout de travers, je peux pas tout savoir, mais posez des questions à moi pour voir quoi je sais ! »

Adler réfléchit rapidement et entreprend de soumettre Ali à un test d'intelligence de son propre cru : « Qui est le colosse de Rhodes ? » — telle est sa première question.

Histoire de tester le testeur, je lui fais sciemment une fausse réponse, faisant semblant de confondre ce dieu du soleil— l'une des sept merveilles du monde — avec Atlas, le géant qui porte le ciel : « C'est lui qui porte la monde tout entière sur ses épaules !, dis-je, très, très lourd, très difficile, toujours plié en deux, le pauvre...

— Parfait, excellent !, me félicite Adler apparemment trahi par sa mémoire. Et comment s'appelle notre chancelier ? », demande-t-il alors. Je lui réponds sans coup férir. *Idem* lorsqu'il me demande le nom du précédent. Et de même encore lorsqu'il veut savoir comment s'appelle le premier secrétaire du Parti communiste soviétique. A son grand étonnement, je réponds aussi du tac au tac lorsqu'il me demande le nom du président de la République française. « Hé, pas mal, pas mal, fait Adler, admiratif. » Ça lui en bouche un coin, évidemment, lui qui considère ses esclaves comme des espèces de sauvages, des hommes-singes, des sous-hommes qui végètent dans leur crasse et leur ignorance si loin des cieux où il trône...

Un employé des impôts d'une cinquantaine d'années, installé un peu plus loin au comptoir, commence à en avoir marre de l'interrogatoire qu'Adler me fait subir : « C'est quoi toutes ces questions idiotes ? », s'insurge-t-il. Adler le rabroue vertement : « C'est une discussion d'affaires et je n'aime pas vos allusions ! »

Et l'examen reprend : « Qui est le ministre-président de Rhénanie-Westphalie ? » Je le lui dis. « Et qui est le ministre de l'Environnement ? » Me voilà bien dans l'embarras. Je connais Klaus Matthiesen pour avoir fait avec lui quelques meetings dans le Schleswig-Holstein et je le considère comme appartenant au courant plutôt progressiste du SPD. Mais c'est peut-être une question piège et j'ai peur d'éveiller la méfiance d'Adler en lui montrant que je connais le nom d'un membre déclaré de l'aile gauche du SPD... Je préfère donc dire que je ne sais pas.

« C'est pas grave, fait Adler, t'as pas besoin de le connaître, c'est le genre qui ne fait que des histoires, avec sa manie des réformes ! L'autre, celui d'avant, Bäumer, lui c'était un type bien, un ami à moi. Il savait prendre les choses par le bon bout, lui, il savait voir les choses du point de vue de celui qui a des responsabilités dans l'industrie ! D'ailleurs il était là à mon dernier anniversaire. Lui, on pouvait lui faire confiance ! (Qui sont les « parrains » politiques d'Adler, qui le soutiennent en sous-main — voilà qui est bon à savoir. Longtemps président du SPD en Rhénanie, Bäumer s'est taillé sa réputation en intriguant inlassablement contre les éléments progressistes de son parti. C'est notamment à lui que l'on doit, avec l'active complicité de l'ex-chancelier Schmidt, l'exclusion de Karl-Heinz Hansen[5].)

On aurait tort d'imaginer qu'Adler est une brebis galeuse d'une espèce particulièrement rare et qui dépare notre paysage social. Tout au contraire, il est parfaitement intégré, reconnu, considéré. Tous ceux qui le connaissent d'un peu près savent parfaitement comment il fait son beurre. Mais ils passent généreusement sur ces détails « pas très décoratifs ». A partir d'un certain calibre, c'est la maxime suivante qui prévaut dans ces milieux-là : « L'argent, on n'en parle pas, on en a. »

Comment, au détriment de qui, au prix de quels crimes — je serais prêt à parier que monsieur Bäumer n'a jamais abordé cette question avec son ami Adler... Ce sont des choses que l'on sait et que l'on garde pour soi. Au reste, on cultive entre

5. Représentant dans les années soixante-dix de l'aile gauche du SPD, député fédéral (N.d.T.).

soi les bons côtés de la vie, on se retrouve dans les clubs, on fait du yacht ensemble. Parfois, on va passer des vacances ensemble à Hawaii, l'un des lieux de villégiature privilégiés d'Adler. Adler est membre du SPD. C'est que dans la Ruhr cette carte de visite est un atout pour qui est dans le business et veut faire carrière. Je suis sûr que s'il vivait en Bavière, Adler serait membre de la CSU.

J'ai entendu un jour Adler se vanter d'avoir dépensé — rien qu'au cours des cinq dernières années — 200 000 marks en pots-de-vin pour obtenir certains contrats. Mais la plupart du temps, il n'a même pas besoin de distribuer des dessous de table. A partir du moment où on fait partie de la même « écurie », on se refile tout naturellement sinécures et bons tuyaux. Je crois que c'est la raison pour laquelle Adler est membre du club de golf très chic de Düsseldorf. Qui l'y a introduit ? Eh bien, « mon vieil ami de Düsseldorf, Alfred Gärtner, le vice-président du gouvernement de Rhénanie-Westphalie », révèle-t-il sans se faire prier...

« Si tu fais tes preuves, dit Adler à Ali, je ferai de toi un cadre ! » Ali lui jette un regard perplexe. Adler ajoute alors : « Il suffit que tu fasses tout ce que je te dis, et un petit peu plus, encore... » Ali ne comprend toujours pas : « Il faut que tu prennes en main tes collègues turcs ! » Tu t'entends bien avec eux, non ? il faut que tu les contrôles bien et que tu me racontes tout — s'il y en a un qui me cherche des noises, s'il y en a un qui ouvre sa gueule. Comme ça, moi, hop, je le balance tout de suite ! Avant que le ver n'ait commencé à bouffer le fruit. En principe, c'est pas des mauvais bougres, ces gars-là. Mais il faut quand même les surveiller du coin de l'œil. Sinon ils pourraient bien se mettre à tout casser avant même qu'on ait pu lever le petit doigt... La seule chose que je me demande, c'est si tu es à la hauteur pour faire ce boulot. »

Me voilà dans de beaux draps. On ne peut quand même pas jouer le jeu jusque-là ! Il serait peut-être bientôt temps d'arrêter les frais. Je me retrouve dans un pétrin complet par rapport à mes collègues et mes amis. Là, plus question de m'en tirer avec de vagues clins d'œil. Je me sens tout à coup dans la peau du métis d'Afrique du Sud qui se trouvait jusque-là dans le camp des Noirs, qui avait peut-être même combattu avec eux, et puis tout à coup, voilà que les Blancs viennent le chercher pour l'installer dans le rôle du traître, précisément parce qu'il a la confiance des Noirs. Un boulot de mouchard, d'indic en quelque sorte, voilà le rôle qu'Adler, lui aussi, m'a réservé... en plus de mon activité de garde du corps et de singe savant.

« Au besoin, faudra pas que t'hésites à foncer dans le tas, comme ça, tu perdras pas la main, pour ton karaté ! » lance-t-il, espérant m'appâter un peu plus encore. « Et si tout marche bien, je te paie une petite maison juste à côté de chez moi, et en plus, après, une bagnole. Tout ce que je te demanderai, c'est d'être dans les parages, toujours sur le pied de guerre ! De toute façon, qu'est-ce que tu fabriques dans cette Dieselstrasse ? C'est du suicide de rester là-bas ! »

Sentant ma répulsion, il tente d'enfoncer le clou : « Tu n'auras pas besoin d'être tout de suite sur le dos de tes compatriotes. Pour le moment, ils me font moins d'histoires qu'un certain nombre d'Allemands qui, eux, me font vraiment chier. Y en a deux, maintenant, ils sont allés jusqu'à porter plainte contre moi, histoire d'essayer de me pomper du fric. Tu sais ce qu'on va faire ? Tu vas aller les trouver, et tu vas les *soigner* un peu. Tu vois ce que je veux dire... Tu te rends compte ?

Ces fumiers, ils ont osé aller me diffamer devant le tribunal. Donc toi tu vas aller les *soigner* un peu pour leur faire retirer leur plainte. »

Il me donne le nom et l'adresse de ces deux collègues. Cela fait déjà quelque temps qu'ils ne travaillent plus chez nous. J'essaie de lui expliquer qu'au club de karaté j'ai dû m'engager à ne faire usage de mon « art » qu'en cas d'absolue légitime défense. « Mais c'est tout à fait le cas, rétorque-t-il, moi, je suis en situation d'absolue légitime défense ! Ils me menacent et toi, ton boulot, c'est de me protéger ! »

Comme je persiste dans mon scepticisme, il finit par se raviser : « Bon, d'accord, laisse tomber pour le moment. Après tout, il y a encore une justice, chez nous, et puis j'ai de très bons avocats, on va d'abord attendre que les tribunaux se soient prononcés. Mais si par hasard on ne finissait pas par me donner raison, alors là, je n'aurais plus le choix et il ne te resterait plus qu'à aller les *soigner*. Après tout, j'ai rien à me reprocher, moi, hein ! »

Jürgen K. (26 ans) est l'un des deux ouvriers qu'il conviendrait d'aller « soigner » au cas où Adler ne parviendrait pas à faire valoir ce qu'il appelle son « bon droit ». Je vais le trouver pour le mettre en garde. Je constate alors que tout allemand qu'il est, il n'a guère été mieux traité que ses collègues immigrés.

Avant de travailler pour Adler, Jürgen s'est retrouvé pendant plus d'un an au chômage. Il avait un boulot, mais il avait dû le quitter à cause de douleurs vertébrales. Par la suite, il avait essayé de retrouver quelque chose dans l'une des grosses boîtes du coin — y compris Thyssen —, mais non, il n'y avait rien.

Un beau jour, il tombe sur une petite annonce d'Adler et se présente.

« Au premier abord, il ne m'a pas fait mauvaise impression, il ne m'a pas posé de questions, m'a promis par contre monts et merveilles. La seule chose qu'il voulait savoir, c'est si j'étais au syndicat. J'ai dit non. "Bon, c'est parfait", qu'il répond, on verra bien comment ça se passe au boulot, de toute façon, on finira bien par s'entendre, hein ? Quand un gars bosse bien, de toute façon, faut le payer correctement, non ? »

« Alors il m'a demandé combien je voulais. 13,50 marks de l'heure brut, je lui dis. Alors il répond non, c'est trop pour lui, c'est le salaire d'un ouvrier qualifié ! Et comme en plus je viens d'une autre branche, non, il ne peut pas me payer ça... "Mais 9 marks net, est-ce que ça vous irait ?", me demande-t-il alors. Je fais un rapide calcul, 9 marks net, c'est presque la même chose que 13,50 marks brut. Alors j'ai dit OK. "Bon, alors je vous prends à partir du 24 janvier ! ", a-t-il fait. Moi, je voulais absolument que tout soit en règle, pour la caisse de retraite et tout le reste. Mais non, il a commencé à mégoter : "Pour une petite semaine, c'est pas la peine de vous déclarer avant le 1er février, hein !" Ce qui veut dire que j'ai commencé par travailler sept jours en janvier sans que rien soit déclaré aux impôts[6], au noir, donc. »

En fait, il se rend compte un mois plus tard — en allant réclamer une feuille de soins pour sa fille qui est malade — qu'il n'est toujours pas déclaré. Là, Adler ne peut pas faire autre-

6. En République fédérale d'Allemagne, l'impôt sur le revenu est prélevé à la source. Chaque salarié est détenteur d'une « fiche d'impôts » où sont consignés sa classe d'imposition et l'ensemble de ses activités salariées (N.d.T.).

ment que le déclarer à la Sécurité sociale le jour même, le 25 février. Il existe en effet un article du Code de travail qui autorise les employeurs à déclarer leurs employés jusqu'à un mois après leur embauche. Un certain nombre de vautours dans le genre de cet *Adler*[7] en profitent pour « déclarer rétroactivement » leurs ouvriers en cas de nécessité — accidents ou maladies. Il leur suffit alors de faire comme si le gars en question venait juste d'être embauché...

« J'ai mis un moment à comprendre quel genre d'oiseau était cet aigle d'Adler, poursuit Jürgen. Moi, on peut pas dire que je sois flemmard. Je bossais comme un dingue. Et au bout du compte, qu'est-ce que j'ai touché ? 5,91 marks de l'heure, pas d'heures sup', pas de primes pour le travail de nuit, ni pour les jours de congés où j'avais bossé... Un vrai scandale. Et en plus, le compte n'y était même pas ! "En principe, ta paie doit être là le 15, m'avait dit Adler, fais-toi ouvrir un compte, moi, je paie jamais en liquide !" Bon, je vais à la banque, j'ouvre un compte. Le 15, pas de paie, le 16 non plus. J'appelle Adler et lui demande : "Qu'est-ce qui se passe avec le fric ?" Alors il fait : "Ecoute, il a été viré, il devrait être là. Aujourd'hui ou demain, sûr !" Le lendemain, je retourne à la banque, rien ! On n'avait même plus de fric pour prendre de l'essence. Tu comprends, ma fiancée m'emmène tous les jours au travail en voiture — on a jamais touché un pfennig de frais de déplacement, d'ailleurs... En tout cas, plus moyen d'aller au boulot, moi ! Alors ma fiancée appelle Adler vers le 20 et lui dit : "Ecoutez, monsieur Adler, l'argent n'est pas arrivé sur le compte !" Alors l'autre, il commence à rigoler au téléphone : "Ça risque pas qu'il soit arrivé sur le compte !" — "Comment

7. *Adler* : aigle (N.d.T.).

ça, pourquoi ?", demande ma fiancée. — "Parce que c'est un collègue de travail de votre ami qui l'a !, fait Adler, je lui ai donné le fric, mais vous ne pourrez pas le trouver aujourd'hui, il sortira tard du boulot !"

«J'ai foncé à la boîte, cherchant Walter — et l'enveloppe avec mon fric — comme un fou. Walter, le futur beau-frère d'Adler, il était là, à se balader tranquillement avec mon fric... Quand j'ai fini par le trouver, il était déjà changé, prêt à quitter la boîte — à 14 heures précises. Et Adler qui était allé raconter à ma fiancée qu'il allait sortir tard du boulot !

«Je lui demande : "T'as mon enveloppe, Walter ?

— Oui, répond-il, signe-moi ça ! — et il me tend un reçu.

— Non, lui dis-je, je voudrais commencer par compter mon fric !"

«Je recompte : ça faisait 610 marks pour le mois de février ! Il avait compté 79 heures, mais à 9 marks brut de l'heure seulement ! Et en plus, j'avais pas fait 79 heures, mais 126 ! Plus de 40 heures de différence ! J'ai commencé à voir rouge et j'ai dit à Walter : "Non, là ça va pas du tout !" Mais t'auras le reste le mois prochain, a-t-il fait pour me consoler, et tu seras mieux payé aussi."

« Et le même cirque a recommencé le mois suivant... De toute façon, ils font absolument ce qu'ils veulent avec nous. Par exemple, leur chantage : "Ou bien tu doubles, ou on te fout à la porte !" Des fois c'était le contraire. J'arrivais à la boîte et le chef d'équipe me disait : "Le boss t'a pas appelé ? Fallait pas venir aujourd'hui, y a pas de boulot !" Et voilà, j'étais bon pour repartir à la maison...

« Ou bien encore un autre truc : je double chez Thyssen et ne rentre à la maison que sur le coup des onze heures du soir. Qu'est-ce que j'y trouve ? Un billet de train envoyé par Adler, il faut que je monte tout de suite à Hambourg, le train part à minuit et demi. Arrivée le lendemain matin, sept heures, à Hambourg — pas de couchettes, le train est bondé, pas moyen de dormir, donc... Bon, je fais mes huit heures chez BAT (une fabrique de cigarettes), puis je repars à Duisburg Ce qui veut dire en tout 26 heures sans dételer, sans une heure de sommeil. »

Jürgen me montre les fiches correspondant à ces horaires démentiels — signées par les chefs d'équipe et contremaîtres. En mars, rien que des postes de seize heures, dix-sept heures et demie, quatorze heures, vingt heures et demie — « et tout ça d'affilée », précise Jürgen.

On a parfois la délicatesse d'accorder quelques heures de sommeil entre les différents postes. Ainsi, le 12 mars : boulot sans interruption de 6 heures à 22 heures (soit seize heures). Retour à la maison, une heure et demie de sommeil. Nouveau poste à partir de minuit et demi, puis boulot sans interruption jusqu'à 21 heures (soit vingt heures et demie d'affilée).

Deux jours plus tard, double poste à nouveau, de 16 heures au lendemain 14 heures, soit vingt-deux heures sans interruption. Le 18 mars, prise de poste à 6 heures du matin et boulot jusqu'à 14 heures (huit heures réglementaires), retour à la maison à 15 h 30. « Sieste » jusqu'à 20 heures, soit quatre heures et demie. Repas sur le pouce. Nouveau poste : de 21 h 30 à 7 heures du matin, soit neuf heures et demie. Sommeil de 8 h 30 à 14 heures (cinq heures et demie). Puis à nouveau vingt-deux heures d'affilée, de 16 heures au lendemain 14 heures.

« On s'écrasait, dit Jürgen, moi je me disais qu'au moins j'avais du boulot, que c'était mieux que rien... Et quand le contremaître avait besoin de quelqu'un, il lui suffisait de dire : "Bon, tu restes, hein ?"

« Moi, je leur avais dit franchement dès le début : ''Si vous avez du boulot à me proposer pour les week-ends, n'hésitez pas à me demander, je gagne tellement peu, faut que j'aligne les postes si je veux m'en tirer...''

« Avec les autres, les Turcs — y avait presque que des Turcs chez Adler —, ils prenaient encore moins de gants : ''Tu fais les heures sup', aujourd'hui ! Si tu peux pas, c'est pas la peine de revenir demain... demain, pourquoi attendre demain ? Tu peux dégager tout de suite !'' »

Jürgen n'a eu que très rarement l'occasion de voir son chef : « Il se montre pas souvent et fait presque toujours dire qu'il est pas là, pour ne pas avoir sur le dos les types qu'il arnaque. La première fois que je l'ai vu, c'est quand j'ai été embauché, une autre fois sur un chantier, et puis à l'audience du tribunal. Par contre, lui, quand il a besoin des gens, il sait où les trouver. Il leur téléphone et il aboie : ''Bon, allez, ce soir, faut qu'tu bosses ! On double encore !''... Il dit jamais : ''Est-ce que tu pourrais...'', mais ''Il faut !'' Si tu dis non, tu sais ce qui t'attend : dehors, viré !

« C'est vraiment un boulot de forçat, de bagnard qu'on devrait réserver à des gens qui ont zigouillé père et mère... »

Il poursuit : « Un jour, on nous a collés à l'échangeur thermique, fallait nettoyer les volutes. Une chaleur à crever, une poussière dingue — des poussières alcalines très dangereuses. On s'est retrouvés à trois, là-dedans, pendant des jours et des jours. Les gars de Thyssen demandaient : ''Mais qu'est-ce que vous fabriquez ? On vous remplace jamais ?''

« Il faisait dans les trente, quarante degrés. Et encore plus chaud quand on se rapprochait des volutes, beaucoup plus chaud. On nettoyait les volutes — tout à la main, en cognant avec des barres de fer. Fallait enlever le laitier qui s'incruste, tout ce qui normalement est évacué par la cheminée et qui s'était liquéfié.

« C'était devenu dur comme de la pierre. Juste sous le four à sous-sol. Crois-moi, seize heures là-dedans, avec cette chaleur à crever — tu comprends ta douleur ! On était trois, donc, une seule équipe. Les deux autres, il a fallu qu'ils aillent chacun deux fois à l'infirmerie — moi une, j'avais les yeux complètement enflammés à cause de cette saloperie de poussière. En plus, on avait pas de vrais masques, seulement des trucs qu'on se met sur la bouche, beaucoup trop fins, ça laisse tout passer, ça protège pas vraiment le visage. Pas vraiment de système de ventilation non plus, donc toutes ces saloperies de poussières restaient en suspension dans l'air, et bien sûr, on pouvait pas sortir toutes les deux minutes, hein ! Le pire, c'est qu'en plus on devait bosser comme des dingues, vu qu'il fallait avoir fini au début de l'après-midi, à deux heures au plus tard, parce qu'on allait remplir le truc de gaz. En tout, on a passé trente-six heures sur deux jours là-dedans. Et après, en alternance : un jour au fond, avec cette chaleur à crever, et le lendemain en plein froid dehors — un jour il a fait jusqu'à moins vingt — à dégager des déchets durs comme de la pierre, au piolet. Ça m'a complètement démoli la colonne vertébrale, ce boulot et par-dessus le marché y avait tous ces changements de température... Après, j'ai été sur les rotules pendant des jours et des jours, à cause de ces douleurs dans le dos, mais fallait bien que je gagne ma croûte, non...

« Encore un autre truc qu'on nous a fait faire, en plein hiver : nettoyer les tapis roulants sur lesquels passe le coke, debout sur des échafaudages couverts de boue de charbon. Tout juste si j'arrivais encore à faire un mouvement, à cause du froid, des douleurs. Tout était gelé, il y a un collègue turc qui a glissé, il s'est cassé le bras. Six semaines après, on l'a remis au même boulot comme si de rien n'était...

« Je vais te dire : la plus grosse erreur que j'ai faite, c'est d'avoir quitté la mine. Avant, j'étais dans une houillère, c'était plus facile et je gagnais mieux. C'est vrai, la houillère, c'est du gâteau, à côté de ça ! Non, franchement bosser au fond, dans un cylindre de décantation, c'est vraiment de la rigolade à côté de ça ! Bien sûr, des fois, quand y a un pépin, faut mettre le paquet, mais chez Thyssen, y avait que ça, des pépins. Et en plus, fallait tout faire à la main. Traîner des poutres métalliques qui pesaient des tonnes, à deux, c'est sûr ça revient moins cher qu'avec des grues. »

Adler, bien sûr, continue à balader Jürgen et finit par lui payer 861 marks pour neuf semaines de travail forcé. Jürgen n'arrive plus à nourrir sa famille (deux enfants en bas âge). Sa mère fait des ménages. « Sinon, on aurait littéralement crevé de faim, dit Jürgen. Il a fallu que j'emprunte, que je fasse des dettes à droite, à gauche, j'ai pas fini de rembourser aujourd'hui. » Il demande l'Aide sociale et on lui accorde 500 marks par mois. « Mais faut que je rembourse, précise-t-il, puisque, comme y m'ont dit là-bas : "Mais quand même, vous avez un travail !"... Je me demande comment je vais rembourser ça... »

Dès le mois de février, Jürgen a compris le petit jeu d'Adler. Il lui dit qu'il va démissionner. Alors Adler lui fait de nouvelles promesses :

« Moi, je lui ai dit, raconte Jürgen, si ça continue comme ça, je me tire, hein ! Alors il fait : "Bon, tu sais quoi, je te donne 12 marks net." "Alors là, d'accord, je dis, j'irai chercher le fric lundi prochain !" Il a dit que c'était OK, qu'il me donnerait le fric de la main à la main, et qu'après, il me donnerait tout ce qu'il me devait... Tu parles, j'en ai jamais vu la couleur, de ce fric ! »

Le 20 mars, Jürgen finit par claquer la porte.

« J'ai donné ma démission, par téléphone, et je l'ai confirmée par lettre le lendemain. Dans la lettre, je disais que si je ne touchais pas mon salaire, je porterais plainte devant les prud'hommes. Pas de réaction. J'ai donc essayé de l'appeler, je suis tombé sur le répondeur automatique, j'ai relu ma lettre au répondeur — toujours pas de réaction. Bon, quelques jours plus tard je rappelle chez lui, il demande qui c'est — Jürgen K. je dis, "Adressez-vous à mon avocat !", qu'il fait, et il raccroche. Je suis donc allé devant les prud'hommes.

« La première audience, ça a été terrible. Pour commencer, Adler était pas là — c'était en dessous de sa dignité, sans doute. Et moi, j'ai eu l'impression que c'était moi l'accusé. L'audience a duré deux minutes et demie et je me suis retrouvé dehors. Tout ce qu'on m'a dit, c'est ça : "Mais vous avez pas porté plainte contre la bonne entreprise !" — "Comment ça ?", je fais. Alors ils m'ont dit qu'il n'existait pas de Société Adler-Heisterkamp, que tout ce qu'ils connaissaient, c'était une « Société Adler » à Oberhausen.

« "Attendez, j'ai dit, c'est pas possible, j'ai sur moi les bulletins de salaire de l'entreprise Adler-Heisterkamp"... Mais bon, qu'est-ce que ça changeait, hein, quand tu t'y connais pas trop sur toutes ces histoires juridiques et que t'as pas d'avocat, t'es cuit ! Un type comme Adler, suffit qu'y fasse une bonne faillite, y s'en tire de toute façon.

« J'ai donc pris un avocat — mais ça aussi, ça coûte du fric. Y a peu de chance que j'aie l'assistance juridique, puisque je travaillais. Ça veut dire que je risque encore de m'en tirer avec au moins trois mille marks de frais d'avocat. Pour en finir, j'ai fait une transaction avec Adler, mais s'il me reste en fin de compte quelques centaines de marks, c'est bien le bout du monde. Qu'est-ce que tu veux, un combinard et un escroc dans le genre d'Adler, il s'en tirera toujours bien — même devant un tribunal.

« A la deuxième audience, il était là, bien décidé à me démolir. Il a raconté que j'étais un menteur, un faussaire, que j'avais trafiqué mes fiches horaires. Tu parles ! Mes fiches horaires, elles sont toutes signées par le contremaître, en double exemplaire, un pour Remmert, un pour moi. Alors j'ai pu montrer qu'en mars — en février j'avais pas encore pigé le coup — j'avais travaillé 129 heures (jusqu'au 20 mars seulement) — dont 36 d'affilée.

« Mais voilà que sur ma fiche d'impôts qu'on lui a demandée au tribunal, il y avait écrit, tiens-toi bien, que j'avais gagné en tout et pour tout 434 marks ! Pas de tampon de la boîte, rien. Tout le reste, il l'avait fait passer sous la table...

« Devant le tribunal, il a pris des grands airs — comme si c'était lui qui rendait la justice. Même que le juge lui a donné un avertissement pour "outrage" à un juré. Il avait dit que quand on est patron, tout ce qu'on a à faire c'est de se reconnaître coupable, vu qu'il n'y a jamais moyen de faire valoir son bon droit ! Et moi, il m'a traité d'escroc, de faussaire...

« Mon avocat m'a conseillé de faire une transaction — autrement, la procédure aurait risqué de durer encore des mois, des années, même. Et moi, j'avais besoin d'argent. J'ai fini par accepter un solde de 1 750 marks, au lieu de 2 735 qu'il me devait, sur la base de 9,50 marks de l'heure. Il m'avait promis un autre tarif, mais il n'y avait pas de trace écrite.

« Après l'audience du tribunal, il a fallu que je renvoie la fiche d'impôt à Adler. Ça fait presque un mois, et il ne me l'a toujours pas retournée. J'ai pas vu la couleur du solde non plus. Maintenant, il faut qu'il paie les charges sociales et les cotisations de retraite — et il prend son temps. En fait, on n'a même pas engagé une procédure contre lui. Les prud'hommes le traitent comme un homme d'honneur, un peu désordonné, seulement ! Mais le dindon de la farce, c'est moi, bien sûr !

« De nos jours, ils peuvent tout se permettre, les patrons. Surtout les sous-traitants. Parce qu'y a tellement de chômeurs, c'est ça le problème. Et puis y a pas assez de gens qui ouvrent leur gueule, qui se défendent contre ce genre de magouilles ! »

Jürgen n'a pas pu se mettre en quête d'un nouveau boulot puisque Adler — pratique courante chez lui — ne lui a pas rendu sa fiche d'impôts.

« Pas de fiche d'impôts pendant tout le mois d'avril, et puis encore pendant la moitié du mois de mai. Je prends contact malgré tout avec Remmert et ils me disent OK, on te prend, mais faut que t'apportes tes papiers pour que tout soit en règle. Le problème, c'est que des papiers, moi, j'en avais pas, c'est Adler qui les avait. Bon, je vais chercher un duplicata de ma fiche d'impôts et je retourne chez Remmert. Mais là ils m'ont dit, non, ça ne va pas, comme t'as déjà travaillé chez nous, il nous faut l'original de ta fiche d'impôts... C'était sûrement un prétexte, vu qu'Adler et Remmert, ils s'entendent comme larrons en foire...

« Moi, je trouve que le père Adler, il s'en est vraiment bien tiré. Maintenant, je suis sûr qu'il va encore se trouver des nouveaux gogos qui vont se faire entuber comme moi. Tiens, l'autre jour, j'ai vu une annonce dans le journal : "Adler embauche..." Je me demande comment il fait pour qu'il y ait encore des gens qui acceptent de bosser chez lui, non, franchement, ça, ça me dépasse ! D'ailleurs, il l'a reconnu devant le tribunal : « Moi, j'ai jamais employé personne à plus de 9 marks brut de l'heure !'' »

Reste tout de même une petite consolation pour Jürgen : « Il y a des immigrés, c'est encore pire pour eux. Des Pakistanais, par exemple, ils gagnaient 6 marks brut de l'heure. Ils avaient pas de permis de séjour. »

Un certain nombre de témoignages d'ouvriers turcs vient confirmer ce qui a été exposé précédemment concernant tant les magouilles d'Adler que les dangers auxquels sont exposés ses employés.

Hüseyin Atsis (56 ans) a connu en Turquie les boulots les plus durs. Ça ne l'empêche pas de considérer qu'« en Sibérie, ça doit quand même être mieux » que ce qu'il a fait chez Adler. Surtout, il n'a « jamais vu de boulot aussi dangereux que ça ».

« Au haut fourneau de Hamborn qu'on vient de construire, par exemple. On nous faisait descendre des tuyaux du septième étage. Deux hommes par tuyau. Il fallait faire vachement gaffe — le moindre faux mouvement et c'était la chute dans le vide...

« On nous a fait monter aussi sur une grue à une hauteur de soixante-dix mètres, pour y ramasser la poussière. Après, il fallait qu'on redescende avec des sacs de 50 kilos pleins de poussière sur notre dos. Encore un boulot très dangereux — et infect en plus. J'ai demandé au chef d'équipe pourquoi il fallait que ce soit toujours moi qui fasse ce travail. Alors il m'a répondu : ''Ben, c'est que toi, au moins, t'as les papiers, t'es en règle — les autres, y sont pas assurés. S'il arrive quelque chose, on pourra au moins faire quelque chose pour toi.''

« Après, on m'a dit que la plupart des gars d'Adler travaillent au noir, qu'il n'y en a presque pas qui sont couverts par l'assurance. »

Hüseyin Atsis a dû lui aussi courir après son salaire. Adler rechigne à le payer, Hüseyin réclame et finit par obtenir un peu d'argent. Mais la somme qu'il obtient ne correspond absolument pas à ce qui avait été convenu. Les nombreuses heures supplémentaires effectuées par Hüseyin ne sont pas prises en compte. Au lieu des 10 marks de l'heure convenus, les calculs sont effectués sur la base de 9 marks, sans compter un certain nombre de déductions incompréhensibles. Pour 184 heures de travail, Hüseyin touche donc 724 marks et 28 pfennigs.

« Quand j'ai vu ça, je me suis dit que c'était pas la peine de m'attaquer à ces gens-là. Je me suis dit qu'ils me feraient pas de cadeaux et finiraient par me faire expulser d'Allemagne. Que le mieux était de récupérer mes papiers et de me contenter de ce que j'avais touché. Mais Adler m'a dit : "Faut que tu commences par signer un papier attestant qu'on ne te doit plus d'argent. Sinon, je ne te rends pas tes papiers !" »

Même expérience pour Sait Tümen (25 ans) et Osman Tokar (22 ans).

Sait Tümen : « Ça faisait déjà trois mois que je travaillais chez Adler et il était loin de m'avoir payé tout ce qu'il me devait — il me donnait toujours 100 marks par-ci, 200 marks par-là... Je travaillais presque tous les jours, pourtant. Il fallait toujours que j'emprunte de l'argent à des amis pour pouvoir vivre, je leur disais que j'allais les rembourser tout de suite, dès qu'Adler m'aurait payé. Je le croyais, moi, puisqu'il me disait qu'il allait me payer tout de suite. Mais quand ils ont vu que je remboursais pas mes dettes, mes amis ont pensé que je me moquais d'eux et ils m'ont plus adressé la parole. Voilà, c'est comme ça que j'ai perdu mes copains. Alors j'ai essayé de trouver du travail ailleurs. Mais pour avoir le boulot, il fallait que je montre mes papiers. Je suis donc allé trouver Adler, je lui ai dit que j'avais trouvé autre chose, mais qu'il me fallait mes papiers — plus ce qu'il me devait, bien sûr. Alors il a fait : "Tes papiers, tu les auras que si tu signes une déclaration comme quoi je ne te dois plus rien !" J'ai réfléchi — si je n'amenais pas rapidement mes papiers, le boulot me passait sous le nez... Qu'est-ce que je pouvais bien faire ! En plus, le nouveau chef, c'était un bon copain à Adler. Alors j'ai signé. Un papier tout prêt, tapé à la machine. Il en avait tout un paquet. C'était écrit comme ça : "*Attestation.* Je soussigné... certifie avoir perçu le solde de mes prestations auprès de l'entreprise Adler-Industriemontagen en qualité d'employé temporaire." »

Osman Tokar : « Adler déduisait chaque semaine un certain nombre d'heures sur ce qu'il nous devait — alors on est allé le trouver. Il nous a dit : "Vous aurez le reste lors des prochains versements." On a attendu, mais rien. On est retournés le voir et il a dit encore : "La prochaine fois, la prochaine fois !" — et il s'est débarrassé de nous comme ça. Je suis encore retourné le voir et alors là, il m'a dit : "Ecoute, si ça te plaît pas de travailler pour tes 9 marks brut moins 40 % de retenues pour les charges sociales, moi j'ai qu'à passer une petite annonce dans la *WAZ*[1] et demain, j'aurai mille types qui feront la queue devant ma porte. Vous devriez vous estimer heureux d'avoir du boulot — après tout, vous êtes des étrangers..." Voilà ce qu'il m'a dit. »

Puis Osman évoque ses conditions de travail et leurs conséquences sur son état de santé :

« On nous faisait bosser dans un coin où il y avait tellement de poussière qu'on n'y voyait pas à deux pas — pas moyen de respirer non plus. Au bout de quelques jours, j'avais de violentes douleurs dans la poitrine, comme un point au cœur, ça me brûlait dans les poumons. J'en ai parlé à un collègue de chez Thyssen, il m'a dit que c'était la poussière de fer, que c'était très dangereux — on risque d'en crever — et qu'il fallait que j'aille vite demander un masque anti-poussière au chef. Je suis allé trouver le chef d'équipe de chez Thyssen, mais il ne m'a rien donné du tout. Il a dit que c'était pas grave, qu'il fallait pas que je fasse tant d'histoires et que je ferais mieux de me dépêcher de retourner au travail. Il nous faisait toujours une espèce de chantage là-bas : si au bout de vingt heures vous n'avez pas fini le boulot, il faudra que vous restiez jusqu'à ce que ça soit fini. Et c'est vrai, ils nous laissaient pas partir.

« Après le boulot, j'ai foncé chez le médecin, j'arrêtais pas de tousser. Il m'a examiné et m'a demandé où je travaillais. Chez Thyssen, j'ai dit, pour une boîte de sous-traitance. Il m'a demandé quel boulot je faisais, si j'étais au contact d'un truc qui irrite les poumons, des gaz ou de la poussière de fer. Poussière de fer, j'ai dit. Alors il m'a dit que je n'étais pas le seul de chez Thyssen à avoir ce genre de problème. Il m'a donné des médicaments et m'a dit que si je tenais à ma santé, il vaudrait mieux que je me cherche un autre boulot. »

1. *Westdeutsche Allgemeine Zeitung*, quotidien régional (N.d.T.).

L'irradiation

Je ne suis pas encore au bout de mes tribulations. Il me faut encore faire un petit détour par la centrale nucléaire de Würgassen, la plus ancienne centrale nucléaire de République fédérale d'Allemagne (elle est entrée en fonction en 1971) qui a besoin d'être fréquemment réparée et révisée. Ce sont surtout des étrangers, des Turcs essentiellement, que l'on embauche pour faire ce boulot. Parce qu'ils sont de « vrais nomades », sans doute.

En République fédérale d'Allemagne, on manque de connaissances scientifiques précises quant aux effets à long terme d'irradiations légères mais fréquentes. En effet, de nombreux étrangers sont envoyés dans les centrales nucléaires pour y effectuer des réparations et des travaux de nettoyage dans les zones particulièrement « chaudes » — c'est-à-dire exposées aux radiations. Mais ils ne peuvent pas être pris en compte dans les statistiques quand, des années ou des décennies après, ils ont un cancer des testicules, de la prostate ou de la glande thyroïde et, éventuellement, en meurent. Il y a en effet toutes les chances pour qu'entre-temps ils aient déménagé ou soient retournés dans leur lointain pays et personne n'ira se souvenir qu'il y a longtemps, très longtemps, ils ont été employés — quelques jours, quelques semaines ou quelques mois — à faire un travail plutôt « propre » et relativement facile dans une centrale nucléaire allemande…

Pour le travail courant, la préférence des managers des centrales va à des équipes réduites, formées de personnel sédentaire. Mais pour les activités plus ou moins dangereuses, ils recourent à des sous-traitants qui leur louent pour de brèves périodes un personnel qui ne cesse de se renouveler. C'est à ces gens-là que l'on fait « encaisser » en quelques jours, quelques heures, voire quelques secondes la dose d'irradiation maximale permise pour un an, soit 5000 millirem. Je dispose de déclarations d'ouvriers turcs et allemands qui se sont coltiné ce boulot pour 10 marks l'heure*.

Chaque fois qu'un conduit de vapeur cesse d'être étanche et doit être « colmaté », la direction de la centrale choisit de préférence des ouvriers turcs. Selon ces derniers, pour « une enveloppe hebdomadaire de 400 marks », il leur faut s'activer sur le lieu de la panne jusqu'à ce qu'ils aient « encaissé » leur dose annuelle de 5000 millirem. Cela peut durer entre une et deux minutes, selon l'intensité de l'irradiation. Et si, après leur intervention, le conduit n'est toujours pas étanche, on envoie d'autres Turcs dans la zone dangereuse. En jargon nucléaire, on appelle ça se faire « griller ». En principe, les ouvriers qui ont fait ce boulot une fois sont « hors circuit » pour le restant de l'année. « Mais il y a quand même moyen de continuer à faire ce boulot ailleurs », m'explique l'un d'eux.

J'aimerais bien me faire ma propre opinion sur les dangers parfois mortels de ces activités et apporter des éléments irréfutables à l'appui de ce que je sais. Je demande donc à être embauché à Würgassen. Le problème est que l'on commence par soumettre les candidats à une enquête dite de sécurité. Je fournis donc le nom et l'adresse de mon double, ainsi que la liste des différents domiciles qu'il a occupés au cours des dix dernières années. L'Office régional de protection de la Constitution

* Les témoignages des intéressés et d'autres informateurs ont été enregistrés sous forme de dépositions sous serment.

va pouvoir fouiner et fureter tout à loisir dans « mon » passé. Les banques de données vont faire travailler leur mémoire d'éléphant (participation à des manifestations ? Autres activités suspectes ?..) Le BKA[1] a aussi son mot à dire.

En principe, cette enquête dure six semaines, mais dans les cas « difficiles », elle peut durer jusqu'à trois mois. En ce qui me concerne (ou plutôt en ce qui concerne mon double), les recherches ont l'air particulièrement minutieuses puisque, au bout de deux mois, il n'y a toujours pas de réponse — ni positive, ni négative. Mais peut-être est-ce tout simplement dû à la période des vacances...

Quoi qu'il en soit, ce contretemps arrive à point nommé : il va me contraindre à agir, pour une fois, en dehors de mes plans. (Soit dit en passant, un ami radiologue, spécialiste des problèmes d'irradiation auquel j'avais confié mon projet d'aller « faire le Turc » dans une centrale nucléaire, m'avait très expressément mis en garde contre cette idée. Mon état de santé n'était-il pas suffisamment détérioré par la bronchite chronique contractée chez Thyssen et les séquelles des tests pharmaceutiques ? En allant m'exposer aux radiations, je courais à son avis le risque de devoir en supporter les conséquences jusqu'à la fin de mes jours...)

A cette époque, je voyais les choses plutôt en noir — c'est le moins qu'on puisse dire. Je me sentais au bout du rouleau, je m'identifiais de plus en plus à mon rôle et j'étais démoralisé de voir à quel point mes amis et mes collègues se trouvaient dans une situation pratiquement sans issue... Mais la peur a pris le dessus : peur de la perspective d'une interminable ago-

1. Bundeskriminalamt, police judiciaire fédérale ouest-allemande (N.d.T.).

nie cancéreuse après irradiation, peur d'un combat avec la mort susceptible de traîner pendant des années...

« Ça risque de t'achever ! », m'avait mis en garde mon ami radiologue. Eh bien, oui, j'ai été lâche et parce que j'étais un privilégié, j'ai pu me défiler... Mais il y a des centaines et des milliers de travailleurs immigrés qui prennent ce genre de boulot et mettent ainsi leur santé et parfois leur existence en danger, parce qu'ils n'ont pas le choix, eux — et il y en a qui sont dans un état physique bien pire que le mien. Mais ce qui les attire, dans ce travail, c'est justement qu'il ne demande pas en général de gros efforts physiques, si bien que même des malades, même des types âgés ou complètement épuisés se sentent d'attaque pour le faire.

A cela s'ajoute le fait que la plupart des immigrés ignorent tout des dangers particuliers de ce travail. Lorsque je suis allé demander à être embauché à la centrale, j'ai expressément posé la question : « Y a pas du danger avec ce travail ? » Le chef du personnel m'a aussitôt rassuré : « Pas plus qu'ailleurs dans l'industrie ! »

Mais écoutons plutôt quelques ouvriers qui ont eux-mêmes travaillé à Würgassen. Commençons par Frank M., contremaître dans cette centrale :

« D'un côté, c'est un job qui permet de gagner pas mal de fric, vite et bien. Comme contremaître, ça me fait 2500 marks net sur ma dernière fiche de paie. Mais d'un autre côté, y travailler plus de cinq ans, ça, non ! Je préférerais me retrouver sans boulot, être au chômage. Il y a bien trop de radioactivité, toute l'installation est trop vieille. C'est un réacteur à eau bouillante, les radiations sont beaucoup plus fortes qu'avec un réacteur à eau pressurisée. Je suis sûr que tout est contaminé, là-bas, même le café qu'on y prend. Rien que quand on entre dans la boîte, on a déjà 10 millirem sur le dosimètre, avant même d'avoir commencé à travailler. »

Le dosimètre est un instrument que chacun doit porter sur lui dans la « zone consignée ». Il indique la somme des radiations auxquelles on est exposé en une journée. Mais très souvent les ouvriers le bricolent, de crainte de ne pouvoir remplir leur quota d'heures.

Voici par exemple le témoignage d'un ancien ouvrier de Würgassen : « En fait, on pratique l'autocontrôle. Il suffit que tu mettes le dosimètre dans un coin, dans ton casier par exemple, personne ne s'en rendra compte. Ça n'intéresse personne... Personne ne m'a jamais demandé de comptes à ce sujet pendant tout le temps que j'ai travaillé à Würgassen. Si on n'a pas le dosimètre sur soi, il n'y a rien à contrôler, évidemment... Les immigrés ? Oui, je me rappelle, une fois, il y a une boîte de sous-traitance, Reinhold & Mahler, qui nous a envoyé une fournée de Yougoslaves, quinze ou seize types. Tous en situation illégale, pas de papiers, rien. Ils s'en font pas trop pour les règles de sécurité, ces gars-là... Mais l'affaire s'est ébruitée et les Yougoslaves ont été obligés de partir. On les a renvoyés chez eux discrètement... Autre exemple : à la centrale de Grohnde, à peine 20 % des soudeurs sont des Allemands. Tout le reste, c'est des immigrés. »

Frank M., lui, ajoute : « Dans la boîte de sous-traitance où je bosse, il y a environ 2500 employés. Sur le tas, il y a au moins 1500 immigrés. On les embauche pour la révision de la centrale, et quand c'est fini, on les licencie. La plupart, on ne les garde que quelques semaines. C'est eux qui vont se faire le plus "griller". On les colle au boulot, ils encaissent leur dose, et ils s'en vont. Par contre, les chefs de chantier, les contremaîtres, eux, ils restent en principe plus longtemps. Mais tous les autres, ils ne font que passer. On leur fait un contrat de travail temporaire, le temps d'une révision, disons. Ils « font le plein » de rayons — c'est-à-dire encaissent la dose annuelle — en deux semaines, après, de toute façon le service de sécurité de la centrale les met hors circuit et ils sont virés...

« On a aussi beaucoup de Turcs, ici. On les fait venir spécialement par avion, on les met à la soudure jusqu'à ce qu'ils aient leur dose et on les renvoie. Mettons par exemple qu'on ait besoin de soudeurs pour travailler dans l'espace occupé où l'on encaisse, disons, 1000 millirem par heure ; on les fait travailler deux heures, on en fait venir d'autres, et on renvoie les premiers chez eux. Pareil pour les suivants. Et ainsi de suite, jusqu'à ce que le boulot soit terminé.

« En général, les choses se passent de la façon suivante : quand les ouvriers étrangers arrivent, ils n'ont aucune idée de ce qu'est une centrale et après ils ne comprennent pas pourquoi ils doivent s'arrêter au bout de deux jours — voire de deux heures. Tout ce qu'on leur dit, c'est : "Bon, vous êtes hors circuit, maintenant !" On les met dehors, ils n'ont plus qu'à rentrer chez eux. »

Puis Frank M. parle du travail de ceux qui sont affectés au nettoyage des puits de rechargement :

« Chaque fois qu'on met la centrale hors service, on remplace en moyenne trente pour cent des éléments combustibles. On les dépose alors dans le bassin de sédimentation. Ils y restent plus d'un an, le temps qu'ils cessent d'être radioactifs. Quand on remplace les éléments, il y a de l'eau qui s'écoule et il faut que des ouvriers nettoient le sol autour du bassin de manière à ce que la contamination ne se répande pas dans toute la boîte[2]. Il y a donc un ouvrier qui travaille directement dans le bassin et un autre qui le retient, c'est-à-dire l'assure

2. C'est ce qu'on appelle « irradiation indirecte » (N.d.A.).

avec une corde. En effet, si l'autre tombait à l'eau, il faudrait qu'il ressorte tout de suite — vu qu'il est impossible de nager dans cette eau-là. »

Autre témoignage, celui de Dragan V., ouvrier yougoslave : « Quand j'ai été embauché, on ne m'a pas dit un mot des risques d'irradiation. Tout ce qu'on m'a dit, c'est ça : "Tu as droit à 2500 millirem pour trois mois, 5000 pour l'année, pas plus." Voilà, c'est tout ce qu'ils m'ont dit. Pas dangereux, dangereux, très dangereux ? Ils ne m'ont rien dit de tout ça... »

Le 20 août 1982, quatorze ouvriers appartenant à une boîte extérieure à la centrale ont été exposés à de très fortes radiations en remplaçant un « filtre sablé » dans la station d'échappement des gaz. Ils ont été si fortement contaminés qu'il a fallu les transporter à Düsseldorf dans une clinique spécialement équipée pour le traitement des irradiations. La direction de la centrale a aussitôt imposé un black-out total sur l'incident.

Voici le témoignage d'un ouvrier qui a assisté à cet accident : « Moi, j'ai toujours peur quand je travaille là-dedans. Surtout depuis l'accident. Tout de suite après, ils ont commencé par décider une fermeture temporaire. Mais ensuite, il a encore fallu que les gars travaillent pendant une demi-heure là-dedans. Et puis après, tout à coup, fermeture complète. Nos polisseurs étaient à sept mètres de profondeur. Les autres étaient assis dans la cage d'escalier. L'escalier donnait sur une pièce, c'est par là que la fuite s'est répandue. Les gars avaient leurs caisses à outils dans cette pièce, il y avait des câbles qui en sortaient — donc, la porte était forcément ouverte. Les gars ne se sont aperçus de rien, jusqu'à ce que vienne l'ordre de la fermeture complète. A la sortie, quand ils sont passés dans le sas, devant les appareils de contrôle[3] ils se sont aperçus qu'ils étaient complètement contaminés.

« Et alors là, le cirque a commencé : on leur a dit d'aller se doucher, ils y sont passés plusieurs fois — mais rien. Nous autres, on était déjà sortis depuis longtemps qu'ils étaient encore sous la douche. Ils y sont restés jusqu'à trois heures de l'après-midi, à se frotter la peau comme des dingues. De onze heures et demie à trois heures de l'après-midi, donc. Nous, on est revenus un peu avant trois heures. On a pu recommencer à travailler. Il n'y avait que la salle des machines et l'entrée des voies qui étaient interdites. Le lendemain, un samedi, on a encore travaillé, à cause des heures à rattraper. Et alors là, les autres ont rappliqué, hop, sous la douche jusqu'à midi. De sept heures du matin à midi. Mais rien à faire, ça ne baissait pas. Alors le lundi, on les a emmenés à Düsseldorf, à la clinique spécialisée. Mais là-bas, tout ce qu'ils ont pu faire, c'est mesurer la radioactivité. Presque tous les gars ont été mis ''hors circuit'' pour le restant de l'année. Plus le droit de mettre les pieds dans la boîte. »

Horst T., un ouvrier allemand, a eu, lui aussi, un accident : « Un jour, dans la chambre de condensation, j'ai déchiré mon vêtement de protection, ma cotte quoi. A la relève, quand je suis passé devant le moniteur, tout le tableau s'est allumé, de haut en bas. ''C'est pas possible !'' je me suis dit. Je suis allé sous la douche, ça a duré presque deux heures : douche, contrôle, douche, contrôle, etc. A la fin, je ne me séchais même plus les cheveux. Ça pénètre dans les pores, cette saloperie, et une fois que c'est là, vas-y, tu peux frotter ! Ils m'ont dit

3. Appareils qui mesurent le degré d'irradiation (N.d.A.).

que j'avais encaissé en tout dans les 2800 millirem. Mais comment savoir si c'était pas cinq ou dix fois plus ?

« Et après, ils m'ont licencié, tout simplement. "Compression de personnel." Et ils ont ajouté que de toute façon je n'étais pas fait pour ce type d'activité. J'ai réclamé mon "livret d'irradiation" où sont consignées en principe toutes les expositions aux rayons que l'on a subies. Ils ont pas mal fait traîner les choses, et puis ils ont fini par me le rendre — seulement, voilà, il était vide, ils n'avaient rien marqué. Ils m'ont dit qu'il fallait envoyer le livret à la boîte de sous-traitance, à Kassel. C'est ce que j'ai fait. Et au bout de deux semaines, voilà qu'ils me téléphonent pour me demander si je ne veux pas reprendre du service. On m'a remis un nouveau livret d'irradiation. Comme il fallait que je le signe, j'ai bien vu qu'il était vierge, complètement vierge. Comme si j'avais jamais bossé à la centrale... »

Il est bien rare que les employés des centrales puissent voir ce qu'il y a dans ces livrets imposés par la loi. Ce sont les boîtes de sous-traitance travaillant dans les centrales qui les gardent — c'est-à-dire les perdent ou les trafiquent quand il faut les présenter à des contrôleurs officiels. Et voilà comment les chefs de ces boîtes assument leurs responsabilités vis-à-vis de leurs employés...

L'industrie atomique minimise en toutes occasions les dangers découlant d'expositions — petites ou grandes — aux radiations. Quand on va travailler par exemple dans la « zone sensible » de la centrale de Würgassen, on a droit à un film vidéo en couleurs qui est censé donner toutes les explications nécessaire : « Les radiations sont comparables à la lumière du soleil », énonce un présentateur sympa rompu aux pratiques du cinéma publicitaire. Sur l'écran scintille l'image d'une fille superbement bronzée. Elle est couchée sous un parasol quelque part au bord d'une mer chaude... Des ouvriers rapportent quels arguments les contremaîtres emploient pour les rassurer : « Cela représente la même densité de rayons que deux semaines de vacances au bord de la mer du Nord. »

Et puis, pour finir, ce slogan *cool*, répété à l'envi tout au long de ce film « pédagogique » : « Eviter toute exposition aux rayons qui ne soit pas nécessaire et réduire au maximum toute exposition *inévitable.* »

En réalité, l'industrie nucléaire inclut d'emblée dans ses prévisions la perspective d'un certain nombre de décès. Cela sur le papier. Mais ce que sera le nombre réel de morts, personne n'ira le contrôler.

Voici ce que dit une spécialiste de ces questions, le Pr Inge Schmitz-Feuerhake, chercheuse à Brême : « On sait aujourd'hui que toute forme d'exposition aux radiations, grande ou petite, peut entraîner des conséquences préjudiciables pour la santé. Il peut s'agir soit de cancers dus aux irradiations, soit d'atteintes au système génétique s'exerçant au détriment de la descendance des individus. L'aspect particulièrement pervers de ces radiations, c'est que leurs conséquences peuvent très souvent apparaître quelque vingt ou trente ans après. Il n'y a pas suffisamment longtemps que la technologie du nucléaire a commencé à être mise en œuvre en République fédérale d'Allemagne pour que l'on puisse déjà en mesurer vraiment les effets. »

Mais qui ira prouver après tant de temps que tel cancer mortel est imputable au fait que la victime a travaillé un jour dans la « zone sensible » d'une centrale nucléaire ? Avant d'embaucher un employé d'une boîte de sous-traitance dans une centrale, on lui fait subir une visite médicale. Mais après, non... Meurtre à crédit, donc ? Oui, meurtre discret, sans témoins, sans preuve, et massif...

En République fédérale d'Allemagne, c'est le service de surveillance technique (TÜV) qui est chargé de s'occuper de tout ce qui concerne les problèmes de sécurité (y compris sur les lieux de travail) dans les centrales nucléaires. L'Institut pour la recherche sur les accidents auprès du TÜV de Rhénanie (sis à Cologne) a adressé il y a quelque temps au ministre fédéral de l'Intérieur un rapport sur les « facteurs humains dans les centrales nucléaires ». Ce rapport n'a pas été publié.

Les spécialistes du TÜV y examinent les « problèmes » découlant de l'emploi, dans les centrales, de ce qu'ils appellent « le personnel étranger ». Plus exactement, ils examinent les problèmes qui en découlent pour l'*industrie*, et non pour le personnel en question...

« Des problèmes surgissent en premier lieu au niveau de la collaboration avec le personnel auxiliaire non qualifié fourni par les entreprises de prestation de services ; ce personnel est tout particulièrement employé dans des secteurs à forte irradiation, afin de ménager le personnel sédentaire. Il apparaît, à en croire les responsables des centrales, que ce personnel est bien souvent peu motivé, voire rétif au travail... »

En voilà une surprise ! Qui s'en va travailler de gaieté de cœur dans une centrale ? Quoi qu'il en soit, le rapport ajoute, un peu plus loin : « Il reste nécessaire de recourir aux travailleurs étrangers si l'on veut continuer à remplir l'ensemble des tâches définies par le plan. » Il signale également que les centrales se trouvent fréquemment « à court de personnel du fait de l'importance de la radioactivité et des restrictions qui en découlent quant à l'utilisation du personnel sédentaire ». C'est qu'en effet « les doses d'irradiation permises sont souvent absorbées sur une durée très brève (quelques minutes) ». Plus loin, on peut lire qu'« il revient au personnel sédentaire — tout particulièrement lorsqu'il s'agit de travaux impliquant une forte exposition où importent avant tout précision et rapidité — d'encadrer et guider au mieux le personnel étranger... Mais, dans les zones de forte exposition, cela est souvent très difficile ; il peut aussi arriver que ce personnel ne soit pas employé à bon escient et que son utilisation ne réponde pas aux objectifs fixés... »

L'Institut auprès du TÜV constate froidement que « dans sa majorité, le personnel étranger employé n'est pas au fait des dangers auxquels il est exposé... La connaissance insuffisante des installations et du fonctionnement [d'une centrale] constituent en l'occurrence un facteur négatif supplémentaire... d'autant plus qu'il n'est pas possible d'exercer une surveillance efficace là où précisément le personnel étranger est employé pour ménager le personnel sédentaire (en réduisant les doses de radiations auxquelles il est exposé)... Le sentiment d'impuissance face à un danger dont il ignore l'essentiel qu'éprouve souvent le personnel étranger peut favoriser chez lui des comportements imprudents, alors même que lui sont confiées des tâches impliquant une forte exposition... »

Chaque année, ce sont des dizaines de milliers de soudeurs, d'agents de nettoyage qui s'en vont travailler dans les centrales allemandes (environ 5000 personnes passent, chaque année, dans la zone dangereuse de Würgassen). La moitié environ d'entre eux sont des étrangers qui rentrent souvent dans leur pays d'origine avant que ne puissent être perceptibles les séquelles de cette activité.

Il n'y a guère que des initiés ou des scientifiques pour pouvoir lire entre les lignes d'informations comme celle-ci, publiée le 29 juillet 1982 par la *Frankfurter Allgemeine Zeitung*. Sous le titre « Mille personnes, rien que pour changer la tuyauterie », le journal évoque les travaux de réparation effectués à Würgassen et indique — dans le langage codé de l'industrie atomique — qu'il faut compter avec des densités de « 1000 hommes-rem »... « 1000 hommes-rem ? On croirait le code secret d'un réseau d'espionnage ou bien peut-être la fréquence d'émission d'un récepteur à ondes courtes... Mais les trusts, eux, savent très bien ce que cela veut dire, et les spécialistes ont vite fait de calculer combien cela peut représenter de cancers. Carl Z. Morgan, ex-directeur du service de protection contre les radiations du centre de recherche nucléaire d'Oak Ridge (les spécialistes le désignent souvent comme le « père de la recherche en matière de protection contre les radiations ») affirme que « 1000 hommes-rems », cela correspond environ à 6 ou 8 victimes du cancer, en termes purement statistiques. La mort rampante par irradiation frappe au hasard, aussi bien un employé d'Adler que celui de l'une ou l'autre de ces mafias de négociants en « chair à rayons » qui approvisionnent en hommes les centrales nucléaires — Celten à Holzminden, Kupfer à Landshut, Jaffke à Brême, et toutes les autres...

Le taux de cancers est plus élevé dans les centrales nucléaires

En Grande-Bretagne, les ouvriers des centrales atomiques et autres installations nucléaires sont davantage exposés au risque de contracter un cancer de la prostate que le reste de leurs concitoyens. Une étude que vient de publier le Conseil britannique pour la recherche médicale révèle que le nombre de victimes de cancers de la prostate est huit fois plus élevé parmi un échantillon de mille personnes exposées à des taux d'irradiation relativement élevés que parmi le reste de la population.

Les chercheurs, qui ont publié leurs conclusions dans une revue spécialisée, le *British Medical Journal*, se sont penchés sur 3373 décès survenus parmi les 40000 hommes et femmes ayant travaillé entre 1946 et 1979 au Centre de l'énergie atomique de Grande-Bretagne.

L'étude indique en outre que le nombre de décès dus à *la leucémie, au cancer de la thyroïde et au cancer des testicules* se situe également au-dessus de la moyenne. Par ailleurs, les médecins ont également établi que les femmes longtemps exposées à de faibles irradiations sont plus souvent atteintes de cancers mortels des ovaires et de la vessie que la moyenne.

Frankfurter Rundschau, 21 août 1985.

Mais peut-être les responsables de ces entreprises ne savent-ils pas eux-mêmes combien ce travail est dangereux ? Pour en avoir le cœur net, nous avons soumis Adler à un « test intensif » approprié : il s'est avéré que même quand les choses lui étaient dites noir sur blanc, il ne voulait rien savoir…

La commande

ou : Adler est là, la saleté s'en va ! — Une mise en scène de la réalité —

> « Que le profit soit convenable, et le capital devient courageux : 10 % garantis et on peut l'employer partout ; 20 %, il s'échauffe ; 50 %, il est d'une témérité folle ; à 100 %, il foule aux pieds toutes les lois humaines ; 300 %, et il n'est pas de crime qu'il n'ose commettre, même au risque de la potence. Quand le désordre et la discorde portent profit, il les encourage tous deux ; à preuve la contrebande et la traite des nègres. »
>
> F.J. DUNNING, *Trade Unions and Strikes : their Philosophy and Intention*, Londres, 1860, (cité par Karl MARX, *Le Capital*, livre I, tome 3, p. 202, note).

Le hasard fait bien les choses : il se trouve qu'Adler fournit aussi du personnel à la centrale de Würgassen. Oh, pas beaucoup, comme à son habitude. Mieux vaut décentraliser au maximum et éviter ainsi d'attirer l'attention : trente types par-ci, dix par-là, un autre ailleurs... Un imprévu contraint-il Adler à monter à Hambourg ? Ce n'est pas grave. Son business ne s'arrêtera pas pour autant de tourner dans la Ruhr — chez Thyssen, chez Steag, chez MAN, et même à la Ruhrkohle, en Allemagne du Sud. N'oublions surtout pas sa devise : « Les petits ruisseaux font les grandes rivières », ni l'un de ses adages favoris : « Les lois sont faites pour être tournées... »

Le trafic d'êtres humains auquel se livrent Adler et la centrale de Würgassen est tout aussi inquiétant que pourrait l'être une relation d'affaires entre mister Hyde et le docteur Mabuse : l'énergie criminelle d'Adler au service des « contraintes techniques » de l'industrie nucléaire. Objet de la transaction : des Turcs à « griller ».

Le scénario que j'ai élaboré est destiné à voir jusqu'où peut aller un Adler, même quand on pousse les choses très loin, vraiment très loin... Je m'assure le concours d'un certain nombre de collègues et amis : Heinrich Pachl, acteur professionnel vivant à Cologne jouera le rôle de monsieur Schmidt, délégué à la sécurité de la centrale de Würgassen. Mon ami Uwe Herzog jouera celui de l'expert Hansen, son assistant.

La commande secrète

A la suite d'un incident technique, la centrale de Würgassen ne peut plus être couplée au réseau électrique. Le coût de la panne se chiffre en millions de marks. On a donc besoin d'ouvriers turcs pour aller se faufiler dans la zone la plus « chaude » et tâcher de réparer la panne. Sans doute encaisseront-ils une telle dose de radiations que leur santé en pâtira considérablement — il y a notamment toutes les chances pour qu'à plus ou moins longue échéance ils aient un cancer. Il est donc indispensable que les Turcs en question ignorent tout des dangers auxquels ils vont être exposés et qu'après avoir terminé le boulot ils soient renvoyés au plus vite dans leur pays. Si « monsieur Schmidt » s'adresse à Adler pour cette mission très spéciale, c'est, lui confie-t-il, qu'il a la réputation de savoir s'acquitter avec talent de ce type de travail. Un premier contact est pris par autotéléphone. Ali est justement en train de ramener Adler de la Ruhrkohle-Wärmetechnik (Essen) à Oberhausen quand le téléphone sonne.

PACHL/SCHMIDT : « Oui, bonjour, Schmidt à l'appareil, direction de la sécurité de la centrale de Würgassen. Voilà, nous avons un problème, monsieur Adler, je vous explique tout de suite de quoi il s'agit. Nous avons un incident technique, une panne, disons, et nous avons quelques difficultés à régler ça nous-mêmes. Alors je me suis dit que vous étiez l'homme de la situation. En fait, il s'agirait de nous fournir du personnel pour une intervention de courte durée mais assez délicate. C'est très urgent et je me disais — il se trouve justement que je suis dans le secteur, dans la Ruhr — que le mieux serait peut-être que nous nous rencontrions tout de suite... Dans une heure, disons, ça vous conviendrait ? Oui ? Écoutez, je vous propose la chose suivante : on se trouve sur l'autoroute, au restauroute de Lichtendorf. C'est ça, entre l'échangeur de Westhofen et l'échangeur d'Unna. A une heure et demie, disons ? »

Adler extrait du vide-poche la carte de la Ruhr et l'étudie attentivement. Puis il me lance : « Bon, faut qu'on se dépêche ! Fonce chez Remmert à Oberhausen, et après on repart, faut que je sois à une heure et demie au restauroute de Lichtendorf. Un client qui a quelque chose à me proposer. »

Nous passons donc chez Remmert et repartons. Adler a tellement peur d'arriver en retard que, pour une fois, il me pousse à faire des excès de vitesse : « Grouille, je suis déjà à la bourre ! » Devant nous, une femme double et reste sur la file de gauche. Il explose : « Regarde-moi cette connasse, cette chieuse, vas-y, colle-lui au train, qu'elle dégage un peu ! Elle va nous faire arriver en retard, l'abrutie ! »

Tiens, il a tellement peur de ne pas être à l'heure qu'il se met à dire « nous »... Nous nous garons devant le restauroute avec cinq minutes de retard. Il attrape au vol son attaché-case et file à grandes enjambées à la conquête de ce nouveau marché... non sans avoir pris le temps, tout de même, de me confier une mission à ma mesure :

« Tu vas prendre la brosse et le chiffon à poussière dans le vide-poche et me nettoyer l'intérieur de la voiture, nickel, hein ! Et n'oublie pas le cendrier ! Je veux plus voir un grain de poussière quand je reviendrai !

— OK, ça marche ! », dis-je. Je me suis aperçu qu'entre toutes, c'est cette brève réponse qu'il préfère.

Je constate avec satisfaction que la voiture de mes amis est déjà là. Tandis que je me mets à astiquer la voiture, Adler fait son entrée dans le restauroute, bien décidé à repartir avec une nouvelle commande en poche.

Il est donc 13 h 30 en ce mercredi 7 août lorsque nos deux « envoyés spéciaux » de la centrale entament avec Adler leur première discussion.

PACHL/SCHMIDT : « Voilà, c'est d'abord une question de temps, nous sommes pris à la gorge. L'affaire doit être définitivement réglée d'ici vendredi...

— Moi, fait Adler en guise de présentation, je suis une PME, je prends tout, je fais tout. Je travaille beaucoup pour la grande industrie, notamment pour la Ruhrkohle, Steag, etc. J'ai déjà souvent travaillé pour vous aussi[1].

PACHL/SCHMIDT : Nous avons envisagé deux possibilités... Mais en fait, ce qu'il nous faudrait, c'est huit ouvriers de toute confiance qui n'aient jamais travaillé dans ce secteur...

ADLER : Pas de problème.

1. La centrale de Würgassen, s'entend (N.d.A.).

PACHL/SCHMIDT : Pour les envoyer là où il y a la panne, donc. Ça, c'est le premier point. Peut-être que ça prendra très peu de temps... mais il n'est pas exclu que ça dure un peu plus. »

Cette déclaration liminaire (qui ne fait que cerner de manière très allusive l'objectif réel de cette mission très spéciale) suffit à Adler, il est tout de suite dans son élément. Il s'empresse d'affirmer qu'il peut « envoyer dès demain huit à dix gars de toute confiance » et pose la question qui trahit le professionnel : « Et pour les livrets d'irradiation, on pourrait pas arranger quelque chose ? » Pachl/Schmidt s'y attendait et en profite pour entraîner Adler sans tarder sur les chemins de l'illégalité : « Non, non, pas de livrets d'irradiation !, s'exclame-t-il, on n'a pas le temps, il faut absolument que la panne soit réparée d'ici vendredi 18 heures au plus tard. »

Il en faudrait plus pour émouvoir Adler : « Pas de livrets d'irradiation ? Comme vous voulez... Donc, demain, huit gars, sans livret. OK, pas de problème ! Moi, je vous trouve les gars, et vous, vous faites votre boulot, chacun ses oignons. Et tout ça top-secret, motus et bouche cousue ? OK, pas de problème ! »

Pachl/Schmidt peut donc continuer à avancer ses pions. Il tombe rapidement d'accord avec Adler sur le fait qu'on ne peut mobiliser pour cette « mission » que des gars « qui ne viennent pas du coin », « autrement dit des étrangers », des gars qu'on pourra « immédiatement renvoyer chez eux »... Pourquoi ? Pachl/Schmidt n'en fait pas mystère : « Il n'est pas du tout exclu que les choses tournent mal... » Mais aussitôt, il tient à rassurer Adler : « De toute façon, s'il doit y avoir des conséquences, disons, par exemple, si quelqu'un attrape le cancer, on ne peut jamais dire que c'est pour telle ou telle raison précise — il y a toujours un tas de raisons... Et puis un cancer, ça peut avoir un temps de latence de vingt ans, hein ! »

Adler a l'air soulagé : « Mais oui, bien sûr ! », fait-il. « Donc, conclut Pachl/Schmidt d'un ton paterne, on peut jamais vraiment prouver que... »

Mais entre-temps Herzog/Hansen a sorti d'un dossier plusieurs croquis qui indiquent sans aucune ambiguïté que c'est bien d'un commando-suicide qu'ont besoin nos envoyés spéciaux :

HERZOG/HANSEN : « Regardez. Les tuyaux sont là. Ils font 67 cm de diamètre. C'est là que les gars vont devoir entrer..

ADLER · Et où est le... cœur ?

HERZOG/HANSEN : Voilà. Ici, vous avez le château de transport. Et les tuyaux par lesquels la vapeur radioactive afflue vers la turbine relient le château de transport à la chambre des machines. C'est juste au milieu de ce tuyau-là que notre ''souris'' est restée coincée...

ADLER : Ah bon...

HERZOG/HANSEN : Vous savez ce que c'est, la souris ? C'est un petit appareil à laser qui circule à l'intérieur des tuyaux et qui permet de voir s'ils sont fissurés. Donc le problème est là, cette souris qui est restée coincée et qu'on n'arrive pas à récupérer... Il faudrait que les gars entrent là-dedans pour essayer de la décoincer. Ça ne demande pas d'efforts physiques particuliers, la seule chose, c'est qu'il faut qu'ils soient en bonne santé...

ADLER : Pas de problème, ils sont solides !

HERZOG/HANSEN : ... Donc faut qu'ils entrent là-dedans. Le hic, c'est que pour des raisons techniques, on ne peut pas savoir quel est le taux de radioactivité dans ce secteur. Mais il se pourrait bien qu'il soit salement élevé.

ADLER : Attendez, faut qu'on amène des appareils de detection, des trucs comme ça ?

HERZOG/HANSEN : Non, les dosimètres, c'est nous qui les fournissons. C'est pas un problème. Et les tenues de sécurité, tout. Non, le seul problème, c'est qu'on ne sait pas quel est le taux de radioactivité à cet endroit. Et qu'on ne pourra le savoir que quand les gars ressortiront.

ADLER (*d'un ton de souteneur*) : Bon, par exemple, j'ai des gars qui bossent chez Thyssen, j'en dégage huit, les meilleurs. On les amène avec la camionnette, ils sont là demain matin. Bien sûr, c'est, euh... des étrangers. Y a peut-être un Allemand dans le tas, mais en principe, c'est tous des étrangers. Ils y verront que du feu. Après, je leur dis de fermer leur gueule, et dans une semaine, ils sont à nouveau ici, ni vu ni connu... Dites-moi, à propos — parce que moi, ça m'intéresserait — peut-être qu'après vous pourriez me prendre des gars pour des boulots moins ponctuels... Oui, ça serait vraiment parfait pour moi. Travaux de nettoyage, des choses de ce genre, à long terme...

PACHL/SCHMIDT : Écoutez, voilà ce que je vous propose : pour le moment, on liquide cette affaire. Et si tout se passe bien, de votre point de vue comme du nôtre, je suis sûr que nous aurons encore du travail à vous confier. Un autre problème, ça serait de savoir si, au cas où nous aurions un autre pépin...

ADLER : Oui ?

PACHL/SCHMIDT : ... vous auriez éventuellement du personnel disponible...

ADLER : Bien sûr, j'ai des fichiers, je peux vous fournir d'autres gars quand vous voulez !

PACHL/SCHMIDT : ... Je veux dire des gens qui, pour une raison ou une autre, seraient amenés à regagner leur pays à court terme.

HERZOG/HANSEN : Vous comprenez, nous devons être prêts à parer à toute éventualité. Il y a de gros risques, tout de même... Si on leur donnait quelque chose, une prime par exemple, qui les incite à regagner la Turquie...

ADLER : Bien sûr, si ça représente une certaine somme...

PACHL/SCHMIDT (*grand seigneur, comme ses moyens le lui permettent*) : Voyons un peu, oui, disons que cela pourrait tourner autour des 120000, 150000 marks...

ADLER : D'accord, je crois que j'y vois à peu près clair. Je vous l'ai dit, c'est mon métier, je fais tout, je prends tout, moi... Faut que je gagne ma croûte, et mes gars, faut aussi qu'ils gagnent un petit quelque chose... Bon. Donc je vais vous chercher les gars en question, j'ai compris de quoi vous avez besoin. Bon. Voyons... Tiens, des types qui sont sur la liste noire du consulat ? Ça peut se trouver. Ou des types qui ont des problèmes avec la police des étrangers ? Là aussi, je peux me débrouiller. C'est ce genre de gars qu'il nous faut, non ? »

Et voilà, l'« affaire » est parfaitement claire pour Adler. Il redemande leurs noms aux deux « délégués à la sécurité » : « Monsieur Schmidt et monsieur... ? « Hansen ! », fait Herzog/Hansen... Ce nom dit quelque chose à Adler, d'ailleurs . « Oui, en effet, j'ai déjà entendu votre nom... Hansen de Würgassen, oui, en effet... » La perspective de se remplir les poches le rend confiant. Il assure une nouvelle fois ses deux « partenaires » qu'ils peuvent entièrement s'en remettre à lui et en vient à l'essentiel — au fric.

ADLER : « Vous savez, mes gars, je les tiens bien en main Quand je les envoie chez un client, ils bossent et ils la ferment, c'est tout ! Et ils vont pas se mêler de ce qui les regarde pas. De toute façon, s'il y en a un qui se met à causer à droite et à gauche, il saute, c'est tout ! J'en ai déjà fait, des boulots de ce genre, chez Thyssen, par exemple, ça arrive des fois — eh bien personne ne l'ouvre, ça reste entre nous... Donc, nous disions : début de l'intervention, demain, le 8 août 1985... Au fait, vous pouvez me redire combien vous comptez mettre dans l'affaire ?

PACHL/SCHMIDT : Nous avons un budget qui va dans les 120 - 150 000 marks. Mais les risques sont à votre charge. Je veux dire, s'il se passe n'importe quoi, après, c'est à vous de faire en sorte que les gars aient disparu de la circulation.

ADLER : Juste une question, quand même, que je sache à quoi m'en tenir : quand mes gars vont sortir de là, ils seront pas en très bon état, c'est bien ça ?

PACHL/SCHMIDT : Écoutez, je pense que nous nous comprenons... Pourquoi croyez-vous qu'on y mette ce prix ? Ils vont sans doute en prendre une telle dose qu'en principe il faudrait qu'ils soient pris en charge, après... enfin, sur le plan médical. Mais le problème, c'est justement ça : Nous ne pouvons absolument pas nous permettre qu'on commence à nous poser des questions — ou encore que les gars, s'ils restent dans les parages un certain temps, se mettent à bavarder et que l'affaire s'ébruite. C'est ça qu'il faut empêcher par tous les moyens !

HERZOG/HANSEN : Absolument, il faut qu'ils repartent immédiatement ! Immédiatement !

ADLER : D'accord, d'accord... Disons les choses franchement, hein, moi, j'ai les gars, je vous les envoie — un point c'est tout. Et *vous*, vous les envoyez dans la zone dangereuse. C'est pas plus compliqué que ça, non ? »

Et non, c'est pas plus compliqué que ça ! « Envoyer les gars dans la zone dangereuse ? » Vraiment pas un problème pour Adler ! Il ne reste donc que quelques questions de détail à mettre au point. La question du transport est rapidement réglée : Pachl/Schmidt enverra un minibus de la centrale chercher l'équipe à Duisburg le lendemain. Adler lui signale qu'il a en ce moment une équipe qui travaille à Würgassen et qu'elle est logé à l'hôtel « Au virage ». Alors comme ça, il peut aller là-bas la rejoindre dès le lendemain pour se faire payer tout de suite.

Nos trois compères quittent le restauroute ensemble. A voir l'air réjoui d'Adler, je crois deviner qu'il a réussi à placer sa marchandise. Je lui ouvre la porte de la voiture comme il l'exige et, sans un mot, il manœuvre la commande lui permettant de s'installer dans la position la plus confortable, la plus relax, sur son siège capitonné.

« Allez, on retourne à Oberhausen ! », fait-il, puis il laisse retomber le silence. Il réfléchit. Je commence déjà à me dire que j'ai été injuste avec lui, qu'il va refuser cette mission criminelle... qu'il n'est pas si dépourvu de scrupules que ça... que personne ne peut être aussi totalement endurci... qu'il ne veut pas mettre en danger la vie d'êtres humains de cette façon... Bien sûr, on peut dire que les ouvriers qu'il fait travailler chez Thyssen se font eux aussi « griller » en un certain sens — d'une manière plus lente, moins directe —, mais en fin de compte, la poussière épaisse de métaux lourds qu'ils ingurgitent n'est-elle pas une sorte de bombe à retardement, fortement cancérigène, elle aussi ? Mais admettons encore qu'il ne veuille pas y penser. Là, en revanche, la situation est on ne peut plus claire. Chez Thyssen, tout le monde peut se rendre compte qu'il y a de la poussière, même si peu d'ouvriers réalisent vraiment ce que cela représente pour leur santé... Ce qui est sûr, en revanche, c'est qu'aucun de ceux qu'il veut envoyer au casse-pipe dans la centrale ne peut soupçonner qu'il va être victime de radiations très dangereuses, voire mortelles... Voilà pourquoi je l'imagine pris dans un terrible dilemme. Mieux : j'en suis déjà à espérer qu'il va refuser...

Je ne vais pourtant pas tarder à me rendre compte que c'est une tout autre pente que suivent ses pensées. Il griffonne quelques chiffres dans son calepin, il semble faire des calculs, des additions. Et puis tout à trac, il me demande : « Est-ce que tu pourrais mobiliser d'ici demain matin sept ou huit de tes compatriotes qui voudraient se faire un peu de fric ? C'est un bon boulot, mais il me faut des gars sûrs à 100 %. »

Je fais mine de réfléchir. Il ajoute alors : « Si tu penses que c'est trop court, je demanderai à K., il a toujours des gens sous la main. » K. est l'un de mes collègues turcs qu'il a hissé au rang de factotum. Quand Adler est à court de main-d'œuvre, c'est K. qui l'approvisionne.

« Non, c'est possible, dis-je, qu'est-ce qu'y doivent pouvoir faire ?

— Rien de particulier, fait Adler. Tout ce que je veux, c'est que ça soient des types qui sont vraiment dans la dèche... Tu peux leur dire que moi aussi, j'ai été dans la dèche un jour... »

Je le regarde avec des yeux ronds. « Vous, pauvre ? Et quand c'était, ça ?

— Been, disons, après la guerre, hein, on était tous pauvres en ce temps-là. Et il faut que ça soit des gars qui aient peur d'être expulsés. »

Remarquant ma stupéfaction, il ajoute aussitôt : « Oui, j'ai envie de les aider, ces types, je sais qu'ils en bavent tellement ici, tu comprends ? Tu sais, moi, j'ai toujours eu des idées sociales avancées, je suis social-démocrate, c'est une tradition dans ma famille.

— C'est quoi, social-démocrate ?, demandé-je.

— C'est un parti, le parti qui est pour les ouvriers, fait-il, sentencieux. J'en suis membre, moi.

— Alors c'est quoi, comme travail ?, demandé-je, ça gagne combien ?

— Un bon petit paquet, 500 marks pour deux jours. Et le boulot... un boulot facile, des petits travaux de nettoyage, pépère, y se saliront même pas les mains...

— Et c'est où ? », demandé-je.

Il élude, au prix d'un gros mensonge :

« Disons à une centaine de kilomètres d'ici... [2] »

« C'est pas grave s'il y a dans le tas des gars clandestins, sans permis de séjour, poursuit-il, mais le mieux, ça serait qu'ils tardent pas trop à rentrer en Turquie après avoir fait le travail. Et toi, si tu me trouves les gars, tu auras aussi 500 marks.

— OK, ça marche, je peux aussi prendre des types qui sont à l'Armée du Salut ?

— Attends, il faut que ça passe par aucun truc officiel, tu comprends. Je vais te dire : le fric, tout ça, c'est black !

— Black ? C'est quoi ?

— Black, au noir, sans impôts ! Les gars, ils auront le fric en liquide, de la main à la main. Pas besoin de papiers, rien ! Tout en dessous de la table ! C'est ce qu'ils préfèrent, eux, non ? Comme ça, ça leur fera un peu de fric pour la Turquie, pour repartir d'un bon pied. Tu leur diras qu'il faut qu'ils emportent de quoi dormir, des sous-vêtements, tout ça. Tout le reste, on le leur fournira. Mais où tu vas aller les dénicher, les gars ?

— J'en connais, y vivent là, cachés dans un cave !

— Ça, c'est bien, s'ils vivent dans une cave, y z'ont de contact avec personne ! Y sont combien ?

2. En réalité, Würgassen est à environ 300 km (N.d.A.)

— Cinq, par là...

— Bon, cherche encore un peu autour de toi, tu finiras bien par arriver à huit... Tu peux m'appeler à n'importe quelle heure, y compris au club de tennis. Il vaudrait mieux que tu les amènes pas chez moi, au bureau, mais plutôt à ton appartement, Dieselstrasse. Après, je passerai, on ira les chercher. Ah, encore un truc important : quand ça sera fini, je veux plus les voir dans les parages ! Et noir sur blanc, je veux qu'ils s'engagent à quitter le pays ! De toute façon, faut bien qu'ils partent, y z'ont la police des étrangers aux fesses, non ?

— Y en a, oui, dis-je.

— Bon, il faut que ça soit bien clair, hein, il faut qu'ils partent ! Tous ! Et surtout que j'aille pas apprendre dans quelques semaines qu'ils sont encore en train de traîner dans le coin ! C'est une condition absolue, s'ils veulent avoir ce boulot ! »

J'insiste encore pour avoir quelques précisions sur la nature du boulot. Mais il demeure toujours aussi évasif : « De toute façon, t'y comprends rien, on leur expliquera bien en temps utile. Pas de problème, te fais pas de souci. L'important, c'est qu'il faut les aider, ces gars-là, ils en ont assez bavé, non... »

Le voilà qui se met à parler comme un curé, il y a quelque chose d'onctueux, de solennel dans sa voix... Mais déjà, le naturel revient au galop :

« Dis donc, j'espère que je peux vraiment te faire confiance !

— Sûr, ça marche ! »

Il s'en va, me demande de l'appeler le soir à huit heures pour lui présenter mon rapport. Je finis par le joindre au restaurant de son club de tennis. Schmidt l'a informé entre-temps que six personnes suffiront. (Je n'ai pas eu le temps d'en trouver davantage !)

Je le sens gêné aux entournures — il n'est pas seul. C'est vrai, il aurait bonne mine devant ses amis d'affaires et ses employés (ils connaissent l'oiseau) de se mettre à faire un numéro de « bienfaiteur des Turcs » ou de se lancer dans une profession de foi en faveur du « parti des ouvriers » ! Tous ses copains savent bien que s'il est au SPD, c'est parce que c'est bon pour son business et ils ne manqueraient pas de rire aux larmes en l'entendant débiter de telles sornettes...

Je le plonge dans l'embarras en lui demandant : « Qu'est-ce qu'y faut dire aux collègues pour qu'y vous font confiance ?

— Écoute, je peux pas te parler, là, élude-t-il, rappelle-moi dans une heure à la maison ! »

Lorsque je le joins chez lui, il y a à nouveau dans sa voix ce léger accent pastoral. Je remets la question sur le tapis : « Qu'est-ce qui faut dire aux gars, pourquoi vous voulez être gentil avec eux ? » Du coup, un nouvel élan de charité soulève son cœur : il ne parle plus de ceux qui « sont dans la dèche », mais « dans la dernière des dèches » auxquels il tient absolument à « donner quelques sous ». Je le prends au mot, lui dressant un tableau éloquent de la détresse et de la misère de certains ouvriers turcs, mais c'en est déjà trop, il n'arrive plus à cacher qu'il s'en fiche éperdument. Tout ce qu'il veut, c'est que nous ne nous écartions pas de notre sujet et se force à lâcher un « on en reparlera plus tard », agrémenté de la vague promesse de procurer permis de travail et logement à ceux qui sont « dans la dernière des dèches ». Il a promis aux « délégués de la sécurité » de faire débarrasser le plancher au plus vite à ces pauvres bougres — mais ça ne l'empêche pas de jouer les bons samaritains...

Le lendemain matin, 9 h 30.

Schmidt appelle Adler et lui demande si tout se passe comme convenu.

ADLER : « Oui, j'ai réussi à mobiliser l'équipe, elle est prête. Bon, mais maintenant, dites-moi franchement, qui êtes-vous vraiment, monsieur... Schmidt ? Vous n'êtes pas le vrai monsieur Schmidt de la centrale de Würgassen, ça, je le sais. Alors jouez franc jeu, dites-moi qui vous êtes. Que je sache à qui j'ai affaire... Ensuite, on pourra revenir à nos moutons. »

Nous nous doutions bien qu'Adler téléphonerait à Würgassen et apprendrait que le véritable délégué à la sécurité ne s'était pas absenté de la centrale... Pachl/Schmidt a donc prévu une parade. Il répond à Adler : « Il ne faut pas essayer de me joindre à mon bureau. L'affaire est ultra-secrète et si vous appelez, je suis obligé de faire dire que je ne suis pas là, que je ne vous connais pas, que je ne vous ai jamais rencontré et ne vous ai jamais passé la moindre commande. Vous comprenez, nous sommes un secteur extrêmement sensible, tout est ultra-secret, l'ennemi a des oreilles partout, même dans la maison. »

Apparemment, Adler n'a pas téléphoné lui-même à la centrale, mais s'est renseigné auprès d'un tiers. Nous avions aussi envisagé cette éventualité et avons donc mis au point une version adéquate.

PACHL/SCHMIDT : Allons, ne vous faites pas de souci, monsieur Adler, vous comprenez bien qu'en la matière il faut agir avec la plus grande discrétion. Soit dit en passant, l'ami Schmidt est vraiment un trop petit poisson pour s'occuper d'une affaire comme celle-là. C'est le comité directeur qui a pris lui-même la chose en main...

ADLER : Oui, je comprends ça parfaitement.

PACHL/SCHMIDT : Et pour pouvoir agir discrètement, il faut évidemment qu'il y ait un minimum de confiance mutuelle.

ADLER : Bien sûr, mais j'ai confiance, j'ai confiance...

PACHL/SCHMIDT : Non, ce que je veux dire, c'est que si vous n'avez pas confiance, il va falloir repenser toute l'affaire. Vous comprenez, pour nous c'est une situation...

ADLER : Oui ?

PACHL/SCHMIDT (*Élevant la voix, pathétique*) : ... Où justement parce que nous avons la charge de fournir l'énergie dont l'Allemagne a besoin — non, nous n'avons absolument aucune autre solution...

ADLER : Je comprends bien...

PACHL/SCHMIDT : Je vous l'avais dit hier, si vous téléphonez, vous allez tomber sur les services de sécurité...

ADLER (*l'interrompant*) : Oui, oui, bien sûr... »

Peu à peu, l'assurance de Pachl/Schmidt dissipe les doutes d'Adler — mais il cherche encore à se rassurer :

ADLER : « Dites-moi, monsieur Schmidt, est-ce qu'on pourrait me confirmer la commande par écrit ?

PACHL/SCHMIDT : Par écrit ? Jamais de la vie ! Vous ne pouvez pas comprendre ça ?

ADLER : Si, si...

PACHL/SCHMIDT : Bon, encore une chose : il ne nous faut donc pas huit types, mais six. Donc, si on avait prévu 130000 marks pour huit, ça ferait 95000 pour six...

ADLER : Euh...

PACHL/SCHMIDT : Bon, comptons large — disons 110...

ADLER : Euh...

PACHL/SCHMIDT : ... Mais alors en incluant l'incitation au retour, je veux dire la prime de retour.

ADLER : Oui, bien sûr !

PACHL/SCHMIDT : Donc, d'après nos calculs, ça ferait en gros 5000 marks par personne pour l'aide au retour. Mais nous sommes bien d'accord que vous allez leur reverser la totalité de la somme, monsieur Adler !

ADLER : Mais ça va sans dire !

PACHL/SCHMIDT : Ensuite, il faut que nous ayons la garantie que ce sont vraiment des types robustes...

ADLER : Pas de problème, des costauds.

PACHL/SCHMIDT : Vous comprenez, il vaudrait mieux éviter qu'ils soient rétamés dès qu'ils auront quelques petits millirem dans l'aile !

ADLER : Non, non, c'est vraiment des costauds, ils vont pas aller au tapis si facilement.

PACHL/SCHMIDT : Et s'il vous faut quelque chose comme un chef d'équipe, faut que lui aussi ce soit un étranger...

ADLER (*lui coupant la parole*) : Absolument, mais dites-moi vraiment, monsieur Schmidt — c'est bien une commande de la centrale de Würgassen ?

PACHL/SCHMIDT : Naturellement.

ADLER : La chose est bien entendue, donc : c'est une commande de la centrale...

PACHL/SCHMIDT : Vous avez parfaitement compris. Mais qu'est-ce qui vous chiffonne donc tant ? Écoutez, vous m'avez demandé de jouer franc-jeu — j'ai vraiment fait le maximum, de ce point de vue...

ADLER : Absolument, absolument...

PACHL/SCHMIDT : Mais vous, de votre côté, comment savoir si vous ne parlez pas de tout ça à droite et à gauche... Bon, mais si vous avez encore des doutes ou des réserves, j'aimerais bien que vous me le disiez maintenant et que nous en parlions. Mais après, il faut que vous...

ADLER : (*lui coupant la parole*) : Oui, oui, je comprends bien que cela demande la plus grande discrétion, etc., qu'il y a des affaires où il faut y aller incognito, tout ça, je le comprends parfaitement. Le problème, c'est quand quelqu'un vient me trouver et me dit voilà, je m'appelle Schmidt, centrale nucléaire de Würgassen, et que je m'aperçois que c'est pas vrai, alors là, en effet, j'ai — comme vous l'avez dit vous-même — des réserves... Je me demande où je mets les pieds : est-ce que c'est vraiment avec la Centrale générale de l'énergie que je vais travailler — ou bien avec qui ? Vous comprenez, je n'aimerais vraiment pas aller tremper dans des activités, disons imprudentes ou irrégulières, n'est-ce pas... (*Il toussote*). Enfin, je sais pas, comment dire — oui, j'aimerais bien savoir si c'est vraiment avec la Centrale générale de l'énergie que je vais travailler...

PACHL/SCHMIDT : Des activités imprudentes ou irrégulières ? Comment pouvez-vous dire des choses pareilles...

ADLER : Bon, mais...

PACHL/SCHMIDT : ... Irrégulières ! A moins que ce ne soit vous qui ne soyez pas tout à fait en règle...

ADLER : Mais si, mais si !

PACHL/SCHMIDT : ... Dans ce cas-là, il vaudrait mieux que vous le disiez tout de suite...

ADLER : Non, non, pas de problème ! Vous aurez les gars, comme promis... »

Un rendez-vous est fixé. Adler propose l'autogare, devant la gare centrale.

PACHL/SCHMIDT : « 14 heures, donc. On réglera à ce moment-là les aspects financiers, les modalités de versement, etc. OK, monsieur Adler, on fait comme ça ?

ADLER (*tout content*) : OK, on fait comme ça ! »

Et voilà, ses soupçons sont balayés. L'appât du gain le pousse à faire des imprudences.

Jeudi 8 août, 12 heures.

Adler a engagé un chauffeur turc occasionnel pour se faire conduire dans sa Mercedes 280 SE à Duisburg-Bruckhausen où il doit prendre livraison de son commando-suicide.

Il demande au chauffeur de ne pas se garer directement dans la Dieselstrasse, mais un peu plus loin, sur la Kaiser-Wilhelm-Strasse, la grande artère qui traverse l'agglomération — juste en face de la cokerie des entreprises Thyssen. Sa voiture haut de gamme fait sensation dans ce quartier misérable. Des femmes turques se mettent aux aguets derrière les rideaux, vaguement inquiètes. Peut-être ont-elles peur que cette intrusion ne prélude à la destruction d'une maison, à l'évacuation puis au murage des portes et fenêtres d'un de leurs taudis — tout à coup décrété « insalubre ». Des gamins turcs viennent admirer la voiture, sans trop oser s'en approcher. Adler est nerveux, il ne sait quelle contenance prendre, fume cigarette sur cigarette, regarde sans cesse à la dérobée autour de lui...

Les cheminées de Thyssen crachent presque sans relâche des nuages de suie et il suffit d'un souffle de vent pour que toute cette crasse se rabatte directement sur ce quartier construit à un jet de pierre des usines. Cette crasse, on ne se contente pas de la sentir, on en a aussi le goût dans la bouche, on mâche littéralement des miettes de suie, on a parfois les yeux qui brûlent. Certains jours — cela dépend de l'heure et des conditions atmosphériques — il y a une telle quantité de gaz sulfureux dans l'air qu'on suffoque littéralement... Il y a d'ailleurs dans le quartier un nombre d'asthmatiques et de bronchitiques bien supérieur à la moyenne. Les enfants sont d'une pâleur qui frappe au premier coup d'œil. Je remarque notamment un gamin tout chétif — il doit avoir dans les cinq ou six ans — avec son visage infiniment sérieux, fatigué, vieux, un visage d'adulte.

Il fait beau, on voit briller le soleil dans le centre de Duisburg — mais ici plane une lumière grise, terne. On devine vaguement le soleil derrière les fumées d'usines, mais il ne parvient pas à percer. Posté de l'autre côté de la rue, j'observe Adler depuis son arrivée — je sens combien il est mal à l'aise en ces lieux... La Dieselstrasse et ses environs, c'est vraiment la lie de la terre, les portes de l'enfer, pour lui — l'enfer lui-même se situant derrière ces clôtures et ces murs surveillés par les services de sécurité de Thyssen... Là où la pollution est encore plus forte et où s'y ajoute le vacarme des ateliers.

Jamais Adler ne va s'égarer sur nos lieux de travail, cela pourrait blesser son âme tendre, et qui sait ? — lui donner des cauchemars...

C'est vrai qu'avec son costume taillé sur mesure, Adler semble totalement déplacé en ces lieux, presque obscène, irréel, comme les Monsieur Propre des affiches électorales qui restent en place plus longtemps qu'ailleurs dans ce quartier — pour la bonne raison qu'il n'est guère rentable d'y faire de la publicité, mis à part peut-être pour la bière et les cigarettes...

Notre « dernier choix » consiste en six amis turcs que j'ai mis dans la confidence. A ma grande surprise, le but, la destination et la fonction de la « mission » qu'Adler envisage de leur confier, son cynisme éhonté les étonnent beaucoup moins que moi. Ils connaissent la musique — cette réalité, cela fait déjà un bout de temps qu'ils la connaissent. Toutefois, je ne leur ai pas dit que je suis allemand : j'ai peur que cela ne crée une trop grande distance entre nous, qu'Adler le sente et commence à se méfier.

J'amène discrètement le petit groupe jusqu'à mon appartement, en empruntant une rue parallèle. Adler ne nous a pas vus. Puis je vais le chercher. Il préférerait que les « gars », comme il dit, viennent le rejoindre dans la rue, mais j'objecte : « Non, c'est pas bon, trop dangereux — y en a qui ont pas les papiers ! » J'amorce ainsi le dénouement que nous avons envisagé — mais nous en reparlerons.

« Bon, s'il le faut absolument !, soupire Adler, et il me suit en direction de ma maison. Ça sent la pisse dans l'escalier. Les WC sont sur les paliers et un conduit est bouché. Adler se hâte à ma suite, au premier entresol, je sors ma clé, ouvre la porte et lui présente mes amis turcs — prêts au boulot, lui dis-je.

« ... Jour », marmonne-t-il en entrant dans la pièce. Il jette un coup d'œil en direction du groupe, compte : « Deux, quatre, six... parfait ! Bon, écoutez un peu... Au fait, j'espère que vous comprenez tous l'allemand ?

— Oui, dis-je, presque toutes — Ce n'est pas vrai, d'ailleurs. Mais cela va l'obliger à se fendre d'un petit laïus et à se découvrir un peu plus.

— Bon, nous sommes une boîte de montage d'Oberhausen, fait-il en guise de présentation, et on nous a demandé de faire un certain nombre de réparations à la centrale nucléaire de Würgassen. Ça prendra deux jours, et il nous faut cinq ou six personnes. On nous paie bien pour ce boulot, et ça veut dire que vous le serez aussi. Voilà. Si vous avez des questions, n'hésitez pas. Je suis prêt à vous donner toutes les précisions utiles. »

Il a l'air sympathique, ouvert — ceux qui ne le connaissent

pas pourraient parfaitement s'y laisser prendre. Pour qu'il se découvre au maximum, je me suis mis d'accord avec mes amis pour qu'ils posent leurs questions en turc. Je ne connais pratiquement pas un mot de turc, mais cela me permet justement de traduire « librement » chaque question — c'est-à-dire de poser à Adler les questions qui me paraissent importantes. De toute façon, il ne s'est jamais étonné de ce que je ne parle jamais turc avec mes collègues turcs, ni d'ailleurs de ce que mon allemand ne ressemble pas à cette langue apprise sur le tas que parlent les immigrés. Cela ne le surprend pas que j'emploie des mots plutôt bizarres, me contentant de mettre le masculin à la place du féminin, d'employer des expressions saugrenues ou d'ignorer l'emploi du conditionnel... C'est même moi qui, à force d'employer des tournures compliquées, parviens parfois, par mimétisme, à lui arracher certaines expressions un peu plus nuancées qu'à l'ordinaire... Non, rien de tout cela ne retient son attention, vu que « ses » étrangers ne sont guère pour lui que des bêtes de somme. Tout ce qu'il leur demande, c'est de trimer et de s'activer pour lui sans la ramener. Tant qu'il en est ainsi, il n'a absolument rien contre eux. Au contraire, en un sens, il est l'un des rares qui sachent vraiment les apprécier. Mais dès qu'ils commencent à se défendre, à réclamer l'argent qu'on leur doit depuis des mois, ils deviennent « de la racaille, des crapules, des glandeurs et des flemmards... »

« Le collègue, il demande comment on va aller là-bas ? », dis-je.

Adler se met à nous vanter le voyage comme le fait un publicitaire d'une excursion gratuite en autobus, avec café et gâteaux en sus. « Tout est gratuit !, s'exclame-t-il, à trois heures un bus viendra vous chercher à la gare centrale de Duisburg et il vous ramènera dans deux jours. L'hébergement est gratuit, la nourriture est gratuite — tout est gratuit ! » — Voilà qui me rappelle le refrain de sa rengaine kitsch préférée : « Loin du pays et hors la loi/Cent hommes et moi... »

« Le collègue-là, il est un peu sceptique, lui dis-je, il comprend pas pourquoi 500 marks, pourquoi tellement d'argent pour pas beaucoup de travail ?

— Écoutez voir, part-il d'un bel élan, vous connaissez l'Allemagne. Vous savez qu'on a chez nous différentes sortes de centrales. Celle où on va travailler, c'est une centrale nucléaire. Pour le moment, elle ne produit pas de courant, on fait une révision générale. Et on s'est aperçu qu'il y a *je ne sais quels trucs* qui doivent être réparés. Ça doit être fait très, très vite, vu que la centrale doit recommencer à fonctionner dès la semaine prochaine. En plus, il faut surtout pas que les journaux aillent apprendre qu'il y a ces trucs qui sont en panne, sinon les Verts vont tout de suite commencer à la ramener, vous voyez le tableau, et alors là, faudra arrêter la centrale pour de bon, non... » Puis il ajoute d'un ton de mépris souverain : « Vous savez bien, c'est ces espèces de petits groupes politiques qu'on a ici... Non, ces travaux, c'est maintenant qu'il faut les faire, pour que la centrale puisse recommencer à livrer du courant dès la semaine prochaine... Voilà, c'est pour ça qu'ils *paient bien* et que vous *aussi*, vous serez bien payés !

— Mais monsieur Adler — j'insiste lourdement — lui il dit qu'il a méfiance, que les Allemands, ils l'ont toujours roulé... »

Adler avale sa salive. Pour gagner du temps, il fait la bête. « Comment dis-tu ?

— Il a dit : les Allemands, ils m'ont toujours roulé !

— Mais moi, est-ce que je vous ai roulés ? », riposte Adler. Ce serait un jeu d'enfant de lui dresser la liste de ses arnaques et de ses tromperies, de lui rappeler qu'il me doit encore près de 2000 marks, qu'il a carotté sur le salaire d'un autre, mis dans sa poche charges fiscales et charges sociales en telle autre occasion, « etc. etc. » — comme il dit... Mais non, ce n'est pas le moment.

« Peut-être faut leur dire encore comment vous faites beaucoup pour les Turcs ? », hasardé-je pour effacer la pénible impression faite par la remarque de mon copain. Ça n'est pas tombé dans l'oreille d'un sourd ! Adler prend la pose, demande du feu à son nouveau chauffeur et se campe dans son rôle de bienfaiteur des offensés et des humiliés — bref, de tous ceux qu'exploitent les requins de son acabit... Il prend la pose du *donneur* d'emploi, lui qui passe son temps à gruger et voler — y compris la santé et les moyens de subsistance de ceux qui triment pour lui !

« Vous savez, fait-il, depuis que je suis à mon compte, j'ai toujours eu des collaborateurs turcs. Et jusqu'à présent, ils ne m'ont jamais laissé tomber. Je me suis toujours bien entendu avec eux, ce qui n'a pas toujours été le cas avec mes collaborateurs allemands... Voilà, c'est pour ça que je veux continuer à travailler avec des Turcs et que je leur donne du travail. »

Comme il sonne bien, dans sa bouche, ce mot « collaborateur » ! Qui pourrait croire que cela doit se traduire par : « Moi, j'encaisse, et vous, vous pouvez bosser à en crever ! » ? Non, à l'entendre, ce sont les doux effluves de la « participation » qui nous flattent les narines. Comment imaginer qu'il ne fait que dorer la pilule à ceux qu'il presse comme des citrons et éreinte au boulot ?

J'essaie de l'orienter vers un autre sujet : « Y en a, on veut les expulser dans la Turquie...

— Faut voir, on pourra peut-être faire quelque chose, lance-t-il, magnanime. Très franchement, je vais vous dire : si on ne prend pas des Allemands pour faire ce boulot, c'est qu'ils peuvent pas s'empêcher de causer. Ils font le boulot, et après, ils se mettent à causer un peu partout. Vous — vous savez, je le connais, moi, l'ouvrier turc —, vous la bouclez. C'est pour ça que je ne prends pas des Allemands, vous comprenez ? Non, les Allemands, c'est vraiment pas la peine d'essayer...

— Ayth, celui-là — je désigne l'un des Turcs —, il vit dans le cave... »

Adler m'interrompt d'un geste de la main :

« Ça fait rien, ça fait rien, moi, je ferai comme si j'en savais rien...

— Peut-être on pourrait l'aider petit peu, quand même... »

Et déjà, il se campe à nouveau dans son rôle de « patron social » — comme la plupart de ses congénères de l'après-guerre : « L'aider ? Bien sûr, bien sûr... Je ne demande qu'à aider ceux qui sont dans la dèche, moi... Vous savez, c'est une tradition, dans ma famille, on est sociaux-démocrates. Membres du SPD, je veux dire. On est du côté des ouvriers, quoi. Oui, ça veut dire que quand on peut aider des gars comme vous à gagner un peu de fric, on le fait. Comme ça, après, s'il faut que vous rentriez en Turquie, vous aurez dans les 500 marks... c'est toujours un petit quelque chose, non ?

— Lui, il demande si c'est pas dangereux, le travail ? », dis-je en désignant mon copain Sinan.

« Dangereux »... Le mot est lâché. C'est l'occasion pour Adler de se lancer dans un discours à rendre jaloux les responsables aux relations publiques de toutes les centrales d'Allemagne :

« Dangereux ? Non, pas du tout. C'est une centrale nucléaire et les règles de sécurité y sont draconiennes, comme partout en Allemagne. Vous savez, les centrales nucléaires allemandes sont les plus sûres du monde. Il y a des milliers de gens qui y travaillent. Aucun problème, donc, aucun risque...

ALI : Jamais il y a d'accident ?

ADLER : Dans cette centrale, en Allemagne ? Jamais ! »

Dans cette centrale c'est peut-être vrai... Mais ce qu'il ne dit pas, c'est qu'un chasseur à réaction s'est écrasé tout près de Würgassen, un jour. On imagine la catastrophe, s'il était tombé dessus... En tout cas, des morts dans les centrales nucléaires, il y en a ! L'industrie nucléaire ouest-allemande admet d'ailleurs officiellement que cinq personnes sont déjà mortes dans les centrales de notre pays.

Voilà donc ce qu'Adler appelle un travail « pas dangereux ». Pas dur non plus, d'ailleurs, à l'en croire. Comme je lui demande : « Faut grimper tout en haut ? », il élude :

« Non, enfin, je ne sais pas, c'est à l'intérieur de la centrale, et ces centrales, c'est tout en étages, pas vrai ?

ALI : Sinan, il veut savoir qu'est-ce qu'on va faire exactement...

ADLER : Ce sont des travaux de réparation, de la mécanique, des choses faciles, des réparations toutes simples. Des travaux d'entretien, quoi. C'est pour ça qu'il leur faut plusieurs gars, cinq ou six, quoi. C'est ce qu'il faut pour liquider le boulot en deux jours. On vous montrera, c'est à l'intérieur et ne vous en faites pas — pour la sécurité, toutes les dispositions sont prises. Vous vous en rendrez compte sur place, le facteur numéro un, là-bas, c'est l'homme ! »

Il a dû se rendre compte lui-même de l'énormité de ce qu'il vient de dire et choisit la fuite en avant pour tâcher de camoufler à quel point il prend les gens pour des cons et des poires :

« Non, ça, c'est sûr, le gars qui travaille là-bas, il est tranquille ! Ils ont des règles de sécurité tellement rigoureuses ! Bon, c'est vrai, une centrale nucléaire, même quand elle est arrêtée, elle continue à être un peu radioactive. Mais on vous dira jusqu'où vous pouvez aller sans risque, dès qu'ils ont le moindre problème, ils arrêtent tout, hein ! Vous vous en rendrez compte vous-mêmes. Ils ne veulent pas que la santé des gens soit exposée au moindre danger. Si par hasard c'était le cas, vous n'avez qu'à me le dire, et on laisse tomber tout de suite !

« Maintenant, un truc qui est très important pour nous : vous faites le boulot, vous touchez votre fric — et ensuite on oublie tout. Pas question de raconter quoi que ce soit, notamment sur ce truc qui est en panne. C'est très, très important pour la centrale. Vous comprenez ? Quand c'est fini, c'est fini ! Jusqu'à la prochaine fois, bien sûr. Vous savez, c'est très souvent qu'on nous passe des commandes de ce genre. Alors il faut que nous soyons très discrets — on fait le boulot et on la boucle. Et après, bien sûr, on passe à la caisse...

« Bon, voilà, je crois que tout est dit. Donc départ cet après-midi, retour après le boulot samedi après-midi au plus tard, on vous redépose à la gare centrale de Duisburg, vous rentrez chez vous et l'affaire est dans le sac. Vous touchez votre fric, et on n'en parle plus. Ça vous paraît raisonnable ? »

Silence embarrassé de mes amis turcs. A la longue, Adler ne les amuse plus.

Comme tous les escrocs de haut vol, Adler proteste une nouvelle fois de son honnêteté :

« Quand j'emploie quelqu'un, moi, je le paie. Une fois qu'on s'est mis d'accord, plus de problème ! Vous aurez 250 marks dès demain et le reste dès que le boulot sera fini, en liquide. C'est Ali, mon chauffeur, qui va s'occuper de vous. Faites-lui confiance, il est garant lui aussi que vous l'aurez, votre fric ! »

En conclusion, il revient encore sur la perfection et la sollicitude manifestée par l'industrie atomique allemande :

« Les tenues de protection, les chaussures de travail, les casques — vous aurez tout là-bas. Et encore une fois : motus et bouche cousue, pas un mot — surtout à ces charlots de journalistes... »

D'un geste plein de panache, il tire de son portefeuille un billet de cinquante marks et me le tend : « Tiens, je te donne cinquante marks pour que tes gars puissent manger quelque chose. Faut bien qu'ils se mettent quelque chose sous la dent, qu'ils aillent pas flancher au moment de se mettre au boulot... ça marche comme ça ? »

Puis, avant de sortir, il ajoute encore, paternel, protecteur : « Bon, eh bien bonne chance, hein, les gars ! A trois heures ! Je vous fais confiance, hein ? »

Cinquante marks à partager en sept. 7 marks 14 pfennigs, ça fait pas lourd pour un repas de condamné à mort...

A nouveau, cela me rappelle la rengaine qu'il écoute inlassablement sur son radio-cassette : « Jour après jour, qui sait où nous allons ?/Terre brûlée, quelle en est la raison... ? » Mais peut-être n'est-elle tout simplement sa chanson préférée que parce qu'elle lui rappelle son propre nom (*Vogel*)[3]. Il en oublie le pathos ridicule et n'en retient, cyniquement, que le « hors la loi (*vogelfrei*), me voilà... »

A 14 heures, Adler retrouve le « délégué spécial », Schmidt, et son assistant Hansen au buffet de la gare de Duisburg.

Mes deux complices y évoquent à nouveau sans aucune

3. Wallraff s'amuse. Le véritable nom d'Adler (aigle) est Vogel (oiseau). *Vogelfrei* signifie hors-la-loi, mais aussi bien, littéralement, « oiseau libre », « Vogel libre » — « Vogel hors-la-loi », comme on veut... (N.d.T.)

ambiguïté ni équivoque possibles tous les détails de l'affaire — au moins, Adler ne pourra pas dire qu'il n'a pas compris de quoi il retournait ou se retrancher derrière son absence de compétence en la matière...

HERZOG/HANSEN : « Nous avons encore mesuré la radioactivité ce matin, monsieur Adler. Les résultats dépassent nos estimations les plus pessimistes. L'affaire prend une tournure vraiment très délicate. Dans les tuyaux, là, où ils doivent entrer... (*il jette un regard circonspect vers la table voisine et baisse la voix*), ...la radioactivité équivaut à trois fois la dose annuelle maximale, et vos gars, ils vont encaisser ça d'un seul coup... Ça sent le roussi pour eux...

ADLER : Et ça serait vraiment grave si on ne réparait pas le truc ?

HERZOG/HANSEN : Ça voudrait dire qu'on ne pourrait plus être couplé au réseau. Impossible ! Et puis ça peut nous démolir les tuyaux. Vous vous rendez compte ? Des millions, des milliards de perte sèche !

ADLER : Bon, on n'a pas le choix : faut que les gars y aillent et arrangent ça... » Puis, histoire de se rassurer un peu, il ajoute : « De toute façon, moi je sais rien, officiellement. Vous me demandez des gars, je vous les fournis et on les met dans le bus. Vous les emmenez à Würgassen, et à partir de là, c'est plus mon affaire. Ça me regarde plus, fini ! Moi, je commets aucun délit... En tout cas, je peux vous assurer que les gars vont pas poser trop de questions — ils savent même pas où est Würgassen... »

Ce qui l'intéresse vraiment tient en peu de mots : « money », « black », « cash » et... « non imposable ».

ADLER : « J'aimerais bien savoir comment je vais être payé... Ça passe par la Centrale de l'énergie ?

PACHL/SCHMIDT : Non, non, ça ne passe pas par les canaux officiels — sinon à quoi bon faire les choses aussi discrètement ?

ADLER : Dites voir, quand on fait un *deal* comme celui-là, on se rend service mutuellement, pas vrai ? Moi, je vous aide — disons les choses comme ça — à sortir votre machin de cette saloperie de tuyaux. mais peut-être que de votre côté vous pourriez faire un geste en me donnant toute la somme *black*...

PACHL/SCHMIDT : Ne vous en faites pas, c'est une caisse à part, ça n'apparaît nulle part...

ADLER (*cupide*) : Mais dites-moi, le solde, comment vous le payez ? Par chèque ou en liquide ?

PACHL/SCHMIDT (*ferme sur ses positions*) : La première moitié cash, la deuxième, chèque barré.

ADLER : Et ça sera un chèque de la Centrale de l'énergie ?

PACHL/SCHMIDT : Pas directement. Ça passe par un intermédiaire...

ADLER : Bon, parce qu'il faudrait pas que le fisc ait vent de l'affaire...

HERZOG/HANSEN : Dites-moi, monsieur Adler, vous avez déjà eu des problèmes avec les autorités ?

ADLER : Euh... non, vous savez, quand on sait rester en règle... J'ai toujours été en règle avec la Sécurité sociale, avec le fisc aussi.. L'Agence pour l'emploi m'envoie même des gens, tout ce qu'il y a d'officiellement. (*Il rit*). Vous savez, tout ce qui les intéresse les gars, c'est le pognon. Si vous les payez à peu près régulièrement, ils vous fichent la paix...

HERZOG/HANSEN : Mais comment vous faites s'il y a un gars qui a un accident ? Comment vous vous débrouillez ? Vous comprenez, dans notre affaire, nous ne voudrions pas qu'après certains aillent trouver un médecin ou des choses comme ça...

ADLER : Ça, je m'en charge. Mes clients n'ont jamais d'ennuis de ce côté-là. Ça ne risque pas d'apparaître dans les statistiques des accidents. Tiens, il y a pas longtemps, on a eu un accident à la Ruhrchemie. Mon client n'a pas eu du tout à s'en occuper. . Mais là, au pire, qu'est-ce qui peut arriver ? Ils peuvent rester sur le carreau ?

HERZOG/HANSEN : Ça peut faire mal, s'il y en a un qui commence à battre de l'aile. Parce qu'à ce moment-là, ils seront déjà dix mètres à l'intérieur du tuyau...

ADLER (*désinvolte*) : Et on ne pourrait pas le tirer de là avec un câble ou quelque chose du genre ?

HERZOG/HANSEN : Faudrait bien qu'on essaie, mais ça serait salement difficile... Le tuyau est très incurvé. D'ailleurs, faudra voir à pas prendre des gars trop larges d'épaules...

ADLER (*rassurant*) : Non, non, vous en faites pas, c'est pas leur genre. C'est des pauvres types qui mangent même pas à leur faim. Ils ont que la peau sur les os...

HERZOG/HANSEN : Espérons en tout cas qu'ils vont pas commencer à battre de l'aile tout de suite... Sur un plan purement technique, l'expérience prouve que quand des gens subissent une forte irradiation, les symptômes aigus de contamination apparaissent au plus tôt quatre semaines plus tard... chute des cheveux, impuissance, vomissements, coliques, prostration, etc. Mais à ce moment-là, il faudra que nos gars aient fichu le camp, hein ! Et puis en ce qui concerne les effets à long terme, là, on peut rien prouver, rien contrôler : même si un gars attrape un cancer dans quelques années, ça fera longtemps que notre affaire sera oubliée !

ADLER : Moi, vous savez, il en faut plus que ça pour me faire peur ! Non, vraiment, c'est pas ça qui va m'arrêter, je ne me fais pas de bile. Le boulot, c'est le boulot, et c'est pas bien sorcier de comprendre que dans les centrales nucléaires, il se passe des trucs qu'on peut pas crier sur tous les toits. C'est l'évidence même ! Moi je fais mon boulot, chacun fait son boulot — point à la ligne.

HERZOG/HANSEN : Entre nous soit dit, monsieur Adler : Würgassen, c'est vraiment un tas de ferraille !

ADLER : Oui, je sais, elle date déjà. Mais au fait, c'est vous le monsieur Hansen à qui j'ai déjà eu affaire il y a quelques années ?

HERZOG/HANSEN (*s'entourant de mystère*) : Ah, n'allez pas croire que je suis celui que vous pensez que je suis ! »

Je m'approche de leur table.

ADLER : « Ah, le voilà. C'est monsieur Ali. C'est lui qui s'occupe de l'équipe et veille à ce que tout se passe bien... »

Puis s'adressant à moi : « C'est ces messieurs qui diront aux gars ce qu'il faut faire... Comment ils sont, au fait, les gars, ça va ?

ALI : Ils arrêtent pas de poser les questions, y veulent tout savoir. Des fois, y sont comme des enfants. Des questions, et encore des questions... Y sont tout excités, comme si y allaient se battre avec le dragon... comme si c'était très, très dangereux...

ADLER : Allons donc, nos centrales nucléaires sont sûres, c'est les plus sûres du monde. Je leur ai déjà dit ce matin, au niveau de la sécurité, tout est paré ! »

« OK, ça marche ! » dis-je — et Adler me renvoie auprès de l'équipe qui attend devant la gare.

Après mon départ, Adler dit aux deux « délégués » : « Il est pas au courant, lui, bien sûr. C'est leur homme de confiance. Les gars lui obéissent au doigt et à l'œil. Il est là pour que ça parte pas dans tous les sens et que les gars bossent. Au fond, c'est vrai, c'est des vrais gosses, ces gars-là. Ils ont besoin qu'on les rassure, c'est pour ça qu'ils posent toutes ces questions... »

Herzog/Hansen demande à Adler si l'on peut se fier à Ali. C'est l'occasion pour Adler de reprendre la pose avantageuse du bienfaiteur et de se lancer dans une de ses affabulations habituelles...

« Le pauvre, si vous saviez dans quel état il était, quand je l'ai ramassé, il y a un an et demi ! Vous savez pas ce qu'il faisait pour gagner sa croûte ?

PACHL/SCHMIDT : Non...

ADLER : Il faisait le cobaye pour je ne sais quels tests pharmaceutiques ! On lui faisait plein de piqûres, et tout ça...

HERZOG/HANSEN : Où ça ? En Turquie ?

ADLER : Rien du tout ! Ici, en Allemagne ! J'arrive pas à comprendre qu'on puisse faire des trucs comme ça ! Je trouve déjà assez dur qu'on fasse ça à des bêtes...

HERZOG/HANSEN : C'est vrai, il faisait ça ?

ADLER : Mais oui, il est arrivé chez nous, un jour, complètement dans le cirage, ça m'a vraiment impressionné. Je me suis renseigné, je lui ai demandé ce qui se passait. Alors il m'a dit : "C'est à cause du docteur qui m'a encore fait des piqûres — il me donne huit cents marks par semaine pour ça !" Ça m'a soufflé. Alors je lui ai dit : "Faut que t'arrêtes ce truc tout de suite ! Non, c'est vraiment une saloperie, arrête ça mon gars !" — il est tellement brave...

HERZOG/HANSEN : Au juste, vous avez dit aux gars que c'était quoi, ce boulot ?

ADLER (*comme au rapport*) : Qu'ils vont à la centrale, qu'ils doivent effectuer des travaux urgents, indispensables pour que la centrale puisse recommencer à fonctionner, qu'il faut donc que la chose soit expédiée au plus vite, qu'il ne faut surtout pas que ça revienne aux oreilles de la presse, etc., qu'il ne faut pas qu'ils en fassent une montagne... Bon, et puis j'ai dit que tout est prévu pour la sécurité, que les centrales nucléaires allemandes sont les plus sûres du monde. C'est vrai, non ? Je leur ai dit qu'ils auraient des tenues spéciales et tout ce qu'il faut, qu'ils seraient protégés...

PACHL/SCHMIDT : Il faut absolument qu'ils aient débarrassé le plancher avant quinze jours...

ADLER : Dans quinze jours, ils seront partis !

PACHL/SCHMIDT : Autant en emporte le vent, hein !

ADLER : OK, ça marche ! Vous voyez, ce qui est bien avec moi, c'est que je n'ai pas des dizaines d'employés toujours au courant de ce que je suis en train de faire. Non, ce que je fais, je suis le seul à le savoir — et c'est bien comme ça ! Vous vous rendez compte, s'il fallait que je raconte tout ça à une dizaine de personnes... Allez, vous pouvez me faire confiance, je fais tout, je prends tout, moi ! »

« Je fais tout, je prends tout », telle est la maxime d'Adler et consorts, de tous ceux qui pourvoient en chair humaine les trusts de l'industrie et de la construction.

« Je fais tout »[4] est le mot d'ordre du capitalisme. Il faudrait y ajouter : « Tout ce qui rapporte du profit. » Et si jusqu'à

4. « Nous faisons tout », tel était le slogan publicitaire du trust Krupp. Ce qui voulait dire : « Mon but est de fournir à l'Etat un grand nombre de sujets fidèles et à l'usine des ouvriers à sa dévotion. » Et l'on a effectivement produit des sujets si parfaits qu'en 1914 on a pu les envoyer se faire déchiqueter par des grenades anglaises sur lesquelles étaient gravées les initiales « KPZ », ce qui signifie « système de mise à feu Krupp, marque déposée ». C'est ainsi, donc, que la guerre a profité doublement à Krupp, lui payant son tribut en cadavres anglais, mais allemands ainsi. Pour chaque soldat allemand qui tombait aussi, Krupp encaissait 60 marks de droit

présent le IIIe Reich a été le seul à songer à faire du savon avec des dépouilles humaines (celles des détenus assassinés dans les camps de concentration, chaque cadavre rapportant 11,50 marks — sa graisse et ses os servant à faire de la colle), ce n'est pas parce que cette pratique se heurte à des principes humanitaires, mais bien parce que ça n'est pas rentable de faire du savon avec des dépouilles humaines...

Adler sort du buffet de la gare en compagnie de Schmidt et Hansen pour faire monter l'équipe dans le bus qui se fait encore attendre.

Le problème était le suivant : nous n'allions tout de même pas pousser le test jusqu'à nous procurer un bus et aller à Würgassen. Il était prévu qu'Adler y aille le lendemain pour encaisser sans tarder la moitié de son « salaire » — « cash et black », comme il dit... Je caresse un moment l'idée de lui faire subir un choc en le confrontant directement avec les conséquences de ce qu'il pense avoir organisé. Après tout, Eichmann n'a jamais vu les monceaux de cadavres, il a « seulement » eu à organiser le transport d'êtres encore vivants dans les camps d'extermination de masse... A l'origine, mon plan était le suivant :

---

de licence de la part du fabricant d'armes britannique Vickers. L'Allemagne a perdu la guerre, mais Krupp, lui, a gagné 400 millions de marks-or. Puis, avant 1933, il a su investir à point nommé 4738440 marks dans le soutien au nouveau fauteur de guerre, Adolf Hitler. Partout où il y a eu profit à faire, petit ou grand, Krupp l'a fait. Il a commencé pendant la Première Guerre mondiale à s'engraisser avec les dépouilles des soldats, et pendant la Seconde, il a prospéré grâce au travail forcé de milliers de détenus exténués, affamés, plus mal traités que des esclaves encore – certains d'entre eux devaient dormir chez Krupp dans des niches à chiens... Sur les murs extérieurs des usines Krupp étaient accrochés des panneaux avec l'inscription : « Les Slaves sont des esclaves... » (N.d.A.)

mettre sous les yeux d'Adler quelques-uns de mes amis turcs, tels qu'ils auraient été « abîmés par les rayons ». Il suffirait pour ça de l'entraîner dans une chambre de l'hôtel « Au virage » et de le confronter au spectacle préparé par des maquilleuses, « morceaux de peau » partant en lambeaux sur les visages, cheveux tombant par poignées entières — tandis que les « victimes » demeureraient totalement apathiques, couchées sur leur lit ou sur le sol...

Mais non, à quoi bon en rajouter ? La seule chose qui manque, c'est une scène finale qui n'éveille pas la méfiance d'Adler et l'amène au bout du compte à s'enfuir à l'étranger en effaçant ses traces et en détruisant les documents accablants...

Mais non, finalement le mieux est que toute l'affaire se dissipe sous ses yeux comme un fantôme, un peu à la manière du diablotin qui, après s'être déchaîné, redevient tout petit, rentre dans la bouteille et, voilà, il suffit de remettre le bouchon dessus !

Lorsque Adler, Hansen, Schmidt et Ali seraient allés réceptionner leur « troupe » pour l'envoyer se faire « griller », des « policiers en civil » devaient entrer brusquement en scène en exhibant leurs cartes. Contrôle d'identité. Deux des Turcs auraient alors cherché leur salut dans la fuite, les autres étant « embarqués ». Tout cela à un train de sénateur, comme lors d'une première répétition improvisée au théâtre. Il fallait qu'Adler vive la scène au ralenti, qu'il boive le calice jusqu'à la lie, que ce soit un vrai cauchemar...

Mais il y eut un incident de parcours qui aurait pu être lourd de conséquences. L'un de mes deux amis qui devait à l'origine jouer le rôle d'un des membres de la « patrouille de police » (et que l'on avait par précaution muni de menottes et d'un revolver factice) — dans le civil, ils sont respectivement proviseur de lycée et pasteur — confond Adler et notre photographe Günter Zint qui opère en catimini, se dirige vers le premier et le salue. Pachl/Schmidt s'adapte aussitôt à l'imprévu et s'en tire pour le mieux. Il fait les présentations : « Monsieur représente les services de sécurité de la centrale, il est là par précaution, pour veiller à ce qu'il n'y ait pas de pépin... ». Adler s'extasie : « Excellente organisation, vraiment »...

Tout cela est bel et bon, mais comment en arriver à la conclusion ? Je demande à mes amis turcs s'ils peuvent se permettre de se faire interpeller par de vrais policiers. Il y en a qui n'ont pas leurs papiers sur eux, mais pour la véracité de toute l'histoire, ce serait tellement mieux si on les emmenait vraiment au poste...

L'un d'entre nous appelle donc la police, faisant une description détaillée des lieux où est censé se dérouler ce trafic de main-d'œuvre avec des Turcs vivant en situation illégale en Allemagne. Et effectivement, cinq minutes plus tard, deux voitures banalisées arrivent, contenant six policiers qui sautent de leurs véhicules pour se précipiter sur le groupe de nos amis turcs. Mais voilà qu'ils avisent le photographe Günter Zint qui, posté à quinze mètres de là, zoome droit sur eux. Ils en déduisent donc à bon escient que ce sont eux qui sont visés et se disent — c'est ce que m'indiqueront par la suite de manière non officielle des policiers de Duisburg — qu'un journal quelconque leur a tendu un piège, histoire de démontrer avec quelle désinvolture et quelles méthodes ils interpellent des étrangers sur simple dénonciation. Ils remontent donc dans leur voiture et déguerpissent.

Nous voilà gros-Jean comme devant — et le temps presse.

Adler commence à s'inquiéter de ne pas voir arriver le « bus de la centrale ». Gesine, l'amie de Sinan, l'un des membres de notre « troupe », a une idée de génie. Elle s'en va rameuter deux types dans un bistrot d'étudiants qui se trouve près de la gare. Dans le feu de l'action nous ne pouvons évidemment pas leur raconter l'histoire dans tous les détails. Nous nous contentons de leur dire qu'il s'agit de simuler une interpellation pour démasquer un gros poisson spécialisé dans le trafic de main-d'œuvre. Ils sont prêts à nous aider. L'un d'entre eux est, nous l'apprendrons par la suite, conseiller municipal des Verts.

C'est donc de la manière la plus anti-autoritaire et la plus aimable qui soit qu'ils « interpellent » nos amis turcs. Tout le contraire du cliché de la brutalité policière. Ils « invitent » littéralement nos amis à être « conduits au poste ». Mais Adler n'y verra que du feu...

Pour faire plus vrai, un des « agents » fait une clé au bras à Ayth qui « se rebiffe », je me mets à courir derrière les faux flics qui embarquent nos amis, puis reviens hors d'haleine vers Adler qui ne peut en croire ses yeux : toute son affaire qui, d'un seul coup, tombe à l'eau... « Mais qu'est-ce qui se passe ? », me demande-t-il, affolé.

« La police les arrête parce qu'y z'ont pas les papiers ! »

C'est comme si une guêpe l'avait piqué : la tête légèrement rentrée dans les épaules, mais l'œil aux aguets, il amorce avec une surprenante rapidité un mouvement de retraite en direction de sa Mercedes garée devant un arrêt de bus. Il évite tout de même de courir, pour éviter d'attirer l'attention d'une part, mais aussi parce que sa dignité le lui interdit.

Il plante donc là, sans autre forme de procès, ses deux « partenaires ». Pachl/Schmidt lui court après et le somme de s'expliquer : « Mais qu'est-ce qui se passe, pourquoi tout le monde part en courant comme ça ? C'est pas possible ! Vous nous aviez dit qu'il n'y aurait aucun problème ! » Adler continue à marcher à grandes enjambées vers sa voiture et se contente de lui répondre d'une voix essoufflée : « Mais non, il n'y a pas de problème ! Téléphonez-moi tout de suite dans la voiture ! » Et tandis qu'il saute dans la Mercedes qui démarre sur les chapeaux de roues, Pachl/Schmidt lui crie : « Mais monsieur Adler, nous avons un travail à faire ensemble ! »

Epilogue, ou la banalisation du crime

Pour finir en beauté, Pachl/Schmidt rappelle Adler dans la soirée. Légèrement embarrassé, Adler essaie de minimiser l'affaire : « Eh bien, monsieur Schmidt, on en a eu, des émotions, ce midi !

PACHL/SCHMIDT (*la voix chargée de reproches*) : En effet. Et vous pourriez nous dire ce qui vous est arrivé, monsieur Adler ?

ADLER : A vrai dire, je ne le sais pas moi-même. Faut croire qu'ils étaient pas tout à fait propres, les gars. Qu'est-ce que vous voulez, je peux pas savoir tout ce qu'ils trafiquent, hein !

PACHL/SCHMIDT : Et comment vous pensez qu'on va se sortir de là, maintenant ?

ADLER : Vous en faites pas, je m'en suis occupé, je vais vous fournir une nouvelle équipe.

PACHL/SCHMIDT : Non, non, ça ne marche plus, monsieur Adler, c'est pas la peine que vous nous trouviez qui que ce soit, nous nous sommes débrouillés tout seuls. On vous l'avait dit, il fallait que toute l'affaire soit réglée d'ici demain 18 heures. Et nous qui vous considérions comme un professionnel, monsieur Adler...

ADLER (*sur la défensive*) : Bon, ça a fait deux types qui sautent sur les six...

PACHL/SCHMIDT (*l'interrompant*) : Deux types, deux types, vous savez quelle proportion ça fait, deux types sur six ?

ADLER : Oui...

PACHL/SCHMIDT : Vous pouvez faire le calcul vous-mêmes, monsieur Adler, ça fait un tiers, 33,33 %, vous vous rendez compte ?

ADLER : Bon, d'accord, mais qu'est-ce qu'on va faire, maintenant ?

PACHL/SCHMIDT : Ah ça, c'est bien à vous de poser la question, monsieur Adler ! Nous, on avait nos gars pour la sécurité... De notre côté, tout allait comme sur des roulettes, on avait le bus, tout — et vous, qu'est-ce que vous faites ? Vous foutez le camp ! Et après, vous n'êtes même pas fichu de nous donner des explications cohérentes ! Alors vous voulez savoir ce qu'on va faire maintenant ? Eh bien, je vais vous le dire, moi : on va tout reprendre à zéro — mais sans vous, cette fois ! Au revoir ! » (*Il raccroche brutalement le téléphone*).

Une demi-heure plus tard, je me présente chez Adler. Il se met aussi sec à m'engueuler :

« C'est quoi ces types que tu m'as ramenés ? La vraie pègre ou quoi ?

ALI : Mais je vous ai dit, moi, y en a deux, y vivent dans la cave, pas de papiers. La police, elle les a embarqués...

ADLER (*il rit, trouvant la chose plutôt comique*) : Ça, je m'en suis aperçu !

ALI : Mais les autres, veulent l'argent. C'est pas leur faute, hein. Y z'ont laissé tombé leur travail, et maintenant y z'ont plus rien.

ADLER (*méprisant*) : Tiens, voilà qu'ils vont la ramener, maintenant ! Dis-leur que l'affaire est enterrée. Ils auront pas un flèche !

ALI : Mais vous, z'aviez dit que vouliez les aider !

ADLER : Il aurait fallu qu'ils commencent par travailler !

ALI : La police, elle est venue à la Dieselstrasse, y z'ont posé plein de questions... Moi j'étais pas là, mais y z'ont dit que je dois aller les trouver... pour témoigner, ils ont dit...

ADLER (*m'interrompant*) : Bon, alors surtout, n'allez pas prononcer mon nom ! Je ne veux rien avoir affaire avec toute cette histoire, ça, je ne peux pas me le permettre !

ALI (*faisant l'innocent*) : Mais qu'est-ce qui faut leur dire ?

ADLER : Ecoutez, vous direz que c'est un monsieur Müller — ou un nom comme ça — qui vous a promis un boulot, alors que vous, vous en avez parlé aux gars et qu'après...

ALI : Mais si y demandent comment il est, sa tête et tout ça... »

Un silence.

ADLER : « Alors faut rien dire — dites que vous savez pas !

ALI : Que je sais rien, pas du tout ?

ADLER : Et faites comme si vous ne compreniez rien. Oui, c'est ça le mieux : faites comme si vous ne compreniez pas un mot d'allemand !

ALI : Mais peut-être on pourrait faire quelque chose pour les collègues que la police il a pris ?

ADLER : Non, pour eux, on peut rien faire. Mais pour vous, sûrement. On s'en occupera après... Le Schmidt... oh la tronche qu'il a tirée ! Ça, ils étaient fumasses, les gars ! Quelle merde ! Bon, si on te demande, donc, t'as qu'à dire que c'était un monsieur Müller ou quelque chose comme ça, de Duisburg... tu sais pas où il habite, tu sais pas où est son bureau, tu sais rien. Toi, il t'a demandé des gars pour un petit boulot, et c'est tout.

ALI : Et je dois rien dire que c'était avec l'atome ?

ADLER : Mais jamais de la vie, Dieu du Ciel, surtout pas ! (*Il rit.*) Mais c'est qui les gars qu'ils ont chopés ?

ALI : Deux qui vivent dans la cave. Et maintenant, on va les renvoyer dans la Turquie...

ADLER (*tout à la fois ravi, béat et rassuré*) : Eh oui, les pauvres, on va les renvoyer en Turquie ! Si c'est pas malheureux, tout de même ! Mais comment j'aurais pu le savoir, moi, que ça grouillait de flics à la gare...?

ALI : Mais c'est vous qu'avez dit, faut faire le rendez-vous à la gare...

ADLER (*d'un ton de reproche*) : T'avais qu'à me proposer autre chose, toi, on aurait fixé le rendez-vous ailleurs... »

Le lendemain vendredi 9 août

Adler demande à Abdullah (le « frère » d'Ali), qui lui sert désormais de chauffeur, de venir le chercher à 10 heures. Il fait le tour complet de ses banques, prend note avec entrain de ses rentrées de fonds, va ramasser sa part de butin chez Remmert et évoque pendant le trajet ses soucis du moment avec Abdullah.

ADLER : « C'est dingue, les délais de livraison qu'ils ont,

chez Mercedes, le dernier modèle, il faut le commander un an à l'avance pour l'avoir à temps... »

Eh oui, la croissance à tout prix continue bel et bien à être la devise du capitalisme contemporain, même si son expansion et ses explosions ne sont plus aussi brutales et sauvages qu'auparavant. « Qui n'avance pas recule », telle est encore et toujours la maxime qui exprime l'angoisse originelle de ces seigneurs de guerre, de tous nos conquérants et capitalistes devant l'Éternel... Adler, comme l'exige la conjoncture, a des goûts modestes : « Je revends ma 280 SE et je m'achète une 300 SE dernier modèle. A l'automne. A ce moment-là, elle aura déjà un an et demi. » (Celle qu'il a actuellement a coûté, avec tous ses gadgets, dans les 100000 marks. La nouvelle doit être beaucoup plus chère.)

ABDULLAH (*amenant Adler sur le sujet qui le préoccupe*) : « Y sont en prison, maintenant, les deux gars...

ADLER : Oui, on va sûrement les expulser. Ça me fait vraiment de la peine pour eux. D'un autre côté, je vais vous dire un truc : en un sens, c'est sûrement mieux pour eux. A quoi ça leur sert d'être en Allemagne ? Ils peuvent rien faire ici, ils ont aucune liberté de mouvement, pas vrai ?

ABDULLAH : Si, si, bien sûr. Et puis en Turquie, y fait toujours beau...

ADLER : C'est vrai, non ? Qu'est-ce que tu veux qu'ils fassent ici ? A vivre dans une cave, avoir toujours peur de la police, pas de boulot, pas de ressources, rien !

ABDULLAH : C'est vrai, même pas de boulot...

ADLER : Qu'est-ce qui peut bien les retenir ici, au fond ?

ABDULLAH : Mais Ali, ça l'a rendu tout triste...

ADLER : Evidemment, ça a complètement foiré ! Mais faut dire qu'on n'aurait jamais dû fixer le rendez-vous à la gare, on aurait dû le fixer ailleurs. Quelle connerie ! C'est toujours bourré de flics, à la gare.

ABDULLAH : Oui, c'est là que ça a coincé.

ADLER : Eh oui !

ABDULLAH : Vous pensez que les gens là-bas, y vont encore vous passer des commandes ?

ADLER : Bien sûr ! Ça fait déjà tellement longtemps que je travaille pour eux, à Würgassen ! Bon an mal an, ça suit son cours...

ABDULLAH . Y doivent payer vachement bien, non ?

ADLER : Oui, ils font toujours appel à nous. Y a pas de problèmes, avec eux. Bon, bien sûr, le type, il est fumasse pour le moment — c'est ça qui est embêtant, mais on peut le comprendre, c'est une boîte sérieuse, hein. C'est vrai que des fois, ils nous demandent de faire des trucs un peu spéciaux. Ils avaient peur que le truc s'ébruite, que les journaux commencent à raconter des histoires, que la centrale était en panne et tout ça...

ABDULLAH : Mais les gars, y z'avaient encore plus peur !

ADLER : Oui, les gars, y z'avaient encore plus peur ! »

Ils éclatent de rire tous les deux.

ADLER : « T'as vu comme ils se sont barrés, hein ! La trouille qu'ils ont eue ! Normalement, on n'entre dans une centrale nucléaire que si on a un livret d'irradiation en règle. C'est l'État qui a décidé ça. La direction de la centrale, elle, elle s'en fout complètement — et les gens entrent comme ça, sans livret. C'est un délit caractérisé, ça ! Donc, ça veut dire qu'ils doivent faire gaffe. Ils sont en infraction avec les lois allemandes, et c'est pour ça qu'ils avaient peur de la police, eux aussi (*il rit*).

ABDULLAH : Mais y paient bien pour ça, non ?

ADLER : Oui y paient bien. Et tu sais pourquoi ? Parce

qu'ils violent les lois. Nous, on les viole à moitié seulement. Voilà. C'est pour *ça* qu'ils paient bien. Et c'est là que ça devient vraiment le bon business pour nous ! Si les autorités savaient ce qu'ils font, je veux dire là, maintenant, ça chaufferait un peu pour eux ! Sacré bordel. On en apprend tous les jours, pas vrai ? (*Il rit.*)

ABDULLAH : Moi, j'ai eu drôlement la trouille, quand les flics ont chopé les copains !

ADLER : Oui, j'ai vu, il y avait un des flics, il a attrapé deux types d'un coup, comme ça (*il mime*). Encore un peu, et ils m'auraient embarqué aussi, hein. Ils m'auraient posé tout un tas de questions stupides, non, ça c'est un truc que quelqu'un comme moi peut pas se permettre. Moi, je veux rien avoir à faire avec la police et tout ce qui va avec...

ABDULLAH : Chez nous, en Turquie, y a pas des lois comme ça...

ADLER : Oui, c'est beaucoup plus libre. Alors qu'ici c'est comme ça : pour un oui ou pour un non, ils font une loi. A peine on bouge le petit doigt, et hop on est déjà en infraction sans même s'en rendre compte. Non, franchement, en Allemagne, c'est vraiment plus possible. Et en plus, sont toujours là à te coller aux basques, hein, pour un rien, tu plonges. Si notre histoire, là, elle s'était ébruitée, le directeur général de la centrale, il était bon pour un an de prison au moins. Non, c'est pas possible. C'est pour ça qu'il faut faire gaffe de ne pas se laisser piéger là-dedans. Qu'ils puissent jamais rien te reprocher...

« Moi, de toute façon, rien aurait pu m'arriver. S'il y avait eu délit, ç'aurait été les types de la centrale qui l'auraient commis. C'est *eux* qui auraient été en infraction. C est eux qui m'ont dit : il nous faut six gars pour des réparations urgentes.

Moi j'ai dit : OK, je vous trouve ça. Ce que vous faites avec ces gars, moi, j'en sais rien. Si vous les faites entrer sans livret ou quelque chose du genre, c'est leur problème, pas vrai ?

ABDULLAH : Moi, j'y comprends rien, à ces histoires.

ADLER : Bon, laisse tomber. De toute façon, on n'a pas perdu notre temps, on a appris quelque chose. La prochaine fois, pas question de fixer un rendez-vous dans une gare. C'est évident, non — quelle connerie tout de même ! »

Ainsi s'achève donc le scénario de notre mini-plan ORSEC dont Adler fut la vedette... Mais qui sait si des « missions » de ce type — et peut-être d'une tout autre ampleur — ne sont pas déjà en train de s'accomplir, *dans la réalité* cette fois. Nous serions comblés si cette mise en scène contribuait à renforcer la vigilance de l'opinion publique et des médias, les incitant à regarder de plus près ce qui se trame dans ces mondes lointains et secrets que nous sommes allés visiter... Adler, en tant que tel, ne nous intéresse pas particulièrement. Avec toute son énergie et son imagination criminelles, il n'a rien d'un personnage exceptionnel. Rien ne serait plus faux que d'en faire un être à part, un monstre. Il n'est finalement que l'un des milliers et des milliers de comparses et profiteurs d'un système fondé sur l'exploitation sans limites et le mépris des hommes.

Table

Achevé d'imprimer en février 1987
sur presse CAMERON
dans les ateliers de la SEPC à Saint-Amand (Cher)
Composition : Charente-Photogravure
Dépôt légal : février 1987
Numéro d'imprimeur : 196
Neuvième tirage : 146 000 à 162 000 exemplaires
ISBN 2-7071-1606-8